Elke Vesper

Ist unsere Liebe noch zu retten?

12 Schritte zu einer starken Partnerschaft

Krüger Verlag

Originalausgabe

Erschienen im Krüger Verlag, einem Unternehmen
der S. Fischer Verlag GmbH, Frankfurt am Main

Satz: Pinkuin Satz und Datentechnik, Berlin
Druck und Bindung: GGP Media GmbH, Pößneck
Printed in Germany 2010
ISBN 978-3-8105-2293-1

Inhalt

Vorwort

Es kommt darauf an, wie gut deine Beziehung sein soll, nicht, wie schlecht sie gerade ist. Kaum ein Mensch, der in einer glücklichen Partnerschaft lebt, entspricht dem Bild des erträumten *Ideal*partners. Er ist weder reich noch schön, noch besonders charmant, kurzum: Er ist nicht perfekt. Irgendetwas fehlt immer, irgendetwas ist immer zu viel. Menschen haben eine glückliche Partnerschaft, weil sie eine glückliche Partnerschaft haben *wollen*. Und weil sie ihre Absicht in die Tat umsetzen, Tag für Tag.

Deine Vision von guter Partnerschaft ist dein stärkster Garant für Erfolg. Ohne Tor kann man schlecht zielen. Ohne sich in Bewegung zu setzen, bleibt das Ziel ein ferner Traum. Ich will dich mit diesem Buch darin unterstützen, sowohl deine Vision klarer zu entwickeln als auch deine Fähigkeit zu zielen.

Pardon, ich habe *du* gesagt. Diese Anrede ist mir nicht einfach rausgerutscht, ihr gingen Gespräche mit Klienten, Freunden, Kindern, meinem Partner voraus. Den Ausschlag gab meine Tochter, die sagte: Ich lese solche Bücher oft abends im Bett. Das ist ein intimer Ort. Und sie sprechen intime Themen an. Wenn ich dann gesiezt werde, entsteht eine unstimmige Distanz. Was du schreibst, geht dir und ihnen nah. Duzen passt zu dieser Nähe.

Zurück zur Beschäftigung mit diesem Buch.

Der Ausgangspunkt ist deine Not, deine Unzufriedenheit, dein Gefühl, dass es so nicht weitergehen kann. Manchmal gibt es gute Gründe, einen Partner zu verlassen. Die meisten Menschen tun dies erst, wenn sie überhaupt nicht weiterwissen. Es gibt Psychologen, die behaupten, dass 85 Prozent aller Trennungen hätten vermieden werden können, wenn …

Klar: Wenn. Meine Mutter sagt immer: Wenn meine Großmutter Räder hätte, wäre sie ein Omnibus. Und wenn dieses Wenn nicht erfüllt wird, finden eben Trennungen statt, die nicht selten tiefe Wunden in die Persönlichkeit beider schlagen. Manche bewältigen die Entstörung der Narben nie, wiederholen mit jedem neuen Partner immer das gleiche Szenario und bewältigen nie die Lernaufgabe, die bereits die erste Beziehung gerettet hätte.

Es gibt gute Gründe, eine stabile langjährige und befriedigende Liebe anzustreben. Die Nachrichten, die dafür sprechen, überschlagen sich. »Die Zeit« widmete eine ganze Ausgabe der »Kraft des Zusammenlebens«. Keine Woche vergeht, ohne dass ein weiteres wissenschaftliches Untersuchungsergebnis Licht in das Wechselspiel von Gesundheit und Zusammenleben bringt.

Vor zwei Jahren wiesen Molekularbiologen das erste Mal nach, wie sich soziale Kontakte auf das Immunsystem auswirken. Seitdem forschen Mediziner aller Couleur eifrig. Eines steht inzwischen fest: Einsamkeit zwingt das Immunsystem in die Knie und schürt Entzündungen. (Das gilt auch für die geleugnete Einsamkeit, also für Menschen, die behaupten, sie würden sich »allein«, ohne Liebe, Wärme, Austausch wohl fühlen, sie bräuchten niemanden.) Mediziner haben inzwischen nachgewiesen, dass Schmerzen weniger intensiv empfunden werden, wenn der Partner einem die Hand hält. Dass Angst in Stresssituationen reduziert, dass Krebs stärker bekämpft wird. Und vieles andere mehr hat die Forschung über den Zusammenhang zwischen Gesundheit und Zusammenleben aufgedeckt.

Unnötig allerdings zu sagen, dass das Gegenteil ebenso

gilt: Unglück in der Liebe, Krise in der Partnerschaft, Einsamkeit zu zweit, Traumata durch Vertrauensbruch, seelische und körperliche Verletzung, Rohheit und Kälte machen Menschen traurig, depressiv, krank.

Ebenso wie die medizinische Forschung zu Gesundheit und Beziehung läuft seit ein paar Jahren die Glücksforschung auf Hochtouren. Auch da geht es unter anderem um den Zusammenhang von Glück und Gesundheit. Und was macht Menschen glücklich? Natürlich, ganz weit vorn steht die Liebe.

Wir wissen heute aufgrund all dieser Forschungen, dass Glück Menschen nicht zustößt, wie es oft geglaubt wird. Nicht das Schicksal, der Zufall, irgendetwas von außen Kommendes wie ein Lottogewinn, der Idealpartner, nicht einmal die Geburt eines Kindes bewirken das Ansteigen des Glückspegels. Der Lottogewinn bringt neue Verantwortung und Angst, der Idealpartner entpuppt sich als gewöhnlicher Mensch mit Stärken und Schwächen, das Baby entwickelt eine andere Persönlichkeit, als wir es uns erträumt haben, und schreit in der Pubertät: Ich hasse dich!

Menschen mit hohem Glückspegel sind nicht diejenigen, denen nichts Schlimmes zustößt, die keine Krisen durchleben, wo alles »glatt« läuft. Glückliche Menschen sind diejenigen, die Krisen als Herausforderung ansehen, die sie meistern.

Auch die Eigenschaften besonders glücklicher Menschen wurden erforscht. Es sind nicht die Egoisten, die vor allem sich selbst lieben. Es sind nicht die Reichen und Schönen. Es sind vor allem nicht die Erben, denen von Kindheit an alles in den Schoß gefallen ist. Glückliche Menschen sind nicht diejenigen, die sich alle paar Jahre in den nächsten tollsten, schönsten anderen verlieben und deren Leben aus einer Aneinanderreihung heißer Liebesnächte besteht. Menschen mit einem hohen Glückspegel leben in stabilen, Halt gebenden Partnerschaften.

Selbst die Stärken glücklicher Menschen wurden erforscht: Es sind Dankbarkeit, Aufmerksamkeit, Ehrlichkeit und Aufrichtigkeit, Gelassenheit, Geduld, Offenheit, Neugier, Mut, Entschlossenheit und Beharrlichkeit. Und genau das sind die Stärken, die einer Partnerschaft zum Gelingen verhelfen.

Ein stabile Liebe macht glücklich, gesund und krisenresistent. Glückliche Paare durchlaufen ebenso Krisen wie die anderen, doch sie meistern sie. In glücklichen Liebesbeziehungen gibt es Visionen, die gemeinsam verfolgt werden, zum Beispiel die einer glücklichen Liebesbeziehung. Wichtig ist also, wie gut eure Beziehung sein soll und was du dafür tust, dass sie so gut wird. Denn eines ist ebenso wahr: Schlechte, unstabile Beziehungen machen unglücklich und krank. An einer Beziehung festzuhalten, nur aus Angst vor Einsamkeit, ist nicht das Ziel eines Menschen, der nach Gesundheit und Glück strebt. Beziehungen ohne Vertrauen, ohne seelische und körperliche Berührung, ohne Liebe und Halt bewirken nicht das Gegenteil von Einsamkeit.

Aber auch sie können glücklich werden. Keine Beziehung, die nicht Berg- und Talfahrten erlebt. Kein Mensch, der keine Krisen durchläuft.

Dein Glück und das deiner Beziehung hängen davon ab, ob du die Krise annimmst und die Fähigkeiten entwickelst, die du benötigst, um sie zu meistern und gestärkt und glücklicher daraus hervorzugehen. Abwehr, Leugnung, Rückzug, Kopf-in-den-Sand-Stecken oder Übertragung der Verantwortung an den anderen oder das Schicksal treiben dich nur tiefer in die Krise und letztlich in die Einsamkeit.

Alle Eigenschaften, die einen Menschen mit einem hohen Glückspegel ausmachen, kannst du in der Bewältigung einer Paarkrise entwickeln. Wenn deine Beziehung dann immer noch scheitert, hat dein nächster Partner eine große Chance auf Glück mit dir.

Dieses Buch hilft dir dabei, Schritt für Schritt, partnerschaftliche Stärken zu entwickeln. Es hilft euch, ein Paar mit einem hohen Glücksfaktor zu werden. Ich habe es geschrieben, weil mir die Liebe am Herzen liegt. Vor zwanzig Jahren begann ich als Tanz- und Körperpsychotherapeutin. Damals machte ich viele Gruppen zu »Weiblichkeit und Sexualität« und wurde immer häufiger mit Problemen in Partnerschaften konfrontiert.

Um Paaren besser helfen zu können, machte ich eine weitere mehrjährige Ausbildung in Paar- und Sexualtherapie, und seit fünfzehn Jahren arbeite ich mit Paaren, helfe ihnen, Krisen zu meistern und die manchmal in einer Krise verlorengegangene Liebe wiederzufinden.

Immer wieder berührt mich tief, wie groß die Sehnsucht der Frauen und Männer ist, zu lieben und geliebt zu werden. Wie gern sie eine befriedigende und stabile Beziehung hätten. Und wie hilflos sie das anstreben, oft leider, indem sie das Gegenteil bewirken, nämlich lieb-los sind, unehrlich, flüchtig, abwehrend, zurückgezogen, kühl. Sie wollen so gern geliebt werden, aber sie be-fremden sich. Und leider erlebe ich immer wieder, wie Partner zusammenbrechen, die mit ihrer Beziehung nachlässig und lieb-los umgegangen sind, wenn der Partner wahr macht, was er schon tausendmal als letzte Rettung angekündigt hat: Wenn sich nichts ändert, gehe ich. So will ich nicht länger leben.

Eine Krise zu meistern verlangt, als Lehrling noch einmal von vorn zu beginnen. Du hast wahrscheinlich schon einige Krisen hinter dir, bist darin gewachsen, hast daraus gelernt. Vielleicht siehst du dich sogar als Meister der Liebe. Das will ich gar nicht in Abrede stellen. Aber diese Situation jetzt, diese Krise, diese Not, verlangt etwas Neues von dir, sonst wäre ja alles gut. Immer wieder im Leben müssen wir in den Status des Lehrlings zurückgehen, wenn der nächste Reifeschritt oder gar Reifesprung gelingen soll.

Ich habe dieses Buch auch deshalb geschrieben, weil es mir in den letzten Jahren immer wieder nahegelegt worden ist. Mein Liebespartner, meine Klienten, Freunde, selbst meine Kinder sagten: Warum schreibst du nicht endlich einmal über deine Arbeit? So viele könnten davon profitieren.

Noch ein Paarratgeber?, gab ich stets zurück. Davon gibt es doch genug!

Aber keinen von dir!, bekam ich zur Antwort. Du hast vielen Paaren auf deine eigenwillige und kreative Weise geholfen. Ihr Leben hat sich verändert. Warum gibst du nicht mehr Menschen die Möglichkeit, dein Wissen, deine Ideen, deine Erfahrung, deine Impulse kennenzulernen und damit ihre Beziehung zu verbessern oder gar zu retten?

Nun, das tue ich hiermit.

Ich schrieb an dem Manuskript an manch einem besonderen Ort: Im Zug von Agra nach Varanasi oder von Varanasi nach Kalkutta oder von Kanyakumari nach Valkala, also in Indien. Ich schrieb auch in Cafés in Chicago und New York, ebenso wie in Spanien in einer verglasten Veranda mit Blick aufs Meer. Während der Zeit des Schreibens war ich mit vielen Paaren beschäftigt, habe mit ihnen gelacht und geweint, war erschüttert von der Tiefe des Leidens an der Liebe und bezaubert davon, was es mit Menschen macht, wenn sie zu zweit den Zauber wiederentdecken, der im Geliebten liegt.

Das Schreiben dieses Buches hat auch meine Partnerschaft berührt. Alte Verletzungen taten noch einmal weh, unbewältigte Altlasten kamen noch einmal hoch. Wir haben uns gestritten und geliebt, ich habe manches wieder gewürdigt und gesehen, was als scheinbar selbstverständlich einfach so passierte. Ja, nichts war mehr selbstverständlich. Und das war gut so.

Ich vermute, dass es auch dir so gehen wird: Deine Aufmerksamkeit wird geschärft, dein Fokus auf die Liebe gerichtet. Das Selbstverständliche kann wieder als Geschenk gesehen werden. Und das Geschenk kann wieder mit Geschenken beantwortet werden.

Wie kannst du am besten mit diesem Buch arbeiten?

Ich rate dir, ganz am Anfang einen Vertrag abzuschließen: Ich verpflichte mich, dieses Buch in den nächsten zwölf Wochen gemeinsam mit meinem Partner / meiner Partnerin durchzuarbeiten. Ich räume täglich eine halbe Stunde Beschäftigung mit diesem Buch, also mit meiner Beziehung, in meinem Tagesplan ein.

Und dann brauchst du als Ausrüstung lediglich ein schönes Schreibheft, einen Stift, der leicht übers Papier gleitet, und los geht's.

Möglicherweise wollt ihr den Vertrag aber auch individuell auf eure Situation abstimmen. In zwölf Wochen eine Krise zu bewältigen, ist nicht einfach. Eine Paartherapie dauert ungefähr ein Jahr. Ihr könnt also auch zwei oder sogar drei Wochen pro Kapitel anberaumen. Es gibt keine Dogmen.

Für Ungeduldige, die sich keine zwölf Wochen Zeit lassen wollen, gibt es natürlich auch die Möglichkeit, die Schritte in zwölf Tagen zu gehen. Wenn ihr das als Paar tut, solltet ihr euch freinehmen für eine Liebesreise. Nur für euch zwei und mit euch zweien im kompletten Fokus eurer Aufmerksamkeit. Das ist Turboheilung, anstrengend, aber durchaus möglich. In diesem Fall räumt euch ungefähr vier Stunden täglich ein, um euch mit der Arbeit an diesem Buch, eurem Wachstum als Frau, als Mann, dem Ziel, in eurer Partnerschaft wieder glücklich zu sein, zu beschäftigen. Diese Reise sollte mindestens zwei Wochen dauern, am besten vier, dann könnt ihr Pausen einlegen, euch für die wirklich schwierigen Aufgaben zwei oder drei Tage Zeit nehmen.

Meiner Erfahrung nach tritt sofort eine spürbare Entspannung auf, sobald sich beide verpflichtet haben, der Beziehung Zeit und Raum und Aufmerksamkeit zu widmen. Oft steigert die sich bei den ersten Schritten zu richtiger Euphorie.

Bitte bleibt auch dann am Ball! Lasst es nicht einschlafen! Haltet euch an den Vertrag! Es geht ums Meistern und nicht darum, nach den ersten erfolgreichen Schritten die Lehrlingszeit abzubrechen.

Zur Arbeit mit den einzelnen Kapiteln: Ich habe viele Fragen gestellt, damit erforschst du dich selbst als Mann, als Frau, und du erforschst deine Partnerschaft. Sie bieten dir die Möglichkeit, tiefer zu tauchen, dich nicht damit zufriedenzugeben, wie du bislang alles erklärt hast: Sie meckert immer rum. Er arbeitet immer zu viel. Wir können nicht miteinander reden. Wir verstehen einander nicht. All diese Sätze, mit denen wir die Verantwortung von uns selbst wegschieben.

Frage, was bringt sie denn zum Meckern, wie sieht ihre Unzufriedenheit aus, und was bräuchte sie, um glücklich zu sein? Und was treibt ihn zur Arbeit, wohin treibt es ihn denn überhaupt? Und könnte er nicht besser das Ruder in die Hand nehmen, statt sich treiben zu lassen? Und was hindert euch, miteinander zu reden und nachzufragen, wenn ihr etwas nicht versteht, und sei es dich selbst?

All diese Fragen stellt euch bitte, und antwortet so ehrlich ihr könnt. Nehmt euch täglich Zeit dafür! Allerdings ist sehr, sehr wichtig, dass ihr keinen Leistungsdruck entwickelt. Es geht nicht um Perfektion, Urteil, Noten, Bewertung.

Bitte schreib täglich auf, was dir zu den Fragen in den Sinn kommt – und leg es beiseite. Über manches willst du bestimmt mit deinem Partner sprechen, anderes behältst du erst mal für dich, es braucht vielleicht noch Garungszeit.

Nehmt euch einmal in der Woche einen Abend Zeit, um miteinander darüber zu sprechen, was die Arbeit mit dem Buch in euch bewegt und bewirkt hat. (Ihr spart eine Stunde Paartherapie, das Honorar könnt ihr in ein Sparschwein stecken oder dafür in ein gutes Restaurant gehen). Achtet darauf, dass ihr euch auf die Themen beschränkt, die im Buch gerade anstehen. Wenn der große Rundumschlag der Paarkonflikte an diesem Abend gemacht wird, entsteht leicht Hoffnungslosigkeit. Außerdem kommt nichts Neues dabei raus.

Ich erlebe immer wieder Paare, die seit Jahren um die gleiche Sache kreisen, auf die gleiche unergiebige Weise streiten oder Streit vermeiden. Es tut jedem Paar gut, das bewusst und absichtlich zu beenden. Zu sagen: Gut, wir sind in einer Krise, wie groß oder klein sie auch immer sein mag. Auf die alte Weise sind wir auseinandergeraten. Das geht nicht so weiter. Jetzt lernen wir eine neue Weise, um wieder zueinanderzufinden. Wir lassen uns eine Weile an die Hand nehmen, werden Lehrlinge der Liebe und gehen Schritt für Schritt einen neuen Weg.

Außerdem gebe ich Impulse für kreatives Experimentieren: Briefe schreiben, Bilder malen, Collagen herstellen und Ähnliches. Auch wenn du denkst: Oh, ich kann nicht schreiben, ich bin nun mal kein Poet. Oder malen? Herrje, da hatte ich schon in der Schule eine 6. Mach es erst recht! Kreatives Gestalten macht den Kopf frei, gibt uns die Möglichkeit, uns auszudrücken auf unsere ganz eigene Weise. Das beglückt, und es beglückt auch unseren Partner, von uns so ein Geschenk wie einen Liebesbrief zu bekommen.

Kreatives Experimentieren geschieht spielerisch. Wenn wir miteinander spielen, passiert etwas. Da kommt Bewegung in die Starre, das mag manchmal auch Schmerzen verursachen, so wie ein eingeschlafener Körperteil schmerzt, wenn er wieder durchblutet wird. Aber ums Aufwachen geht es letztlich doch, oder?

Am Ende eines jeden Kapitels rate ich euch, eine kleine Bilanz zu ziehen und sie niederzuschreiben:

- Was hat sich verändert?
- Welche Erfahrungen sind mir besonders nahegegangen?
- Was will ich auf keinen Fall wieder in Vergessenheit geraten lassen?
- Wofür will ich meinem Partner danken?

Und jetzt noch eine Bemerkung zu den Lesern, die dieses Buch allein durcharbeiten. In den meisten Fällen werden es wohl Frauen sein. Zum Glück ändert sich gerade sehr viel, was die Bereitschaft der Männer angeht, sich mit sich selbst als Mann, als Partner auseinanderzusetzen. Männer haben in den letzten 40 Jahren einige Schocks erlebt. Die meisten Scheidungen gehen von Frauen aus. Viele Männer um die fünfzig werden von ihren Frauen verlassen. Die Kinder sind aus dem Haus, die Frauen haben lange genug die Zähne zusammengebissen, jetzt wittern sie Morgenluft. Das alte Klischee, dass der Mann in der Midlife-Crisis sich eine Jüngere sucht, bröckelt zunehmend. Der Mann in der Midlife-Crisis wird nicht selten von seiner Frau verlassen, ob mit einem Jüngeren, Älteren oder Gleichaltrigen ist ziemlich egal. Viele Männer bekommen einen Schock, der heilsam wirken kann. Und nicht wenige suchen – zum Glück – einen Therapeuten auf. Immer wieder höre ich Sätze wie: Es kam aus heiterem Himmel für mich. Sie hat schon genörgelt vorher, ja klar, aber das habe ich nicht so ernst genommen, habe gedacht, das liegt an ihren Tagen, an den Wechseljahren, eben an den Hormonen. Jetzt erst begreife ich, dass ich viel zu viel mit mir selbst, meinem Job, meinen Interessen beschäftigt war. Als Mann, als Partner war ich zu wenig präsent. Ich glaube, ich war ihr gar kein Mann mehr, ich war irgendwie jemand, der funktioniert.

Und dann zieht die Frau mit dem Nachbarn davon, den ein paar Monate zuvor die Frau verlassen hat und der einiges über sich begriffen hat – mit ihrer Hilfe. Wie viele solcher Geschichten habe ich schon gehört!

Während ich dieses Buch schrieb, war ich auch in Varanasi in Indien. Ein Ort am heiligen Ganges. Hier werden Einäscherungen durchgeführt, die Reste des Toten werden in den Ganges geworfen. Und wie interessant ist das: Der sich am längsten der Verbrennung widersetzende Teil des Mannes ist sein Brustkorb und der der Frau ist ihr Becken. Ja, wir sind Mann und Frau und verschieden. Und das ist gut so.

Ich wurde fortgeschickt vom Ort der Verbrennung. Frauen dürfen hier nicht sein!, erläuterte ein Mann. Es ist verboten, damit die Witwen sich nicht ins Feuer werfen. Wie sollen sie weiter existieren?, sagte er. Es ist niemand mehr da, der sie ernährt. Da wollen sie sich lieber verbrennen.

Das ist der Unterschied. Die Frauen bei uns können sich ohne Mann ernähren. Sie können gehen. Und sie tun es.

Vor kurzem las ich ein Interview mit dem Paartherapeuten Hans Jellouschek. Dieser sagte, Männer seien zunehmend bereit, sich in einer Paartherapie für die Partnerschaft zu engagieren. Das entspricht meiner Erfahrung. Ich will also nicht ausschließen, dass auch Männer sich dieses Buch gekauft haben und es allein durcharbeiten.

Männern wie Frauen sage ich: Du investierst zwar eine ganze Menge: Zeit, Mühe, Geld und auch die Angst, dass es eure Beziehung doch nicht retten wird, aber du investierst es nicht nur in eure Beziehung, vor allem investierst du es in dich selbst, in dein Glück. Am Ende wirst du gewachsen sein, Blockaden werden sich gelöst haben, und wenn es nicht diese Beziehung jetzt ist, die dank deiner Investition, dank deines Engagements wieder aus der Krise kommt, wirst du mit viel weniger Ballast in deine nächste Beziehung gehen, sie wird leichter und glücklicher werden.

In diesem Sinne also: Viel Glück!

Vor der Rettung ist die Not

Die Krise erkennen und anerkennen

Willkommen in der Krise! Ja, du hast richtig gehört. Zuerst einmal geht es hinein. Und dann gilt es innezuhalten. Das Strampeln, um rauszukommen, ähnelt dem Versacken im Morast: Je mehr du strampelst, umso tiefer zieht es dich hinab. Oder dem Versinken im Strudel: Wenn du panisch rauswillst, erschöpfst du dich. Oder dem krampfhaften Unterdrücken von Kopfschmerzen: Es verstärkt sie nur. All diese Situationen haben eines gemeinsam: Sie machen Angst. Es scheint, als hätte uns etwas in den Klauen, das uns ohnmächtig macht.

Aus diesem Grund leugnen wir die Gefahr, solange wir können. Und reiten uns umso tiefer hinein. Der erste Schritt ist immer das Innehalten und Eingestehen: Es fühlt sich sehr bedrohlich an.

Wer mit einem schadhaften Auto weiterfährt und so tut, als wäre nichts, lebt gefährlich. Wenn er sogar noch mehr Gas gibt, könnte es sein, dass nicht nur das Auto, sondern auch er selbst bald am Ende ist. Im Moor hilft es, nach einem festen Halt zu suchen, an dem man sich rausziehen kann. Im Strudel hilft es, innezuhalten und sich eine Weile mitziehen zu lassen, in die Tiefe, um dann, ganz unten, wegzutauchen. Auch Kopfschmerzen lösen sich eher auf, wenn man innehält und sich dem Schmerz hingibt.

Kürzlich traf ich auf einer Party eine anerkannte Paartherapeutin. Wie viele der Paare, die zu dir kommen, bleiben zusammen?, fragte ich sie. Und sie antwortete: Kaum eins. Die kommen fast alle zu spät. Da ist nichts mehr zu machen. Dabei kann fachkundige Hilfe wirkliche Veränderung bewirken.

Aber wer ist denn fachkundig?

Im Grunde genommen bist du es selbst. Immer wieder überrascht mich die Kompetenz der Paare, die zu mir in die Praxis kommen. Sie sind in der Lage, ihre Probleme zu erkennen und auch zu benennen. Und es gibt kein Paar, wirklich keines, das nicht zur Liebe zurückfinden will.

Allerdings ist es wie mit dem Strudel, in den man geraten ist: Man kann ihn erkennen und benennen und möchte in friedliche Gewässer zurück, aber vor lauter Panik ertrinkt man, obwohl man nicht einmal sehr tief tauchen müsste, um rauszukommen. Du merkst schon, immer wieder geht es irgendwie um Tiefe.

Wenn ich sage: Tauch tiefer in die Krise! Tauch tiefer in dich! Tauch tiefer in deine Partnerschaft! Tauch tiefer in die Liebe!, bekommen die meisten Angst. Aber sie schauen mich auch mit Neugier in den Augen an, als wollten sie sagen: Tiefe? Das könnte sich besser anfühlen als das, was ich die letzte Zeit mit mir und meiner Liebe angestellt habe. Als die Leere, die Abwehr, die Verweigerung.

Im Allgemeinen setzen wir uns nicht mit unserem Liebsten hin und sagen: Schatz, ich fürchte, wir sind in einer Krise gelandet. Was können wir tun, um sie anzuschauen, zu bewältigen und erneuert, gereift und glücklicher daraus hervorzugehen? Nein, das geschieht nicht. Stattdessen geschieht alles Mögliche andere. Wie schon gesagt, findet anfangs zumeist die Leugnung statt. Viele leugnende Paare betonen auffällig vehement, wie wunderbar es ihnen geht. Seltsamerweise landet man oft mit genau diesen Paaren immer wieder in einem Gespräch über die bedauerlichen Mängel der eigenen Partnerschaft.

Ich kenne ein solches Paar. Sie sprachen stets in den

höchsten Tönen über ihre Beziehung: toller Sex seit Jahren, wundervolles Einvernehmen, intellektueller Gleichklang, spannende Freunde. Ich kam mir mangelhaft vor, wenn ich mit ihnen zusammen war. Und wenn wir als zwei Paare zusammentrafen, gerieten im Vierergespräch regelmäßig die Probleme meiner Partnerschaft auf den Tisch. Nicht selten stritten mein Mann und ich uns anschließend. Ich bewunderte die beiden. So eine tolle Partnerschaft hätte ich auch gern zustande gebracht. Dann allerdings erfuhr ich durch einen dieser aberwitzigen Zufälle, durch die solche Sachen meistens auffliegen, dass der Freund gerade eine heiße außereheliche Liebesbeziehung beendet hatte. Er hatte auf einem Kongress eine Frau kennengelernt und dieser gesagt, sie sei die große Liebe seines Lebens, er wolle sich scheiden lassen und sie heiraten. Dann hatte er es mit einer roten Rose und den Worten abgebrochen: Noch einmal alles neu aufbauen, das trau ich mir nicht zu.

Als ich den Freund wütend zur Rede stellte, was für ein verlogenes Theater er die ganze Zeit gespielt hatte, erläuterte er sein Verhalten wortgewaltig und psychologisch. Mit seiner Frau könne er leider nicht die Sexualität leben, zu der er fähig sei. Er nämlich könne eine Frau zu reiner Ekstase treiben, sie wäre jedoch zu so tiefer Hingabe nicht in der Lage. Deshalb hätte er sie auch nicht konfrontiert, deshalb hätte er ihr das Ganze verschwiegen. Aber er wolle bei ihr bleiben, sie verstünden sich wirklich gut. Und sexuelle Erfüllung finde er jetzt mit einer Frau, die auch keine feste Beziehung suche, sondern wie er Begegnungen von Zeit zu Zeit.

Als ich das befreundete Paar kurz darauf wieder traf, waren sie wie immer: ein perfektes Team.

Du sagst jetzt vielleicht: Ja, ist das nicht in Ordnung? Er akzeptiert ihre Unfähigkeit, sich in der Tiefe hinzugeben, liebt sie, wie sie ist, bleibt bei ihr, sorgt außerhalb der Beziehung dafür, dass auch er das leben kann, was er braucht. Ist das nicht ein brauchbares Modell? Bis dass der Tod sie scheidet?

NEIN!, antworte ich. Es geht gar nicht um ein passables Konzept. Es geht um seelische Gesundheit. Es geht überhaupt um Gesundheit. Liebe ist ja kein Firlefanz. Liebe ist kein Schnickschnack, den man zu einem guten Leben als i-Tüpfelchen, als hübsche Verzierung, als Freizeitverschönerung hinzunimmt. Liebe ist eine elementare Lebenskraft. Die stärkste überhaupt. Sie steht auf einer Stufe mit Geburt und Tod. Nichts bewegt, erschüttert, berührt, beglückt, erfüllt, kränkt und heilt uns wie die Liebe. Sie ist wunderbar wie die Geburt. Sie macht uns ohnmächtig wie der Tod. Sie ist ein Geschenk, und sie fordert alles von uns. Uns selbst, ganz und gar.

Es gibt Menschen, die das Lieben verlernt haben. Denen es ausgetrieben wurde. Die es sich selbst ausgetrieben haben. Das ist furchtbar. In unserer Gesellschaft ist paradoxerweise neben der großen Sehnsucht nach Liebe die Weigerung, selbst zu lieben, immer verbreiteter. Alle wollen geliebt werden, keiner will das Risiko des Liebens eingehen.

Heute Morgen hörte ich eine Filmkritik vom neuen James-Bond-Film. Der Kritiker war hingerissen. Er sagte: Wenn man später diesen James Bond sieht, wird man wissen, wie es Anfang des 21. Jahrhunderts zuging. Die Menschen sind hart, misstrauisch, kalt und gierig.

Wir können nicht lieben, ohne weich und verletzlich zu werden. Wir können nicht lieben, ohne uns berühren zu lassen und ohne zu berühren. Das kann wehtun. Das kostet auch Tränen. Leider gibt es nicht wenige Menschen, die das Weinen im Laufe ihres Lebens verloren zu haben scheinen.

Julia Onken hat darüber in »Geliehenes Glück« geschrieben. Über Menschen, Männer vor allem, die nicht weinen. Die aber Partnerinnen haben, die erstaunlich viel weinen, seit sie in dieser Beziehung sind, auch erstaunlich für sich selbst. Menschen, Männer vor allem, die wenig fühlen, wenig sensibel sind, die aber extrem sensible, extrem emotionale Partnerinnen haben. Die sich das Liebesglück leihen. Nur leider geben sie es nie zurück.

Es sind nicht nur Männer, die ihre Frauen gewissermaßen stellvertretend für sich fühlen, leiden, lieben lassen. In meine Praxis kommen immer wieder Paare, bei denen die Männer weinen und die Frauen sie deshalb sogar verachten. Bei denen die Frauen hart, fordernd und verschlossen sind und die Männer weich und verletzlich. Das wirkt dann immer ein wenig wie verkehrte Welt. Und allein dieser Eindruck ist ja schon traurig.

Traurig ist es um jeden Menschen bestellt, dem das Lachen oder das Weinen abhandengekommen ist. Und wenn wir Menschen lachen hören, die nie weinen, sind wir oft etwas erschrocken, denn es klingt hart und irgendwie aggressiv.

Übrigens, der Freund, von dem ich berichtete, war in den vergangenen Jahren furchtbar häufig krank. Nicht nur ein bisschen Halsweh, sondern richtig schlimm. Er bringt es nicht in Verbindung damit, dass es unerträglich anstrengend ist, einen Teil von sich selbst aus der Beziehung herauszunehmen, um das Arrangement einer glücklichen Beziehung aufrechtzuhalten. Dass das, was er lebt, ein stinkender fauler Kompromiss ist, der seine Organe zersetzt.

Und seine Frau? Sie ist hinter einer glatten, nahezu faltenlosen Maske – sie ist über fünfzig – verschwunden, und ich frage mich, wie viel Sensibilität, wie viel Instinkt, Intuition und Gefühl sie in sich abtöten muss, um nicht zu spüren, was eigentlich los ist.

Selbstverständlich wird der Grundkonflikt nur immer schärfer: Wie soll sie sich denn hingeben, fallenlassen, wenn sie doch immer weniger fühlen darf? Und wie soll er als Mann ihr denn Halt geben, wenn er doch ein Lügner ist, der seine tiefsten Sehnsüchte vor ihr verbirgt?

Das Arrangement ist ein Versuch, die Angst, die eine Krise auslöst, zu beschwichtigen. So wird eine Beziehung zusammengehalten, ohne dass das Herz noch berührt wird.

Eine sogenannte Vernunftehe entwickelt sich. Allerdings ist das nicht sehr vernünftig, denn die Grundlage ist Verletztheit und Angst vor dem Risiko des Liebens und in der Folge Resignation. Also redet man es sich schön. Bringt Argumente vor. Richtet sich ein. Tötet die Sehnsucht nach etwas ganz anderem. Wird zynisch, sagt: Männer sind sowieso alle Scheiße, da kann ich auch bei meinem bleiben. Oder: Besser diese Zicke als eine andere, diese kenne ich schon.

Zur Leugnung gehört auch das Festkrallen an einer Sicherheit wie an einem Grashalm, wenn man im Moor versinkt. Diese Paare fallen in völlige Starre. Sie vermeiden jede Bewegung, halten sich fest an allem, was irgendwie nach Überleben aussieht. Immer wieder geschieht es in meiner Praxis, dass Paare, die mir wirklich Sorgen bereiten, weil ich sie extrem verfahren finde, plötzlich erstaunliche Neuigkeiten verkünden: Die Frau ist schwanger. Wir haben ein Haus gekauft. Wir bauen ein Haus. Wir haben ein Segelschiff gekauft. Wir machen eine Weltreise.

Nichts gegen Schwangerschaft, Hausbau, Hauskauf, Segelschiff, Weltreise. Ganz im Gegenteil, das ist alles ganz wundervoll für Paare, die in ehrlichem Kontakt, die in Bewegung sind, die ihre Liebe spüren und leben.

Ein Paar in Krise sucht sich damit eine Sicherheit, vermeidet die Angst. Alles ist gut!, ruft es in den dunklen Wald. Der Bär darf uns nicht fressen! Wir kriegen ein Kind! Und taumelt in die nächste Krise. Ein Kind zu bekommen ist eine krisenhafte Situation. Ebenso Hausbau, Hauskauf, Weltreise usw. Die Wortlosigkeit, die mangelnde Nähe, die Abwehr des Konflikts, das Ganze wird ärger. Und, als Schlimmstes: Die Panik vor der Krise wird immer stärker, das, was bei einer eventuellen Trennung verloren werden kann, wiegt immer schwerer.

Dicht bei der Leugnung der Krise liegt die Flucht. Fliehen ist ein probates Mittel, wenn etwas Angst macht. Angriff oder Flucht, eine andere Chance hatte der Steinzeitmann nicht, wenn der Bär sich auf ihn stürzen wollte. Partner fliehen in Arbeit, in Zerstreuung, in irgendwelche Süchte wie Shopping, Computerspiele, Internetsex, Alkohol, sexuelle Kicks und so weiter. Auch das Suchen nach einer neuen Verliebtheit, einer Fremdbeziehung, muss als Flucht gesehen werden.

Das Vertrackte ist, dass in diesem Fall die Flucht nichts nützt. Denn letztlich fliehst du vor dir selbst, vor deinen eigenen Gefühlen, vor deiner Angst, vor deiner Leere, vor der Verwüstung, die du selbst angerichtet hast, vor deiner Schuld, vor deiner Scham. So muss die Betäubung auch immer stärker werden, damit du nicht hörst, was in dir schreit: Schau hin! Du bist der einzige Mensch, der dich selbst lieben lassen kann. Niemand sonst! Du bist der einzige Mensch, der dich selbst leben lassen kann! Dazu gehört wachsen, reifen, tiefer gehen.

Es gibt einen Indianerstamm, wo die Menschen sich traditionell morgens ihre Träume erzählen. Auch die Kinder lernen es von früh an. Ihnen wird beigebracht, innezuhalten und sich umzudrehen, wenn sie vor etwas fliehen.

Hinter dir geht einer, hinter dir steht einer, schau dich um! Du bist es selbst!

So seltsam es klingt, aber auch ständiges Rummäkeln am andern ist eine Vermeidungsstrategie. So wird gemeckert, weil die Socken nicht am richtigen Fleck liegen, der Müll nicht anständig getrennt, beim Frühstück zu laut Radio gehört oder das falsche T-Shirt zum falschen Anlass getragen wird. Es gibt unendlich viele Beispiele, die ich hier nennen könnte. Alles Themen, die Regelungsbedarf in sich tragen, nicht für Liebesdramen herhalten, aber dazu gemacht werden können, um die Wahrnehmung des eigentlichen Liebesdramas zu vermeiden.

Was also soll ich stattdessen tun?, fragst du jetzt wahrscheinlich.

Zuerst einmal: Erkenn an, dass ihr in der Krise seid! Und erkenn es bald an!

Je länger ihr leugnet, umso mehr habt ihr hinterher zu bewältigen. Und es wird immer schwieriger, die sich häufenden Verletzungen zu sortieren, auseinanderzudividieren. Wenn man das nicht tut, kommen leicht Worte wie: immer, nie, damals schon, ist sowieso egal.

Was aber ist eigentlich eine Krise und woran erkennt man sie?

Eine Krise ist der Verlust, die Zerstörung, das Zerbröckeln von etwas, das bisher für den Erhalt der Existenz von grundlegender Bedeutung war.

Und man erkennt sie zum Beispiel an

- einem grundlegenden Gefühl, dass etwas nicht mehr stimmt,
- nächtlichem Aufwachen, wo alles vor einem steht, das tagsüber verdrängt werden konnte,
- ständigem Streiten,
- Krankheiten,
- Auffälligkeiten der Kinder,
- irrational auftretender Traurigkeit,
- zyklisch aufbrandender Wut,
- sexueller Lustlosigkeit.

Auch diese Liste lässt nicht notwendig den Umkehrschluss zu, denn es gibt noch mehr Einflüsse im Leben als die einer Liebesbeziehung. Auch Arbeitslosigkeit kann wütend oder traurig machen und sich negativ auf die psychische Gesundheit der Kinder auswirken. Aber Arbeitslosigkeit ist eine Krise, die von einem Paar, das davon betroffen ist, auch als solche anerkannt werden sollte, wenn daraus nicht eine Paarkrise werden soll.

Es ist wichtig zu unterscheiden zwischen Krisen, die auf den Verlust einer existentiellen Sicherheit zurückgehen, und Krisen, die notwendigen Entwicklungsschritten eines Paares vorausgehen. Diese Krisen sind nämlich gesund. Jeder, der Kinder hat, weiß, dass ein Kind in seiner Entwicklung immer dann in eine Krise kommt, bevor es den nächsten Reifeschritt vollzieht. Und genauso ist es in einer Beziehung. Bleibt sie in einer Phase stecken, wird es schlimm, denn dann werden ganz natürliche Bedürfnisse nach Wachsen und Vertiefen der eigenen Persönlichkeit und folgerichtig auch der Partnerschaft blockiert. Eine Beziehung ist ein lebendiger Organismus, der seine Wachstumsstufen hat wie jeder andere lebendige Organismus auch.

Die Erfahrung, die jeder macht, machen muss, der eine Paarbeziehung eingeht, ist, dass sie Krisen durchläuft. So wie jeder Mensch im Prozess seiner Entwicklung durch Krisen hindurchgehen *muss*, um eine neue Stufe an Persönlichkeit zu erreichen, so *muss* auch ein Paar dies miteinander erleben.

Die Entwicklungsstufen des Individuums können interessanterweise auf die Paarbeziehung übertragen werden.

Geburt – alles ist möglich: Ein Paar verliebt sich, und es scheint keine Grenzen zu geben. Die eigene Liebenswürdigkeit, die Liebenswürdigkeit des andern ist uneingeschränkt spürbar. Jeder gibt und fühlt sein Bestes. Das volle Potential wird ausgeschöpft, zumindest als Option für die Zukunft gespürt. Das kann bis zu einem Jahr dauern, dann spätestens kommt die:

Loslösung aus der Symbiose – Phase der Enttäuschung: Es ist doch nicht alles möglich. Der andere hat auch eine hässliche Rückseite, und er ist so nah an mir dran, dass er auch meine hässliche Seite erkennt. Und benennt. Das ist sehr unangenehm.

Trotzphase – Machtspiele: Jeder will die eigenen Ansprüche an die Beziehung durchsetzen. Das, was am Anfang leicht gegeben wurde, wird jetzt erpresst, erzwungen, manipuliert und zurückgehalten, verweigert, nur unter Bedingungen gegeben. Der Handel in der Liebe beginnt. Der kalte Blick. Beide lieben nicht mehr mit ihrem vollen Potential.

Pubertät – sich selbst Freiheiten nehmen mit sicherem Rück-

halt: Die Sehnsucht nach der anfänglichen Beglückung, nach dem Lieben in voller Potenz, die Enttäuschung über den Verlust führen dazu, dass Hintertüren geöffnet werden, gleichzeitig aber an der Sicherheit der Beziehung festgehalten wird. Es wird nach anderen potentiellen Partnern geguckt, phantasiert, fremdgegangen, gelogen. Ich bin auch noch ein eigener Mensch! – der Satz dient als Legitimation für alle möglichen Formen von Verrat.

Adoleszenz – unsicherer Eintritt in eine erwachsene Phase: Wenn die Beziehung in den vorigen Phasen nicht zerbrochen ist, entscheiden sich die Partner jetzt auf einer neuen Ebene füreinander. Sie haben einiges miteinander erlebt und sich einiges zugemutet. Sie haben einander verletzt, belogen, betrogen, verraten und verziehen. Sie wollen beieinander bleiben, aber alles ist noch wackelig, es gibt keinen sicheren Boden.

Aufbau – der Boden wird bereitet: So wie das Individuum in dieser Phase die Weichen stellt, sich in vielen Lebensbereichen entscheidet und auch lernt, Verzicht zu üben, weil die Entscheidung für einen Weg den Verzicht auf viele andere bedeutet, so stellt ein Paar in dieser Phase die Weichen für die Zukunft. Sie werfen ihre Leben zusammen, Geld, Existenz, bekennen sich zueinander, heiraten vielleicht und lernen, Verzicht auf andere mögliche Partner und Lebensformen zu üben.

Erfüllung – der Boden ist bereitet: Etwas ganz Neues wird geboren, etwas, das nur dieses Paar hervorbringen kann. Ein Kind wird geboren, oder die Partner gebären sich selbst als Frau und Mann auf eine unverwechselbare einmalige Weise. Die Beziehung ist unersetzbar, für jeden der Partner von existentiellem Wert. Das Vertrauen ineinander und die Beziehung ist tief erprobt.

Was nun? Midlife-Crisis: Alles wirkt gut. Harmonie ist erreicht. Sicherheit und Vertrauen sind da. Aber was ist mit Romantik und Abenteuer? Wo gibt es jetzt noch Neues zu entdecken? Die Kinder gehen aus dem Haus. Ein Neuanfang wird nötig.

Altern – Neubestimmung der Werte: Die hohe Lebenserwartung erfordert von jedem Einzelnen, dass er an der Schwelle zum letzten Lebensdrittel sich dem bisher Unerfüllten, dem, was noch gelebt werden will, stellt. Eine neue Orientierung ist notwendig. Alte Verantwortlichkeiten fallen weg, neue Freiheiten erfordern neue Entscheidungen. Auf der Basis welcher Werte will das Paar den weiteren Weg gehen?

Das Alter des Triumphs: Ebenso wie Menschen über achtzig, die sich ihre Werte, ihre Neugier, ihre menschliche Wärme bewahrt haben, die ihre Krisen durchschritten haben, jetzt auch Kleinigkeiten genießen, im sogenannten Alter des Triumphs angelangt sind, so strahlen Paare, die Krisen durchschritten und sich ihre Liebe bewahrt haben, Triumph und großen Stolz aus.

Tod, Trennung: Abschied und Trauer müssen gelebt werden. Um in Würde gehen zu können, muss das Gewesene betrachtet und gefeiert werden. Tod bringt Ohnmacht mit sich. Keiner kann sich darum drücken.

Diese Zyklen werden in einem Leben, in einer Beziehung nicht nur einmal durchlaufen und auch nicht immer in dieser Reihenfolge. Der Tod, das Ende, der Abschied finden viele Male statt, und es ist wichtig, auch der Trauer immer wieder ihren Platz einzuräumen. Dann kann in jedem Alter Neues geschehen und die Verliebtheit immer wieder neu auf einer höheren Ebene aufflammen.

Jede Krise birgt die Chance auf Wachstum in sich. Jede Krise ist notwendig, um zu reifen. Jedes Paar muss diese Krisen durchlaufen. Auch Paare, die sich spät erst treffen, schon andere Lieben hinter sich haben, können keine der Phasen überspringen. Es gibt Menschen, die bei jeder neuen Partnerschaft immer wieder einen bestimmten Entwicklungsschritt verweigern, die jedes Mal hoffen, beim nächsten Mann, bei der nächsten Frau wird alles anders. Die irren sich. Wer sich der Anforderung auf Auseinandersetzung mit sich selbst, auf menschliches Reifen, nicht stellt, fällt immer wieder auf die gleiche Entwicklungsstufe zurück, reift letztlich nicht nur als Partner nicht, sondern bleibt auch als Mensch stecken. Wir kennen sie alle: Das alternde kleine Mädchen, das sich weigert, Verantwortung zu übernehmen, eine erwachsene Partnerin zu sein, die für ihre Bedürfnisse geradesteht und Herausforderungen annimmt, weil sie sich für alles zu schwach und insgesamt hilfsbedürftig fühlt. Der alternde Pubertäre, der unernst herumspielt, es »leicht« haben will und Kritik und Anforderungen scheut wie der Grundschüler die Hausaufgaben.

Die meisten Eltern machen sich heute viele Gedanken darüber, wie ihre Kinder auf gesunde Weise erwachsen werden können. Ebenso sollten wir uns Gedanken darüber machen, wie unsere Liebe auf gesunde Weise reifen und reicher und erfüllter werden kann, statt steckenzubleiben, starr zu werden, jede Lebendigkeit zu verlieren und schließlich vorzeitig zu sterben.

Manche Eltern negieren die Krisen ihrer Kinder und erschweren es ihnen dadurch, sich selbst anzunehmen. Ebenso ist es für eine Partnerschaft notwendig, die Krisen anzuschauen, zu akzeptieren, für den eigenen Anteil geradezustehen und sie gemeinsam zu bewältigen.

Wie kann dieses Buch dabei helfen? Es hilft, Schritt für Schritt aus der Krise zu gehen. Unmerklich fast, indem ein Kapitel nach dem andern durchgearbeitet wird, verändert sich die Frau, der Mann, verändert sich die Partnerschaft, und mit einem Mal ist wieder Nähe da, Intimität, auf eine tiefere Weise.

Bis vor kurzem beschäftigten sich Paartherapeuten vor allem mit der neurotischen Verstrickung in der Partnerschaft. Es wirkte, als wäre Liebe ohne Neurose gar nicht möglich. Jeder Mensch hat entsprechend dieser Auffassung seine neurotische Störung, also auch alle Beziehungen zwischen

Menschen. Wovon die Unmenge an Leid und Destruktion in Partnerschaften ja auch Zeugnis ablegt. Seit einiger Zeit nun wird etwas anderes praktiziert: Die positive Psychologie setzt sich zwar auch mit destruktiven Mustern auseinander, aber sie sucht vor allem nach positiven Ansätzen, wie Menschen, wie Liebesbeziehungen glücklich gestaltet werden können.

So weiß man heute durch eine Unzahl von Untersuchungen, was das Strickmuster derjenigen Paare ist, die nicht nur zusammen-, sondern glücklich zusammenbleiben. Man weiß, dass diese Paare nicht im Geringsten von Krisen verschont wurden, oft wurden gerade sie durch heftige »außerplanmäßige« Krisen wie Krankheit, Arbeitslosigkeit, Tod eines Angehörigen geschüttelt, aber sie haben sie auf konstruktive Weise gemeistert. Ebenso wurde in der Glücksforschung herausgefunden, dass nicht die Menschen besonders glücklich sind, die es besonders leicht haben, die keine Rückschläge, keinen Kummer, kurz keine Krisen erlebt haben, sondern diejenigen, die diese Krisen als Herausforderung zum Wachstum angenommen und bewältigt haben. Konstruktiv also.

Konstruktiv?

Wie soll das gehen, wenn er mich betrogen hat, wenn sie nach der Geburt der Kinder vergessen zu haben scheint, dass sie auch noch einen Mann hat (beides geht auch umgekehrt), wenn einer schwer krank ist, Hartz IV droht usw.? Gar nicht so einfach. Eine Krise schüttelt alles durcheinander. Danach ist nichts mehr, wie es vorher war. Keine Rolle passt mehr, alle Sicherheiten sind flöten gegangen.

Zuerst einmal: Erkennt sie an.

Du hast dieses Buch gekauft, geliehen, liest es jetzt. Also hast du den ersten Schritt zur Anerkennung der Krise getan.

Paare, die zu mir in Therapie kommen, tun dies aufgrund einer Krise. Oft aber können sie das Problem in der Tiefe nicht erkennen: Wir haben ein Kommunikationsproblem, sagen sie. Wir müssen nur lernen, wieder miteinander zu reden. Und dann lasse ich sie miteinander reden und greife ein, wenn es in destruktive Muster abdriftet. Kommunikationsregeln zu lernen ist nicht sehr kompliziert. Es ist ein bisschen wie stricken lernen, alles läuft auf eins links, eins rechts hinaus. Du sprichst, ich spreche, wir hören einander zu und teilen uns mit, was wir verstanden haben. Dann fragen wir nach. Das ist einfach. Das tun alle Verliebten. Sie sprechen und sprechen und fragen und antworten, und sie werden immer verliebter und immer glücklicher dabei. Niemand hat vorher ein Kommunikationsseminar für Verliebte besucht. Niemand!

Das Problem ist, miteinander zu sprechen, wenn einem übel dabei wird vor Schmerz, wenn der Bauch drückt und man meint, sich in die Hose zu machen vor Entsetzen, wenn die Worte in der Kehle steckenbleiben vor Angst, der andere würde auf der Stelle tot umfallen, wenn man sie sagt, oder wenigstens sofort die Beziehung kündigen.

Wir haben ein Kommunikationsproblem, sagte zum Beispiel ein Paar, das zu mir kam. Lisa, 34. Henning, 34. Zwei kleine Kinder, noch nicht schulreif. Henning und Lisa waren äußerst wortgewandt. Sie konnten miteinander sprechen, aber sie verstanden einander nicht. Vor allem verstand er nicht, dass sie plötzlich, für ihn aus heiterem Himmel, in Wutanfälle ausbrach. Und sie selbst verstand das auch nicht. Erst als wir eine längere Zeit in die Tiefe ihres Lebens und ihrer Beziehung getaucht waren, wurde einiges deutlich:

Sie war furchtbar enttäuscht:

- Von ihm, weil er sie nach den Geburten der Kinder im Stich gelassen hatte, denn er hatte beide Male direkt anschließend einen neuen Job angefangen, der ihn ganz forderte.
- Von sich selbst, weil sie in ihrem Hausfrau- und Mutterdasein nicht die Erfüllung fand, die sie als Erfüllung ihres Lebenstraums erwartet hatte. Sie hatte am Anfang der

Therapie noch gesagt: Ich habe alles gehabt, beruflichen Erfolg, viel Geld, viele Reisen, schöne Klamotten, jetzt will ich ganz Mutter sein.

- Von ihm, weil er einerseits gerne Kinder haben wollte, andererseits aber, als sie dann da waren, auf Junggesellenart weiterzuleben versuchte, ohne ihr die Sicherheit zu geben, dass er wirklich für sie da sein würde, wenn sie ihn brauchte.

Er war furchtbar enttäuscht:

- Von ihr, weil sie ihm das Gefühl gab, ein schlechter Vater zu sein, und ihn ständig kritisierte, wenn er mit den Kindern zusammen war.
- Von ihr, weil sie nicht würdigte, dass er furchtbar hart arbeitete, um seinen Part als Familienernährer gut auszufüllen. Sie hatte immer etwas zu meckern: Das Haus war zu klein, der Garten wurde von ihm nicht genug gepflegt, die Urlaubsreisen fanden in nicht ausreichend luxuriösen Hotels statt.
- Von sich selbst, weil er das Gefühl hatte, als Mann und als Vater zu versagen.

An diesem Paar zeigt sich, dass wir oft vorschnell sind mit unserer Diagnose, warum wir uns so häufig streiten oder warum wir uns zurückziehen oder warum wir insgesamt unzufrieden sind. In den allermeisten Fällen ist es einfach notwendig, innezuhalten und in die Tiefe der Beziehung zu tauchen, um zu erkennen, worauf die Krise wirklich beruht. Dann erst kann der nächste Schritt gegangen werden, nämlich der hin zu Bewältigung und Veränderung.

- Male ein Krisenpanorama! Ziehe eine gerade Linie für dein Leben von 0 Jahren bis heute. Und dann zeichne Wellen deines Wohlbefindens um diese Linie herum. Wo war es ganz oben, und wo war es ganz unten? Das war die Krise!
- Welche Krisen hast du bisher erlebt?

- Wie hast du gemerkt, dass du in einer Krise warst, wie waren deine Symptome?
- Welche Rettungsmechanismen hast du jeweils gewählt? Hatten sie Erfolg?
- Welches war deine schlimmste Krise?
- Welches Ergebnis hatte sie?
- Wie bist zu daraus hervorgegangen?
- Welche Glaubenssätze sind aus dieser Krise übrig geblieben?
- Sind sie heute noch praktikabel?
- Wenn nicht, wie könntest du sie am effektivsten verändern?
- Schreibe einen Brief an deinen Partner oder an dich selbst: Wir sind in einer Krise!
- Erzähle deinem Partner, seit wann du die Krise erlebst. Wie sie sich für dich zeigt. Was du dir wünschst.

Ohne Saat keine Ernte

Investition setzt Bewegung in Gang

Häufig pressen Menschen aus ihrer Beziehung heraus, was sie nur hergibt: Entspannung, Erholung vom Beruf, Gespräche über Probleme mit dem Chef, den Nachbarn oder den Kindern, Sex, ein Gefühl von Zugehörigkeit, Anerkennung, Auftanken, Halt, Versicherung fürs Alter, Versorgung, Sicherheit, um nur einiges zu nennen. Aber sie wollen nichts dafür hergeben.

Wenn ich auf diese Weise irgendetwas anderes im Leben behandle, bekomme ich über kurz oder lang die Quittung: Ein Garten, in den ich nicht investiere, verwildert; ein Haus verkommt; Menschen, die nicht in ihre Fortbildung investieren, stagnieren in ihrer beruflichen Entwicklung; ein Selbständiger, der nicht in sein Unternehmen investiert, ist extrem gefährdet. Wenn wir nicht Zeit, Aufmerksamkeit, Energie in unsere Kinder investieren, werden sie verwahrlosen. Und so weiter. Aber bei unseren Partnerschaften meinen wir, alles müsste von allein laufen. Was für eine tollkühne, unrealistische Annahme! Wieso soll das funktionieren?

Manche Paare treiben miteinander einen schwunghaften Handel: Gibst du mir Sex, geb ich dir Sicherheit. Wenn das nicht ausdrücklich verabredet wurde, läuft es schief. Und selbst dann hat es mehr mit einer Geschäftsbeziehung zu tun als mit Partnerschaft.

Viele Frauen geben Sex gegen Zärtlichkeit. Oder Sex gegen Anerkennung. Und wenn die Zärtlichkeit nicht so ausfällt, wie sie es wünschen, oder die Komplimente ausbleiben, entziehen sie Sex. Nur leider bezahlen sie für diesen Deal mit einem nicht hoch genug einzuschätzenden Gut, sie fühlen nämlich ihre eigenen sexuellen Bedürfnisse nur noch verzerrt.

Wer an eine Beziehung mit einer Handelseinstellung herangeht, könnte über kurz oder lang im Konkurs landen. Oder in einem verbissenen Kampf um Rechte und Pfründe.

Nehmen wir die Müllers, ein Paar um die sechzig. Er ist ein international anerkannter Geschäftsmann, verdient eine Menge Geld. Sie hat sich nach dem Studium nur noch seiner Karriere gewidmet, drei Kinder geboren, bietet ihm ein Zuhause und ist seine Gesprächspartnerin in allen Problemlagen. Er sorgt für ihren gesellschaftlichen Status, sie haben große Häuser in Hamburg, in Frankreich, eine Yacht, teure Autos, dementsprechende Bekannte. Er schenkt ihr wertvollen Schmuck (den seine Sekretärin aussucht), sie macht Sex, wie und wann immer er will.

Nun, ich sollte besser in der Vergangenheitsform sprechen. Sie unterstützte ihn, wo sie nur konnte. In ihrem Selbstbild allerdings hat sie sich für ihn »aufgeopfert«. Sie ist alles andere als ein Heimchen am Herd, vielmehr eine intelligente, kompetente Frau. Sie hat die Haussanierungen geleitet, das Geld verwaltet, für die Kinder Privatschulen ausgesucht und Therapeuten, wenn eines durch Drogenkonsum, Alkoholexzesse oder Diebstahl auffällig wurde.

Das Ganze stürzte wie ein Kartenhaus in sich zusammen, als sie erfuhr, dass er sie betrog. Zuerst entzog sie ihm den Sex, dann das Zuhause. Er kuschte, beendete die Liaison mit der Frau, die im Alter seiner Tochter war und von ihm ohnehin nur als unernster Zeitvertreib gehandelt worden war. Er schwor, es nie wieder zu tun. Aber sie blieb sexuell spröde. Nun endlich forderte sie von ihm alles ein, was sie sich immer schon gewünscht hatte. Ein Geschenk, das nicht seine Sekretärin ausgesucht hatte. Einen Liebesbrief. Einen freien Tag nur für sie.

Er fühlte sich ungerecht betraft, vor allem durch den sexuellen Entzug. So ging es zwei Jahre lang: Sie verweigerte, was sie bis dahin gegeben hatte.

Sein nächster Seitensprung war eine massive Kampfansage. Diese Freundin war in seinem Alter, eine alternative, auf dem Lande lebende Physiotherapeutin, eher ungepflegt, gesellschaftlich völlig unakzeptabel. Er, der mit seiner Frau eine Yacht hat, eine Villa in Südfrankreich und teuerste Designeranzüge trägt, in Hamburgs vornehmstem Stadtteil in einem exklusiv sanierten Jugendstilhaus wohnt, zog nun auf einen schmuddeligen Resthof zu einer Hippie-Frau. Seine Frau verstieß ihn, seine Kinder verachteten ihn, seine Kollegen verlachten ihn. Beruflich saß er allerdings so fest im Sattel, dass er weiterhin Millionen scheffelte.

Was ist der Unterschied zwischen einem Deal und einer Investition? Was ist der Unterschied zwischen Geben und Nehmen und einem Deal? Und was hat das Ganze mit Investieren zu tun? Und was hat das Ganze mit eurer Liebeskrise zu tun?

Bleiben wir bei den Müllers. Beide haben versucht, aus der Beziehung so viel rauszuziehen wie möglich. Beide hatten das Gefühl zu geben. Beide hatten das Gefühl, zu wenig zu bekommen. In unterschiedlichen Bereichen des Lebens, aber dennoch.

Das ist sehr bedenkenswert: Wenn eine Beziehung ein sexuelles Problem hat, kann es nicht mit einer Investition ins Zuhören über berufliche Probleme gelöst werden, sondern nur mit Investition von Zeit, Energie, Aufmerksamkeit, ja, und vielleicht auch Geld in den gesamten Bereich, der mit körperlicher Liebe zu tun hat.

Wenn du eine Firma hast und es läuft etwas schief in der Kundenakquise, wird es dir wenig nützen, in den Fuhrpark zu investieren. Einfach zu verstehen, oder? Wenn dein Kind in der Schule Probleme mit der Motorik hat, nützt es wenig, wenn du mehr Zeit investierst, um mit ihm vor dem Fernseher zu sitzen. Oder?

Zuallererst aber geht es darum, dass du dir überhaupt darüber Klarheit verschaffst, was du bereit bist zu investieren, um eure Beziehung aus der Krise zu führen. Wie viele Stunden pro Woche? Wann genau willst du für deine Liebe aktiv werden? Wie viel Geld willst du anlegen?

Du brauchst dir erst mal keine Gedanken darüber zu machen, wofür du die Zeit oder das Geld einsetzen willst. Es gibt so viele Möglichkeiten: tiefe Gespräche, Aufmerksamkeit, essen gehen, Reisen, Therapie, Geschenke, Blumen, Theater, Tanzkurs … Doch zuerst einmal reicht die gute Absicht.

- Welche Stärken bist du bereit einzusetzen?
- An welchen Schwächen bist du bereit zu arbeiten?
- Was sind deiner Meinung nach die Bereiche, wo es in eurer Partnerschaft schiefgegangen ist?

Die Paare, die zu mir in Therapie kommen, haben vorher eine Entscheidung gefällt: Sie sind bereit, Energie, Zeit, Geld und Mut zu investieren. Ich gebe Hausaufgaben, lasse schreiben, malen, sprechen, basteln usw. Je nachdem, wie viel Beschäftigung eingesetzt wird, umso intensiver ist der Prozess. Also kommt mehr dabei heraus. Therapie bedeutet Intensivierung und Beschleunigung des Prozesses. Manchmal auch die Intensivierung des Schmerzes. Aber dann auch die Intensivierung des Glücks.

Wenn ich an Investition denke, fällt mir immer Anna ein. Als sie mich anrief und um einen Termin bat, war sie eine arbeitslose Schauspielerin. Ich fragte sie, ob sie mich auch bezahlen könne. Sie antwortete: Ich betrachte das als Investition in mich selbst. Im Zweifelsfall gehe ich putzen.

Auch dieses Buch zu kaufen war eine Investition. In dich

selbst, in deine Partnerschaft. In dein Glück. Ins Glück deiner Kinder.

Auch ein Verzicht kann eine wertvolle Investition sein. Bist du zum Beispiel bereit, eine Woche lang aufs Fernsehen zu verzichten? Aber zum Verzicht kommen wir später.

Ich halte viel von Julia Cameron, die »Der Weg des Künstlers« geschrieben hat. Sie erwartet von ihren Lesern, dass sie täglich drei Seiten schreiben, morgens, direkt nach dem Aufstehen. Sie erwartet darüber hinaus noch einiges mehr an Investitionen von den Lesern, die ihre Kreativität aus Blockaden befreien wollen. Das entspricht meiner Erfahrung: Je mehr du investierst, umso reicher ist der Ertrag. Alle Leser, die einen Garten haben, wissen das. Alle Leser, die Kinder haben, wissen das. Alle Leser, die Freunde haben, wissen das. Alle Leser, die einen geliebten Beruf haben, wissen das. Alle Künstler wissen das. Alle Hundebesitzer wissen das.

Warum schrecken Leute in einer Paarbeziehung zurück, wenn sie einen Vertrag schließen sollen, in dem sie sich festlegen, was sie bereit sind zu investieren? Mir ist das unverständlich. Ich vermute, es liegt an allen möglichen Blockaden, die auch in anderen Bereichen des Lebens im Wege stehen. Auf diese Blockaden, und wie man sie auflöst, gehe ich im Kapitel »Zielsetzung« näher ein.

- Welchen Angewohnheiten gehst du nach, die der Verbesserung deiner Partnerschaft im Wege stehen? Z.B. zeitintensives Fernsehen, Trinken oder andere Betäubungen, sexuelle Aktivitäten außerhalb der Beziehung, mit Freundinnen über den Partner herziehen oder anderes?
- Bist du bereit, darauf zu verzichten?

Während ich durch Indien reise, mache ich mir handschriftlich immer wieder Notizen zu Paarbeziehungen. Dieses Land gibt mir zu diesem Thema viele Impulse. Zum Beispiel darüber, dass unsere Existenz durch Pole geprägt ist.

Und auch unsere Beziehungen. Nehmen wir die Saat und die Ernte. Indien ist ein Land voller Widersprüche. Der Dreck, die Armut, der harte Existenzkampf, all das ist erschütternd, aber gleichzeitig sehen die Frauen in Kleidung und Schmuck aus wie Märchenprinzessinnen, selbst wenn sie auf dem Bau oder vom Feld schwere Lasten auf dem Kopf tragen. Junge Männer fotografieren einander eitel posierend vor dem Taj Mahal und flitzen in den Städten auf ihren Motorrädern zwischen Kühen, Rikschas, Menschen, Lastwagen, Affen und Kamelen herum. Eine fremde Welt, in der eines aber ist wie überall: Die Menschen laufen vor allem paarweise umher.

Es fällt ins Auge, dass sich mit höherer Bildung und zunehmendem Wohlstand die Hierarchie zwischen Mann und Frau nivelliert. Es gibt junge Frauen, die mit Digitalkameras ihren Mann fotografieren, der das Kind auf dem Arm trägt. Junge Mädchen zeigen ihre Körper in engen Jeans und albern ganz öffentlich mit den Jungs herum. Eines ist sehr deutlich: Die alten Strukturen lösen sich auf.

Ich denke an eine bestimmte Beziehungsliteratur, die unterschiedliches männliches und weibliches Verhalten mit unterschiedlich strukturierten Gehirnen begründet, und muss müde lächeln.

Vom Beginn des 20. Jahrhunderts bis heute, also in etwas mehr als hundert Jahren, hat sich zwischen den Geschlechtern auf der ganzen Welt unglaublich viel verändert. Die Globalisierung wirkt bis in die Paarbeziehungen hinein. In Deutschland war zu Beginn des vorigen Jahrhunderts der Mann noch der absolute Herrscher in der Familie. Die Frau musste ihn um Erlaubnis fragen, wenn sie etwas unternehmen wollte, wie zum Beispiel mit einer Freundin oder der Tochter ins Theater zu gehen. Er teilte ihr das Geld zu. Und sie musste ihm Rechenschaft ablegen. Das Frauenwahlrecht wurde nach dem Ersten Weltkrieg eingeführt. Das ist alles noch gar nicht so lange her.

Heute hat sich manches sogar verkehrt. Mädchen sind die

besseren Abiturientinnen, Studentinnen, und selbst bei den Hochschulabschlüssen erzielen sie bessere Noten. Die Jungs sind die neuen Sorgenkinder der Nation. Um anerkannt zu werden, benötigen sie heute mehr als Schwanz oder Faust. Frauen können einparken und zuhören, Männer können sich aufs Autofahren nichts mehr einbilden. Freuds These vom Penisneid der Frau wurde schon lange als Märchen entlarvt. Und Frauen benutzen Maschinen ebenso selbstverständlich wie Männer, allerdings tun sie es funktionaler und schalten sie auch wieder ab.

Die ganze Welt ist in Aufruhr. Auch die Welt der Geschlechter. Auch die Welt der Liebe. Kein Wunder, dass eine glückliche Liebesbeziehung heute mehr Aufmerksamkeit, mehr Investition braucht als jemals zuvor.

Ich sitze gerade auf dem Bahnhof in Agra. Eben haben wir so viel Eintritt in den Taj Mahal bezahlt, wie unser Fahrer nicht in einem halben Monat an Gehalt verdient. Obdachlose Menschen liegen auf dem Boden neben uns, knacken Erdnüsse oder schlafen. Eine Frau bereitet in einer Flasche Milch für ihr schreiendes Baby zu. Ihre Brust ist leer. Ich friere. Es ist kalt.

Die Menschen hier kämpfen einen harten Existenzkampf, sie haben andere Krisen als wir zu bewältigen und andere Notwendigkeiten für Reifung und Wachstum. Aber ihre Filme zeugen davon, dass das Thema Liebe, das Thema Mann und Frau, ebenso ihr Hauptthema ist wie bei uns. Die Liebe und das Glück, wir bringen es in Verbindung, weil wir wissen, dass es möglich ist. Der Gegenpol zur Liebe ist das Unglück. Auch das kennen alle, die Liebe und Glück erlebt haben.

Zurück zu den Fragen nach deiner ganz persönlichen Investition in deine Liebe.

- Was hast du bis jetzt in diese deine Liebe investiert?
- Was hast du verweigert an Zeit, Aufmerksamkeit, Gespräch, Zärtlichkeit, Offenheit, Ehrlichkeit, Bemühung um Verstehen oder Verständlichmachen oder anderes?
- Ist diese mangelnde Investition vielleicht eine Ursache dafür, dass ihr jetzt in einer Krise seid?

Ich sitze auf einem schmutzigen Bahnhof und warte in der Kälte, weil ich nach Varanasi will. Ich gab und gebe einiges Geld aus, um in diese Situation von Dreck, Gestank, Kälte zu kommen. Ich riskiere mein Leben in diesem verwirrenden Verkehr zwischen über die Straße laufenden Affen, Menschen, Kühen, dicken Lastwagen und wuselnden Rikschas. All das investiere ich, um dieses Land zu bereisen. Einen Teil auf der Welt kennenzulernen, wo alles anders ist. Ist es nicht das, was wir auch in der Liebe suchen – einen Lebensraum, ein Gefühl, eine Verbundenheit, wo alles anders ist? Die Überwindung der Fremdheit? Und auch die Überwindung der Fremdheit zu uns selbst? Ist es nicht so, dass wir, wenn wir uns verlieben, ein unglaubliches Abenteuer erleben, weil wir uns in die Fremde begeben? Und dass uns der oder die Geliebte zugleich Bereiche von uns selbst entdeckt, die uns bisher fremd waren? Warum endet das so oft nach der Phase der Verliebtheit? Es ist nicht einzusehen. Aber es hat etwas mit Risiko und Investition zu tun.

- Was investierst du in deine Beziehung, um die Fremdheit zu diesem anderen Menschen zu überwinden und um ihn zugleich als unbekanntes abenteuerliches Land zu verstehen, ihm nahezukommen?
- Welche Unannehmlichkeit bist du bereit, in Kauf zu nehmen?
- Welches Risiko bist du bereit einzugehen?
- Was willst du zahlen?

- Und wie viel Fremdes, Neues von dir selbst hat dir dein Partner, deine Partnerin schon gezeigt? Hast du es annehmen, dich bedanken können?

Felix hat Angst vor Risiken. Er ist schon einige Male verletzt worden. Von seinem Vater, von seiner Mutter, von seiner ersten Frau, die ihn verlassen hat, von einer Freundin, die ihn ebenfalls verlassen hat. Als er Beate kennenlernte und sie sich in ihn verliebte, hielt er sich bedeckt. Er ließ sich zwar darauf ein, mit ihr essen zu gehen, Küsse auszutauschen, mit ihr Sex zu haben, aber er wollte sich nicht ganz einlassen. Er sagte ihr, dass er sie sehr gern möge, gern mit ihr zusammen sei, aber mit Gefühlen vorsichtig. Er fuhr sogar mit ihr in Urlaub, sie feierten Feste miteinander, lernten gegenseitig ihre Freunde kennen, aber immer, wenn sie über ihre Gefühle sprach, sagte er, er wisse nicht, ob er sie wirklich liebe. Er sei so verletzt worden, das wolle er nicht noch einmal riskieren. Bei dieser Haltung blieb er, als sie schwanger wurde. Sie ließ abtreiben und wollte sich trennen. Da wurde er aktiv, warb um sie, aber als sie sich entschied, bei ihm zu bleiben, zog er sich bei dem kleinsten Streit wieder zurück und sagte, er müsse sich schützen.

Erst als sie ein Kind miteinander bekommen hatten und sie entschied, nun nicht länger darauf warten zu wollen, ob er sich wirklich zu ihr bekennen würde, sagte er ihr, dass er sie liebe. Doch immer, wenn es Streit gab, verschloss er sich wieder.

Sie liebte alles Helle, Warme an ihm, all seine Talente und Fähigkeiten, die er selbst verkümmern ließ, weil er auch da das Risiko des Scheiterns scheute. Irgendwann aber fühlte sie sich zu allein neben ihm und verließ ihn. Allerdings nicht, ohne ihn vorher immer und immer wieder beschworen zu haben, aktiver zu werden und Konflikte aushalten zu lernen. Als sie sich von ihm trennte, warf er ihr vor, dass sie ihn verlassen und unglücklich gemacht habe.

Von ihm getrennt begriff sie allmählich, dass es nichts mit ihr zu tun gehabt hatte, wenn er sich zurückzog, dass er einfach viel Angst hatte, etwas falsch zu machen.

Beate stellte fest, dass das, was sie mit Felix entwickelt hatte, fünfzehn Jahre Beziehung mit vielen Aufs und Abs, nicht durch eine neue Liebe mit Aufregung und Abenteuer und Sex ersetzbar war. Also raffte sie ihren Mut zusammen und schlug ihm einen neuen Anfang vor. Sie wollte mit ihm gemeinsam um ihre Liebe kämpfen. Er antwortete, er liebe sie zwar auch, aber er habe zu viel Angst, es noch einmal zu wagen. Er wolle nicht noch einmal so verletzt werden.

Sie hatte in dem Jahr der Trennung vieles gelernt, auch dass sie selbst andere verletzen konnte, wie verwöhnt sie manchmal gewesen war, wie selbstverständlich sie vieles genommen hatte, was Felix für sie getan hatte und wie wenig selbstverständlich seine Fürsorge, seine Ehrlichkeit, seine Zärtlichkeit gewesen war. Also warb sie wieder wie am Anfang um seine Herzensöffnung. Sie war nun sogar bereit, das Risiko einzugehen, dass er sich wieder zurückziehen würde, wenn es Streit gäbe. Sie bat ihn inständig, das Risiko einzugehen, verletzt zu werden. Denn ihn nie zu verletzen konnte sie bei aller Liebe nicht garantieren. Er lehnte ab.

Beate ist inzwischen eine neue Beziehung eingegangen. Die ist auch nicht perfekt, sie muss viele Abstriche machen, und oft denkt sie wehmütig an die innigen Zeiten mit Felix zurück. Manchmal treffen sie sich, sie sind wenigstens Freunde geblieben und auch gute gemeinsame Eltern, dann greift er nach ihrer Hand und sagt, wie schön sie sei, und ihr geht das Herz auf. Aber wenn sie sagt: Versuchen wir's noch mal!, antwortet er: Ich will nicht noch mal verletzt werden.

Er sucht eine Frau. Kurze Zeit hatte er eine Affäre, aber das war von beiden Seiten halbherzig. Bis jetzt hat er noch keine Liebe gefunden. Und Beate sagt: Es kann nur eine sein, die so beharrlich um seine Herzensöffnung kämpft, wie ich es getan habe.

Bedauerlich, aber so ist es: Wer sich vor Verletzung schützt, wagt die Liebe nicht.

Nele, eine hübsche junge Frau, ist ständig damit beschäftigt, an ihrem Äußeren etwas zu verändern. Sie pierct sich, ist tätowiert, färbt ihre Haare, geht ins Sonnenstudio, hat sich von einem blonden, blassen Typ in eine schwarzhaarige Frau mit südländischem Aussehen verwandelt. Sie mag sich nicht leiden, mäkelt ständig an sich herum.

Ihr Freund will sie nur am Sonntag treffen, dann haben sie Sex und sehen gemeinsam fern. Ihr Freund geht allein in Discos, chattet mit Frauen im Internet, hat intensiven Kontakt zu seinen früheren Freundinnen. Nele traut sich nicht, mit ihm ein offenes ehrliches Gespräch zu führen, in dem sie ihm von ihren Wünschen an eine Beziehung erzählt und dass sie so nicht glücklich ist. Sie wagt nicht, das Risiko einzugehen, dass er dann Schluss machen könnte. Sie wagt nicht, das Risiko einzugehen, dass er Ja zu ihren Bedürfnissen sagen könnte. Sie wagt nicht, das Risiko einzugehen, eine Abfuhr zu bekommen. Sie wagt nicht das Risiko, sie selbst zu sein. Stattdessen geht sie das Risiko ein, dass sich nichts ändert.

Es ist nicht immer das Risiko der Herzöffnung, das vermieden wird. Es ist auch das vermiedene Risiko der Grenzziehung, der Bedürfnisäußerung, des Neinsagens, das unmittelbar in eine Krise hineinsteuert. Und so seltsam, wie das klingt, denn das Verhalten ist natürlich völlig anders, aber auch hier wird nicht das Risiko der Ehrlichkeit eingegangen.

Ebenso wie Neles Freund ihr keinen reinen Wein einschenkt über seine Bedürfnisse – vielleicht möchte er viel lieber als Single leben, sich möglichst viele Optionen offenhalten, vielleicht hat er auch Angst, von Nele abhängig zu werden und zu leiden, wenn sie sich von ihm trennt –, ebenso schenkt Nele ihm keinen reinen Wein ein über ihre Bedürfnisse.

Das Risiko der Ehrlichkeit ist wahrscheinlich das größte, das man in einer Beziehung eingehen kann. Und auch das Schwierigste, denn oft sind wir ja nicht ehrlich uns selbst gegenüber.

Wenn wir allerdings nicht immer wieder darum ringen, ist das, was wir in einer Beziehung leben, irgendwann von Lügen, Halbwahrheiten, Verschwiegenem so durchsetzt, dass sie zu löchrig wird. Dann fällt die Liebe durch die Löcher hindurch.

Nele hat ihren Freund schon einmal betrogen, und sie würde es sofort wieder tun, wenn »der Richtige« käme.

Die Frage, welches Risiko bist du bereit einzugehen, ist eine sehr schwerwiegende. Es gibt Menschen, denen es weitaus leichter fällt, nein zu sagen, denen jedes Ja schwer von den Lippen kommt. Die erst einmal bedenken, zögern, zweifeln wie Felix. Sie formulieren als Erstes ihre Angst. Und dann gibt es die Menschen, denen das Neinsagen schwerfällt. Sie machen alles mit, auch wenn ihre innere Stimme widerspricht wie im Fall von Nele. Beides birgt Risiken in sich. Beides ist nötig in einer Beziehung: das Ja und das Nein.

Diejenigen, die das Ja vermeiden, die es sich selbst schwermachen, sich klar positiv zu entscheiden, haben Angst. Davor, enttäuscht und verletzt zu werden. Davor, zu enttäuschen und zu verletzen. Davor, dass etwas von ihnen verlangt werden könnte, worin sie versagen. Davor, falsche Erwartungen zu wecken.

Diejenigen, die das Nein vermeiden, haben ebenfalls Angst, Liebe, Anerkennung, Zuneigung zu verlieren, wenn sie keinen vorauseilenden Gehorsam leisten. Meistens sind es Menschen, die sich nicht vorstellen können, dass sie geliebt werden, wenn sie nicht unglaublich viel geben.

Beides, das Ja und das Nein, ist notwendig. Du kannst nicht lieben, wenn du dich ständig schützt, irgendwie träge bleibst, dich verweigerst, aber du kannst auch nicht lieben, wenn du keine Grenzen ziehst und alles mit dir machen lässt.

Das Dumme ist jetzt wahrscheinlich, dass die Neinsager unter euch alle von mir genannten Argumente sammeln, die fürs Vorsichtigsein, fürs Schützen sprechen, für Rückzug, für Verschließen. Und dass die Jasager jetzt mit leuchtenden Augen für die Notwendigkeit der Öffnung in der Liebe sprechen und dafür, das Risiko des Verletztwerdens einzugehen.

Unter Psychologen gibt es den Ausspruch: »Mehr desselben«. In der Krise legen wir meistens noch mal kräftig nach. Wir ziehen uns noch schneller, stärker, starrer zurück, retten uns ins Nein. Oder wir rennen noch schneller ins blinde Ja, das der Realität völlig unangemessen ist.

- Was hast du in frühere Beziehungen investiert?
- Was hast du in früheren Beziehungen vermieden?
- Was wolltest du damit erreichen?
- Welche Risiken vermeidest du insgesamt im Leben?
- Kannst du Muster erkennen, die auch dein Verhalten in deiner jetzigen Beziehung prägen?
- Schau dir einmal die Menschen an, die du besonders bewunderst. Welche Risiken gehen oder gingen diese Menschen ein?
- Welche Menschen findest du ganz entsetzlich? Nimm einmal den Menschen deines Geschlechts, den du am allermeisten ablehnst und bei dem du bereits unangenehme Gefühle bekommst, wenn du nur an ihn denkst.
- Welches Risiko geht dieser Mensch im Leben ein, das du vermeidest?
- Welches Risiko vermeidet dieser Mensch, das du ebenfalls fürchtest?
- Was würde deiner Beziehung guttun, wenn du es riskiertest?
- Was äußert dein Partner vielleicht sogar als Wunsch?

Ich selbst zum Beispiel beginne im Konfliktfall ein Gespräch. Das ist an sich genau das Richtige, das weiß ich. Also tue ich es. Ich spreche aus, was mich bewegt, ich möchte hören, was meinen Partner bewegt. Ich führe das, was mein Partner »BPGs« nennt, Beziehungsproblemgespräche. Er ist dann oft nicht so weit, er ist mit seinen negativen Gefühlen beschäftigt, er will wüten, schweigen, Gartenarbeit machen, möglichst weit weg von mir. Er flieht vor diesen Gesprächen, sie entsprechen ihm nicht, sie überfordern ihn. Ich erwarte, dass er sich mir öffnet, wenn er mich doch gerade scheußlich findet. Ich werfe ihm das als »Vom-Tisch-haben-Wollen« vor, als Beziehungsverweigerung, als Verschlossenheit, Abwehr, alles Schlimme, das ich natürlich punktgenau als destruktives Beziehungsverhalten diagnostizieren kann.

Und dann mache ich »mehr desselben«. Ich verschärfe den Konflikt, indem ich mehr und mehr auf ein Gespräch dränge, die Dinge immer schärfer auf den Punkt bringe, die beiden Ufer, nein, die Gräben zwischen uns immer deutlicher benenne und so immer tiefer grabe.

Es würde mir natürlich leichtfallen, jetzt darüber zu schreiben, was er vermeidet, welches Risiko er nicht eingeht, das sage ich ihm in diesen Situationen auch, aber interessant ist doch, welches Risiko vermeide denn *ich*?

Ich vermeide es, Verantwortung abzugeben. Ich strenge mich furchtbar an, um den Konflikt möglichst ruhig und verständnisvoll und offen so zu klären, damit alles wieder gut wird. Letztlich vermeide ich den Konflikt, obwohl ich mich für konfliktfähig halte. Ich will keinen andauernden Streit. Ich will die schlechten Gefühle für meinen Partner nicht allzu lange in mir haben. Ich halte die Angst nicht aus, dass er sich mir nie wieder zuwendet. Ich halte die Angst nicht aus, dass ohne meine Aktivität nichts geschieht. Letztlich vermeide ich Vertrauen. Und das ist dann auch das, was geschieht, wenn es eskaliert: Ich stelle die gesamte Beziehung in Frage. Ich will mich trennen. Ich trenne mich innerlich. Natürlich gebe ich ihm die Schuld: konfliktunfähig, unoffen, Vom-Tisch-Wischer usw.

Es war für mich schmerzlich und bitter, als ich erkannte, dass es egal ist, mit welchem Partner es war, ich habe es immer so gehalten. Ich habe die Verantwortung für das Gelingen der Beziehung übernommen. Ich war aktiv. Ich bin hinterhergelaufen, ich habe gerackert, und irgendwann ist es umgeschlagen, und ich habe mich getrennt. Zumindest innerlich, aber dort war ich schwer wieder zurückzuholen.

Es war für mich äußerst erleichternd, als ich mit meinem Partner für eine nicht begrenzte Zeit verabredete, dass ich kein BPG mehr einleiten würde. Ich war zwar davon überzeugt, dass dies das Ende unserer Beziehung sein würde, aber ich war entschlossen, das Risiko einzugehen. Wären wir von da an nur noch in einem oberflächlichen, Nähe vermeidenden Beziehungsdümpel gewatet, hätte es auch eine Ehrlichkeit gehabt. Es hätte meine Angst bestätigt. Aber wenn eine Beziehung ohne ständiges Rackern und Kämpfen in Seichtigkeit versiegt, dann ist es besser, seine Kraft nicht länger zu vergeuden und wirklich zu gehen. In unserem Fall aber hat es zu einer Entspannung auf beiden Seiten geführt. Ich habe viele Überraschungen erlebt. Mein Partner wurde zugewandter, offener, er sprach Unstimmiges direkt an, so dass daraus gar keine tiefen Konflikte werden mussten. Ich konnte nicht nur feststellen, dass ich mich auf ihn verlassen konnte, ich konnte auch einiges darüber lernen, wie es möglich ist, seine Bedürfnisse und Gefühle so zu äußern, dass es punktuell bleibt und kein Rundumschlag wird. Es ist für mich vieles leichter geworden, weniger anstrengend, aber vor allem: Ich vertraue meinem Partner mehr, dass ihm wirklich etwas an mir und unserer Beziehung liegt. Unsere Beziehung ist glücklicher geworden.

Wahrscheinlich finden sich eher Frauen in dem wieder, was ich von mir geschrieben habe. Oft klagen Männer in meiner Praxis darüber, nächtelang Gespräche über Sexualität und Zärtlichkeit führen zu müssen, stattdessen wollen sie Sex und Zärtlichkeit praktizieren.

Liebe Frauen, glaubt jetzt bitte nicht, ich wollte euch zum Schweigen bringen, einen Maulkorb umlegen. Nein, darum geht es nicht, es geht darum, dass ihr euch damit konfrontiert, welches Risiko ihr vermeidet, in welcher Hinsicht ihr »mehr desselben« macht. Mehr von dem, was euch eurem Ziel nicht näherbringt. Manchmal ist es auch die Verweigerung, ein klares eindeutiges Nein zu sagen. Eine klare eindeutige Grenze zu ziehen. Dann muss nur ein Satz gesagt werden, manchmal nur ein Wort: NEIN! Schluss damit!

Natürlich gibt es die andere Seite der Medaille: Die Verweigerung des Gesprächs. Welches Risiko wird damit vermieden?

Es geht ja nie um das Gespräch an sich. Die BPG-Verweigerer sind nicht selten eloquente Gesprächspartner, wenn es um Politik, ein Hobby, den Beruf oder Ähnliches geht. Sie sind auch nicht Verweigerer eines Problemgesprächs. Oft führen sie nicht enden wollende Gespräche über Probleme im Beruf, mit einem Chef, einem Kollegen, sprechen über verpasste oder unerfüllte Chancen usw. Wenn es aber um sie selbst geht, eine tiefe Ehrlichkeit sich selbst und ihrem Partner gegenüber, dann blockieren sie.

- Welches Risiko vermeidest du, wenn du ein BPG-Verweigerer bist?

Viele Männer denken strategisch. Sie zeigen sich nur partiell. Von jung an sind sie es gewohnt, Teile von sich nicht zu offenbaren. Und die neue Internet-Gesellschaft fördert dies ganz ungemein. Sie begeben sich mit ihren Gefühlen zu einer Maschine, die ihnen scheinbar unbegrenzte Möglichkeiten des Ausagierens gibt: Wut, Neugier, »schmutzige« Phantasien usw.

Jungs lernen schon früh, sich wegen ihrer Gefühle zu schämen, ihre Gefühle unter Kontrolle zu behalten. Ein BPG weckt Gefühle, die überwältigen könnten. Scham, Angst,

Traurigkeit zum Beispiel. Ein BPG verlangt auch das Gegenteil von Weinerlichkeit, Jämmerlichkeit, Ängstlichkeit, ein BPG verlangt Mut, Standhalten, wirklich ehrliches da sein! Ein BPG verlangt, dass man aufmacht, Dinge von sich preisgibt, die man sonst für sich behält. Ein BPG verlangt einen ganzen Mann, eine ganze Frau und die Bereitschaft zu einem Abenteuer: Man weiß nicht, wohin es geht, das Ende ist unbekannt, wenn es denn überhaupt ein Ende gibt. Aber nur durch diesen Mut, diese Ehrlichkeit kommt Intimität zustande.

Wenn du das Risiko der Ehrlichkeit nicht wagst, vermeidest du letztlich Nähe. Aber warum tust du das?

Viele Menschen haben Angst, nicht mehr geliebt zu werden, wenn sie sich wirklich zeigen, wie sie sind. Dabei ist die Selbstoffenbarung ein menschliches Urbedürfnis. Es gibt Männer, denen es leichter fällt, sich vor Prostituierten zu offenbaren als vor der eigenen Frau. Dort haben sie keine Angst, verlassen zu werden. Verurteilt und verlassen. Vor Prostituierten und Therapeutinnen. Auch denen werden die Abgründe offenbart, die Dinge erzählt, die ansonsten die Seele mit Scham verstopfen. Dort darf das sein. Prostituierte und Therapeutinnen kennen sich mit den Abgründen der menschlichen Seele aus. Da wird gezahlt und man geht. Und es gibt eine Sicherheit, dass man nicht verraten wird. Prostituierte und Therapeutinnen garantieren Verschwiegenheit.

Investition hat natürlich etwas mit dem Thema Geben und Nehmen zu tun, und dennoch gibt es wichtige Unterschiede. Eine Investition ist etwas, das ich hineingebe. In der Hoffnung, dass ich einen Ertrag herausbekomme. Aber ohne Sicherheit. Wenn ich eine Wohnung suche und Zeit und Mühe und Kreativität und Geld investiere, um Zettel an Straßenmasten anzubringen, die ich mit einer kleinen Zeichnung von Hund und Frau, so schön ich kann, und mit besonders eleganter Schrift versehe: Paartherapeutin sucht Dreizimmerwohnung, mein Hund kläfft nur bei Feuer und drohendem Einbruch, als Belohnung gebe ich fünf Stunden Paartherapie umsonst, dann ist keinesfalls sicher, ob ich auch eine Wohnung vermittelt bekomme, aber ich habe etwas angeschoben, meine Energie in die Sache gesteckt, und irgendwas wird schon geschehen, und sei es, dass jemand mir die Rückmeldung gibt, ich solle lieber diesen angestrengten Humor unterlassen.

Von nix kütt nix, sagt man in Köln. Und das stimmt. Irgendetwas ist geschehen, das dich, das euch in die Krise gebracht hat, irgendwas muss geschehen, damit ihr wieder rauskommt. Was also willst du investieren?

- Was hast du am Beginn dieser jetzigen Beziehung investiert, um deinen Partner in dich verliebt zu machen?
- Was hast du beim ersten Mal getan, da du deine Liebste verletzt hast, um es wiedergutzumachen?
- Was hast du am Anfang investiert, um deinem Liebsten eine Freude zu machen?
- Welchen Zusammenhang siehst du zwischen Liebe und Geld?
- Was hältst du von dem Spruch: »Liebe geht durch den Magen«?
- Wann machst du Geschenke?
- Was drückst du damit aus?
- Welche Geschenke machst du?
- Was drückst du damit aus?

In manchen Ländern werden Kamele, Kühe, Ziegen usw. für Frauen geboten. Sie geben dafür ihre Unschuld, also die Sicherheit, dass die Kinder von diesem Mann sind. In Indien geben die Familien der Mädchen den Familien der Männer Geld und Geschenke, damit die Mädchen geheiratet werden (das ist heute übrigens verboten). Immer wird durch diese Art ritualisierter Investition etwas ausgedrückt, entweder Wertschätzung oder auch Abwertung. Auch durch deine Investition in die Beziehung drückst du etwas aus, nämlich wie viel sie dir wert ist.

- Stell ein Bild her, eine Collage oder eine Mindmap, und setz dich selbst in die Mitte. Rund um dich herum ordne die Dinge an, die dir wichtig sind. Male sie je nach Gewichtung unterschiedlich groß. Also zum Beispiel Arbeit, Kinder, Reisen, Hobbys, Freunde, Sport, Gesundheit, Spiritualität, Eltern, Zuhause, Beziehung. Vielleicht kommt bei dir noch etwas Wichtiges hinzu, oder etwas von dem, was ich genannt habe, spielt in deinem Leben keine Rolle.
- Und nun mach irgendwie deutlich, wie viel von dem, was du zu geben hast, du in jeden Bereich deines Lebens investierst. Also Kraft, Zeit, Aufmerksamkeit, Fürsorge, Geld, Kreativität usw.

Manchmal treten bei dieser Collage erstaunliche Dinge zutage. Zum Beispiel wird viel Zeit, Geld, Kreativität usw. in Reisen gesteckt von jemandem, der gerne reist. Und weil er nicht gern alleine reist, macht er das mit seiner Frau. Deshalb meint er, er sei ein abenteuerlicher, aufregender männlicher Typ für seine Frau. Die fühlt sich aber auf diesen Reisen unwohl, weil es ihm ums Reisen geht und sie sich als Reisepartnerin funktionalisiert fühlt. Er geizt vielleicht mit Aufmerksamkeit für sie, begeistert sich für alles außerhalb von ihr, findet allein schon ihre Frage, was für ihn schön daran ist, mit *ihr* zu reisen, völlig absurd.

Oder sie steckt viel Zeit und Energie in eine Religion. In der Anbetung eines Gottes oder Gurus bekommt sie glänzende Augen und ekstatische Gefühle. Da singt sie leidenschaftliche Lieder, dafür steht sie früh auf oder geht spät ins Bett, da ist sie bereit, sich schön zu machen und Opfer zu bringen. Deshalb meint sie vielleicht sogar, sie sei eine liebende Frau voller Wärme und Herzlichkeit. Wenn ihr Mann beklagt, dass sie für ihn nur ihr Alltagsgesicht aufsetzt, keine glänzenden Augen bekommt und für Ekstase zu müde ist, wirft sie ihm vielleicht sogar vor, er denke nur an das eine.

Oder er oder sie steckt viel Energie und Kreativität in das Gestalten, Pflegen, Erhalten von Haus oder Garten oder Fuhrpark. Und er oder sie denkt, das wäre gleichzeitig für den Partner, und wundert sich, wenn er / sie unzufrieden ist und sich vielleicht einem anderen zuwendet, der ihr oder ihm diese Aufmerksamkeit und Pflege angedeihen lässt.

Oder er oder sie geht sehr liebevoll mit dem Gegenstand seines Hobbys um. Er nimmt seine Gitarre regelmäßig zärtlich in den Arm, aber seine Frau sehnt sich vergeblich danach, dass er ihr Töne entlockt.

Die Liste der Beispiele könnte noch viel länger sein.

Schau dein Bild an und frage dich, ob das, was du in deine Beziehung investierst, wirklich dem entspricht, wie wichtig sie dir ist, und was sie braucht, um zu gedeihen. Vielleicht ist deine Liebste nichts weiter als eine Reisepartnerin für dich, dann wäre es gut, das offen zu kommunizieren, damit sie sich für alles, was sie als Frau noch in einer Partnerschaft braucht, einen anderen sucht. Vielleicht benötigst du gar keinen Liebespartner, weil du eigentlich Gott liebst. Dann ist es besser, das zu kommunizieren. Oder Nonne zu werden. Vielleicht willst du eigentlich nur ein Zuhause haben, in dem noch ein anderer Mensch ist, der aber möglichst wenig Scherereien machen soll. Oder du willst regelmäßig Sex, aber ansonsten in Ruhe gelassen werden. Auch das solltest du kommunizieren.

Für all das gibt es eine gute Regel: Finde den Partner / die Partnerin, der / die die gleichen Bedürfnisse hat wie du. Wenn du also eine Reisepartnerin suchst, finde eine Frau, die einen Reisepartner sucht. Wenn du Religion zum Zentrum deiner Begeisterung machen willst, finde einen, der das gleiche oder ein anderes zu dir passendes Zentrum der Begeisterung hat. Wenn du Sex und ansonsten deine Ruhe haben willst, finde einen, der das Gleiche will.

Mit einer Liebesbeziehung allerdings haben all diese Konzepte wenig zu tun. Eine Liebesbeziehung braucht den ganzen Menschen und ist auf den ganzen Menschen gerichtet. Dein Liebster braucht *alles* von dir, um mit dir glücklich zu sein.

- Setzt euch gemeinsam vor einen großen Topf und legt daneben einen Haufen Münzen, Murmeln oder Erbsen oder Steinchen, so viele, dass der Topf damit gefüllt werden könnte.
- Nun sagt jeder abwechselnd für den Verlauf der Beziehung bis heute, was der andere in die Beziehung investiert hat und womit er sie verbraucht hat.

Ein Beispiel:

Er: Du hast so süß gelächelt, als ich dich damals zum Tanzen aufgefordert habe. (Eine Münze in den Topf)

Sie: Du hast mir gesagt, dass ich leicht tanze wie eine Feder. (Eine Münze)

Er: Du hast gesagt, wie gut ich führe. (Eine Münze)

Sie: Du hast mich so wundervoll gehalten, am Rücken, deine ganze Hand, so warm, so bergend, ich habe mich so … (sie sucht das Wort) so gefühlt, als ob du mich wirklich fühlst (sie lacht etwas verlegen) und als ob dir gefällt, was du fühlst. (Zwei Münzen)

Er (leise): Es hat sich auch toll angefühlt, dich im Arm zu haben … (er sieht sie mit einer Mischung aus Zärtlichkeit und Wehmut an und wirft eine Handvoll Münzen in den Topf). Ich habe mich Hals über Kopf in dich verliebt. Du hast auf alles reagiert, was ich tat. Wenn ich dich bewegt habe, bist du gefolgt. Wenn ich dich näher an mich gezogen habe, hast du dich angeschmiegt. Wenn ich einen meiner hilflosen Witze gemacht habe, hast du gelacht …

Sie (greift auch in den Berg und wirft einen ganzen Haufen in den Topf): Und du hast mir so viel Schönes gesagt:

Dass mein Haar gut riecht, dass du mein Lächeln süß findest, dass du so gerne mit mir tanzt … (Sie denkt nach) Du hast dem Rosenverkäufer den ganzen Strauß abgekauft. (Sie lacht) Oder war das später?

Dieses Paar wirft begeistert Münze auf Münze in den Topf, bis sie zur Geburt ihrer ersten Tochter kommen. Er war nicht da gewesen. Er hatte sich entschlossen, einen für ihn beruflich wichtigen Termin in den USA wahrzunehmen. Es war zwei Wochen vor dem errechneten Geburtstermin gewesen. Sie hatte sich gewünscht, dass er nicht führe. Er hatte sie überzeugt, dass er ja nur vier Tage fort sein würde und danach voll verfügbar.

Das Kind war genau zwei Tage nach seinem Abflug gekommen. Eine schwierige Geburt, Kaiserschnitt. Anschließend war das Kind ihr immer nur zu bestimmten Zeiten gebracht worden, weil sie von der Geburt und dem starken Blutverlust geschwächt war. Dem Kind wurde zugefüttert, ihre Milch ging zurück. Er brach zwar in New York sofort alles ab, als er von der Geburt hörte, sein Flugzeug hatte aber enorme Verspätung wegen Schnee in New York, so dass er auch seinen Anschlussflug nicht bekam, und also traf er erst drei Tage nach der Geburt bei ihr ein. Da hatte sie sich schon vollkommen verlassen gefühlt und ihm die Schuld an dem ganzen Desaster gegeben. Wenn er da gewesen wäre, so glaubte sie, hätte er vielleicht einen Kaiserschnitt verhindern können. Wenn er da gewesen wäre, hätte er sie schützen können und dafür sorgen, dass das Kind näher bei ihr gewesen wäre und sie so besser hätte stillen können.

Er war hilflos, hatte ein schlechtes Gewissen und wehrte es gleichzeitig ab. Schließlich konnte man nicht damit rechnen, dass sich alles so entwickelte. Er konzentrierte sich voll auf das Kind, dachte, so alles gutmachen zu können. Allerdings fühlte sie sich von ihm dadurch noch mehr im Stich gelassen.

Der Topf leert und leert sich.

Sie fühlte sich um die Geburt ihres Kindes betrogen. Alles, was sie sich gewünscht hatte, war nicht eingetroffen. Und nun konzentrierte er sich voll auf das Kind. Sie hatte das Gefühl, auch noch ihres Kindes beraubt zu werden. Dahinter stand ein furchtbares Versagensgefühl als Frau und Mutter. Sie konnte ihn irgendwie sogar verstehen. Sie fand sich selbst nicht mehr liebenswert.

Beide zogen sich auf alte Rettungsmuster zurück. Er verfiel in Aktionismus, sorgte für Frau und Kind, so gut er konnte. Er arbeitete hart, habilitierte sich und war nach außen ein Vorzeigemann. Alle beneideten sie um ihren wunderbaren Gatten. Aber sie hatte sich ihm innerlich entzogen. In dieser Mischung aus Versagen und Vorwurf fiel sie in eine alte Selbstunsicherheit, fühlte sich neben ihm zunehmend klein, hässlich und unbedeutend.

Sie bekamen zwar noch ein Kind, diesmal eine schöne Geburt. Sie stillte es und sorgte dafür, dass keiner es ihr wegnehmen konnte. Von da an gab es zwei Fronten in der Familie: die Tochter und den Vater, die Mutter und den Sohn.

Er bekam die Möglichkeit, nach Amerika zu gehen, weil er dort eine führende Position in der Forschung hätte wahrnehmen können. Sie weigerte sich mitzukommen, war gerade dabei, sich eine kleine Praxis als Heilpraktikerin aufzubauen. Er schlug das Angebot aus, eine einmalige berufliche Chance. Er hatte das Gefühl, das größte Opfer gebracht zu haben, was er nur konnte. Sie bezog seinen Wunsch, mit der Familie zusammenzubleiben, nicht auf sich, sondern nur auf die Kinder, vor allem auf die Tochter. Sie entzog sich ihm emotional und sexuell völlig, ging nur noch in ihrem neuen Beruf und der Versorgung der Kinder auf.

Fassungslos saßen die beiden am Schluss vor einem leeren Topf, aus dem sie noch mehr rausgenommen hätten, wenn noch mehr da gewesen wäre. Bankrott.

Ich bat sie, den Topf imaginär wieder zu füllen. Mit den

Worten: Du könntest … und dann etwas auszudrücken, das wieder Wert in den Topf legen könnte. Es war rührend zu erleben, wie vorsichtig beide waren, sich vorzustellen, der andere täte etwas in den Beziehungstopf.

Sie begannen behutsam mit Kleinigkeiten.

Er: Du könntest mich einmal wieder anlächeln, wenn ich nach Hause komme. (Eine Münze)

Sie: Du könntest mir übers Haar streichen. (Eine Münze)

Es flossen viele Tränen, aber der Topf füllte sich vor ihren Augen, und sie wurden mutiger.

Er: Wir könnten miteinander wieder einmal tanzen gehen. (Eine Münze)

Sie: Wir könnten einen Salsakurs besuchen. Ich würde so gern Salsa tanzen lernen. (Eine Münze)

Er (übermütig): Wir könnten nach Kuba reisen und da in eine Salsaschule gehen.

Sie: O ja. (vorsichtig) Meinst du, du könntest mich einmal wieder so liebevoll anschauen, wie du es immer bei Simone tust?

Er legt wortlos einen Taler in den Topf: Meinst du, du könntest es dann auch sehen?

Beide staunten am Schluss, wie sich der Topf wieder gefüllt hatte. Lauter Dinge, die ihnen unfassbar leicht vorkamen. Die nur Aufmerksamkeit verlangten und manchmal über den eigenen Schatten zu springen.

Sie beschlossen, gemeinsam drei Wochen nach Kuba zu reisen, ohne Kinder, eine Reise, um einander als Liebespaar wiederzufinden. Es war ein Anfang. Es war nicht sofort alles wieder gut, der Topf musste erst noch gefüllt werden, und ein wirkliches Verstehen und Verzeihen musste noch geschehen. Aber beide hatten einander gezeigt, dass sie bereit waren, in ihre Liebe zu investieren.

Wer seid ihr – und wenn ja, wie viele?

Auch ein Paar hat eine Identität

Ein wundervoller Titel des Buches von Precht: »Wer bin ich – und wenn ja, wie viele?«. So wie jeder Mensch völlig einzigartig ist, so ist auch jedes Paar ein Unikat. Und so wie es die Möglichkeit gibt, für diese vielen einzigartigen Menschen dennoch übergeordnete Größen herauszufiltern, die sie gemeinsam haben, so gilt dies auch für Paare. Und so wie es förderlich ist für das Selbstbewusstsein, sich mit den vielen Anteilen der eigenen Identität zu beschäftigen, gilt dies auch für Paare.

Wer seid ihr? Zum einen seid ihr zwei einmalige Individuen, die jeweils unterschiedliche Seiten bestenfalls in sich vereinen, schlimmstenfalls von ihnen zersplittert werden. Der Mann, das Tier, der Zivilisierte, der Vater, der Berufstätige, der Sohn, der Sohn des Vaters, der Sohn der Mutter, der Freund, der Freund der Freundin, der Freund des Freundes. Oder aber die Archetypen: der Krieger, der König, der Liebhaber, der Narr, um nur einige zu nennen. Das Gleiche gilt für die Frau. Und dann mischen sich die individuellen Persönlichkeitsanteile zu den vielfältigen Seiten des Paares: Eltern. Liebende. Streitende. Gastgeber. Reisende. Hausbauende. Kaufende. Wohnungssuchende. Sozial Engagierte. Unzufriedene. Gelangweilte. Schimpfende. Und so weiter. Und alles wieder geprägt durch die unterschiedliche Kombination von zwei Individuen. Die Königin und der Narr. Die Prinzessin und der Jäger. Die Tyrannin und der Bürokrat. Die Sammlerin und der Geizige. Der Angsthase und die Xanthippe.

All das kann wieder gemischt werden wie Tarotkarten, und es ergibt nicht nur mit unterschiedlichen Partnern völlig verschiedene Kombinationen, ein Paar mischt es auch untereinander. Wenn du der Narr bist, werde ich die Königin, die den Laden zusammenhält. Wenn du der Krieger bist, werde ich die Prinzessin, die dich besänftigt. Wenn du der Liebhaber bist, werde ich die Geliebte und gebe mich dir hin.

Glückliche Paare ergänzen sich bei diesen Rollenspielen. Wenn er führt, schmiegt sie sich an. Wenn sie zur Xanthippe wird, wird er zum König und bleibt gelassen.

Wenn Paare nicht auf Ergänzung aus sind, sondern auf Gegensätzlichkeit oder Konkurrenz, kämpfen sie um die Pole: Wenn er führt, will sie auch führen. Wenn sie zänkisch wird, zankt er gleich mit. Wenn sie ängstlich die Kontrolle behalten will, bekommt er sofort Angst, die Kontrolle zu verlieren. Daraus werden Paare, die einander nicht polar ergänzen, die ihre unterschiedlichen Seiten nicht in die Partnerschaft integrieren. Die werden entweder langweilig oder befinden sich in ständigem Kampf. Auf jeden Fall werden sie starr. In Meinungen, Haltungen, Konzepten.

- Wer bist du in deiner Beziehung? Welche Rollen lebst du vor allem? (Kummerkasten, Friedensstifter, Krankenpfleger, Koch, Haushalter, Finanzverwalter, Chauffeur, Telefonseelsorger, Heilige, Hure, Managerin, um nur einige zu nennen.)
- Willst du diese Rollen spielen? Welche würden dir besser gefallen?
- Welche Rolle bringst du als Geschenk, als Bereicherung in deine Beziehung ein?
- Welche Rolle hältst du deinem Partner vor, wo verweigerst du dich?
- Welche Rollen lebt dein Partner?

Interessant ist, dass Menschen oft in sich selbst für Ausgleich sorgen. Also dort, wo wir uns extrem in den Polen aufhalten,

halten wir uns auch oft extrem im Gegenpol auf. Also: Der dominante herrschsüchtige Typ braucht die devote Seite, um nicht völlig aus der Balance zu geraten. (Die Nazigrößen, die zu Dominas gingen, sind nur die Spitze des Eisbergs.) Ebenso wie Männer, die wenig Kontakt zu ihren Gefühlen haben, oft als einziges Ventil die Sexualität besitzen oder bei Tieren oder Kindern weich werden, so kann dies der Fall bei dominanten kontrollsüchtigen Frauen sein, die im Bett »weich wie Butter« werden.

Wenn der Gegenpol nicht integriert wird, ist der Boden für süchtiges Verhalten bereitet: der extrem Leistungsorientierte, der spielsüchtig wird, weil er insgeheim den verbotenen Pol ausleben muss. Der sexuell Verklemmte, der abhängig wird von irgendwelchen »verbotenen« Praktiken, die er insgeheim ausagiert. Die sich selbst und ihre Bedürfnisse vernachlässigende und ablehnende Frau, die kaufsüchtig wird. Und so weiter.

Alles Starre ist gefährdet. Starrheit und Lebendigkeit heben sich gegenseitig auf. Kinder fallen weich wie Katzen. Alte Menschen brechen sich die Knochen. Das ist der Hintergrund für die Jugendlichkeit der Yogis: Sie behalten einen beweglichen biegsamen Körper. In beweglichen biegsamen Körpern strömt Leben. Aber Yoga muss gelernt und geübt werden. Wer kein Yoga mehr betreibt, wird ebenso starr wie jemand, der es noch nie betrieben hat. Das Gleiche gilt für die jung erhaltende Sexualität. Wer es nicht mehr tut, wird trocken und schwerfällig. Das Gleiche gilt fürs Lernen. Wer wächst und lernt, für den ist das ein Bedürfnis und gehört dazu. Es ist leicht. Wer starr auf alten Meinungen beharrt, bewegt seinen Geist nicht mehr.

Es gibt Notwendigkeiten, die Menschen einhalten müssen, um in ihrer Entwicklung nicht zu stagnieren: Sie brauchen Offenheit, Geduld, Neugier, Mut, Entschlossenheit und Beharrlichkeit. Um mit dem Wachsen und Reifen gleichzeitig freier zu werden, benötigen sie Ehrlichkeit und Aufrichtigkeit, Gelassenheit und Aufmerksamkeit. Interessanterweise sind dies die Eigenschaften, über die besonders glückliche Menschen verfügen. Und genau diese Eigenschaften brauchen Paare, um miteinander glücklich zu bleiben.

Paare müssen miteinander in Bewegung bleiben, um in Harmonie miteinander zu leben, sonst entsteht der Schein von Harmonie, aber in Wirklichkeit ist es konfliktvermeidende Starrheit. Es gibt Paare, die bleiben von allein in einem lebendigen Prozess der Entwicklung. Weil es ihnen ein Bedürfnis ist, und weil beide dieses Bedürfnis haben. Das ist gut so. Denn Wachsenwollen ist ein menschlicher Urinstinkt.

Nehmen wir das Wachsen eines Kindes: Es ist ein Urtrieb, laufen lernen zu wollen. Sprechen lernen zu wollen. Dahinter steht der Trieb, ein soziales Wesen zu sein. Sich verständigen zu wollen, mit anderen Menschen und mit der Welt. Dahinter steht eine gesunde Neugier auf die Welt.

Wer je ein Kind dabei beobachtet hat, wie es laufen lernt, hat bestimmt Respekt empfunden. Das Kind fällt hin, stößt sich, weint, steht wieder auf, fällt wieder hin, krabbelt, schafft ein paar Schritte. Und weiter und weiter. Stunde um Stunde. Bis zur Erschöpfung.

Sprechen lernen? Unverständliches Gebrabbel. Aber es wird fortgesetzt. Kein Mensch versteht das Kind. Es muss den Worten mit Schreien, Lachen und so weiter Nachdruck verleihen.

Und in der Liebesbeziehung? Wie häufig bist du hingefallen, hast geweint, bist wieder auf deine Füße gekommen und hast es noch einmal versucht? Oder bist du einfach sitzen geblieben und hast dem andern die Schuld gegeben, dass du nicht laufen lernst? Oder hast du gesagt, der andre solle laufen lernen, dann würdest du es dir auch noch mal überlegen? Oder hast du dich schmollend in die Ecke verzogen und gesagt, jetzt spielst du nur noch allein mit dem Rücken zur Wand, der Rest findet in deinem Leben nicht mehr statt?

Und das mit dem Reden? Du wurdest nicht gleich verstanden, hast irgendwie unverständliches Beziehungsgebrabbel von dir gegeben. Und nun? Bist du einfach verstummt und zeigst mit den Fingern auf das, was du willst? Oder sagst du gar nichts mehr und hast dich entschieden, diese komplizierte Sprache der Liebe sei nicht wichtig zu lernen? Alltagssprache, sachlich, das beherrschst du schließlich, aber was soll der alberne Kram: Gefühle, Sehnsüchte, Geheimnisse, deine Seele nackt zeigen? Nein, diese Sprache willst du nicht lernen, du könntest ja ausgelacht werden. Und überhaupt, das macht nur Probleme. Und Probleme sind disharmonisch. Und du willst doch Harmonie. Also: Diese Sprache sprichst du nicht.

Aber allein willst du auch nicht leben, willst sogar eine Partnerschaft? Nun, das ist, als würdest du in England leben wollen, aber dich weigern, Englisch zu sprechen. In der Liebe gilt es, die Sprache der Liebe zu lernen.

Die Frage, was für ein Paar seid ihr eigentlich, bezieht sich auf all diese Bereiche. So wie es notwendig ist, den Stand der bisherigen Entwicklung anzuschauen, wenn zum Beispiel Englisch gelernt wird. Der Ist-Stand und das Soll-Ziel. Hast du schon zehn Jahre Englischunterricht in der Schule gehabt und möchtest jetzt fließend Konversation betreiben lernen? Oder hast du im Land gelebt und sprichst flüssig, aber willst deine Rechtschreibung und Grammatik perfektionieren? Oder hörst du mit Begeisterung englische Musik und möchtest jetzt einfach verstehen, was die singen?

Das Alter zählt da nicht viel. Nicht einmal die Erfahrung. Die Frage ist: Was hast du aus den Erfahrungen gelernt, die du gemacht hast?

Ein Mann, der als Junge nur auf Sachlichkeit orientiert wurde, der körperliche Zärtlichkeit nicht gelernt hat, ebenso wenig wie emotionalen Ausdruck, der sich später in Beziehungen hauptsächlich auf Sex, Beruf und Alltag konzentriert, der für Probleme in der Beziehung keine Verantwortung übernimmt und sie ausschließlich der »komplizierten«

Frau anlastet, spricht die Sprache der Liebe weitaus holpriger, wenn überhaupt, als einer, der von klein an mit körperlichen Berührungen groß wurde, dessen Gefühle ebenso wichtig genommen wurden wie sein Verstand, der intensive Freundschaften im Kindergarten und der Schule hatte, auch zu Mädchen, der in seinen ersten Liebesbeziehungen schon Feedback auf sein Verhalten annehmen konnte und auf diese Weise etwas über seine Stärken und Schwächen als Mann und Liebespartner erfuhr.

Was für ein Paar seid ihr eigentlich? Diese Frage solltet ihr euch stellen, um den Entwicklungsstand und die Lernnotwendigkeit des Einzelnen und eurer Partnerschaft herauszufinden.

Die sich daran anschließende Frage lautet natürlich: Was für ein Paar möchtet ihr denn sein? Nehmen wir als Beispiel das Lernen eines Musikinstruments: Bin ich zufrieden damit, Hänschen klein auf dem Klavier klimpern zu können, oder will ich Mozart spielen oder ein Virtuose sein und vielleicht sogar mein Geld damit verdienen?

Was will ich mit all diesen Beispielen sagen? Vor allen Dingen sage ich: Gebt nicht auf! Wenn ihr zu zweit daran interessiert seid, eure Liebe aus der Krise zu führen und eine beglückende und erfüllende Partnerschaft zu leben, ist das unendlich wertvoll. Leider verhindert das Gesetz der Trägheit es eigentlich immer, dass Veränderungen von allein kommen. Ganz im Gegenteil, um einen einmal eingeschlagenen Weg zu verlassen, um einen Kurs zu verändern, muss Kraft aufgewendet werden.

Schauen wir uns einen Dampfer an. Zum Beispiel die berühmte »Titanic«. Der Steuermann hat »hart Backbord« gerufen und das Steuer herumgerissen. Aber das Schiff drehte sich so langsam, dass es trotzdem den Eisberg rammte. Das Ende kennen wir!

Eine Beziehung in der Krise rast oft auf den Abgrund zu wie ein Auto mit einem blinden Fahrer. Es gilt, die Augen aufzumachen. Auf die Bremse zu treten. Tief Luft zu holen. Und sich erst einmal umzuschauen. Wo sind wir? Wer sitzt eigentlich am Steuer? Und wenn ja, wie viele?

Aus der Krise herauszukommen ist ein Prozess. Der Weg kann nur Schritt für Schritt gegangen werden. Aber oft wird er dir fremd vorkommen, seltsam, vielleicht sogar verrückt. Und du wirst denken: Ach, es klappt sowieso nicht.

Lass dich einfach drauf ein! Du wirst auf jeden Fall neue Erfahrungen machen, andere als die alten, die dich in die Sackgasse geführt haben.

Gespräche sind wichtig auf diesem Weg. Aber nicht irgendwelche Unterhaltungen – obwohl auch die guttun können, wenn sie eine gemeinsame entspannte Atmosphäre schaffen –, sondern Gespräche, in denen ihr euch miteinander beschäftigt.

Als Gesprächsthema schlage ich vor: Wie sehen wir als Paar aus? Was für eine Gestalt geben wir nach außen ab? Wirken wir harmonisch, passend, oder gibt es etwas, das nach außen negativ auffällt, das andere Leute erst einmal stutzen lässt?

Es ist oft sehr befreiend, über diese Frage offen und unvoreingenommen zu philosophieren. Ja, es sollte ruhig in diesem Philosophierton sein, der den Differenzen eine möglicherweise beängstigende Schärfe nimmt. Nur wenige Paare entsprechen nämlich dem Ideal: gleich schön, gleich gebildet, gleich alt, gleich sozialisiert. Viele Paare schweigen über diese Differenzen hinweg, trotzig zu zweit gegen den Rest der Welt. Nur leider macht es in der Regel zumindest einem von beiden etwas aus. Und wie alles, was man unter den Teppich kehrt, wird das, was am Anfang vielleicht nur ein winziges Stück Unrat war, im Laufe der Zeit zu etwas Verschimmeltem, das die Luft verpestet. Der Kraftaufwand, es zu ignorieren, steht in einem absurden Missverhältnis zum Anpacken und Fortschaffen. Ich kenne viele Paare, die still unter einer wie auch immer gearteten äußeren Disharmonie leiden.

Kommen wir noch einmal auf die Müllers zurück. Herr Müller arbeitet nicht nur viel, er macht auch viel Sport. Ist ein gepflegt gekleideter, schlanker, vitaler Sechzigjähriger, der sexuell interessiert und aktiv ist. Seine Frau ist in die Breite gegangen, richtig dick geworden. Seit er sie betrogen hat, kränkelt sie auch, kann nicht mehr gut laufen, ihr Körper ist ihr unangenehm.

Sie sind seit mindestens fünf Jahren in der Krise. Das war der Zeitpunkt, als sie von der Liaison mit der sehr viel jüngeren Frau erfahren hat. Statt sich zu diesem Zeitpunkt hinzusetzen und zu fragen: Was für ein Paar sind wir eigentlich (geworden)?, statt sich mit dem Unterschied an Attraktivität, Vitalität und Erotik auseinanderzusetzen, hat sie sich mit den Kindern gegen ihn verbündet, äußert sich verächtlich über seine Eitelkeit, seine Gefallsucht, tätigt Frustkäufe, isst Süßigkeiten und lässt Botox spritzen. Er kompensiert seinen sexuellen Frust mit exzessivem Fahrradfahren.

Zu mir kamen sie fünf Jahre später, als er die nächste Nebenbeziehung hatte. Trotzdem wollte er zu seiner Frau zurück, mit der er vierzig Jahre lang »eine wundervolle Beziehung« hatte, wie er sagte. Hätten sie sich nur vorher eingestanden, dass vieles gar nicht so wundervoll war!

Ein anderes Paar kam zu mir wegen des permanenten Rückzugs des Mannes, wenn es Probleme gab. Marianne wollte sich trennen, sie wollte keine Beziehung mehr, in der sie im Konfliktfall im Regen stehen gelassen wurde. Ihre Konflikte waren nie ausgetragen und bewältigt worden, sondern nach einiger Zeit, in der er schwieg, wurde die Beziehung wiederaufgenommen, wo sie abgebrochen war. Beide liebten einander ganz offensichtlich. Gert war auf seine Frau bezogen, fürsorglich, liebevoll. Sie hatten in den Zeiten, in denen er sich nicht zurückzog, eine erfüllende und befriedigende Sexualität, allerdings sagte sie, dass sie sich nicht mehr wirklich hingebe, weil sie unter den schrecklichen Zeiten seines Liebesentzugs litt »wie Sau«. Das ist Folter, sagte sie. Das ist schlimmer als geschlagen werden. So hatte sich ein unendlicher Berg von im Grunde kleinen Konflikten zu einer kaum mehr zu überwindenden Mauer zwischen den beiden angehäuft.

Bei diesem Paar war die Frage: Was für ein Paar seid ihr eigentlich?, sehr aufschlussreich. Die Frau war nämlich promovierte erfolgreiche Ärztin, der Mann Tischler, der zwar viele technische wie künstlerische Begabungen hatte, aber beruflich im Vergleich zu ihr wenig gesellschaftliche Anerkennung erfuhr. Marianne sah keine Notwendigkeit, über diesen Punkt zu sprechen. Für sie war Gert klug, kreativ, interessant, gebildet. Sie empfand es als diskriminierend und reaktionär, die unterschiedliche Bildung und berufliche Qualifikation überhaupt zu thematisieren.

Für Gert allerdings öffnete sich mit dieser Frage eine Tür. Endlich konnte er darüber reden, dass er sich Marianne in Konfliktgesprächen völlig unterlegen fühlte. Endlich konnte er darüber reden, dass er sich zwar unendlich viel Mühe gab, sie glücklich zu machen, aber befürchtete, es nie erreichen zu können, weil ihm immer etwas fehlte. Endlich konnte er sagen, dass es bei ihm Panik auslöste, wenn sie ihn kritisierte. Dass das zumeist kleine unwesentliche Verhaltensmuster betraf, die er im Grunde schnell hätte verändern können, konnte er gar nicht sehen. Er empfand es als Infragestellung seiner gesamten Person.

Anna ist eine bildhübsche junge Schauspielerin, groß, schlank, kurvig, ein totaler Männermagnet. Ihr Freund ein kleiner, nicht besonders attraktiver Schauspiellehrer. Ihr Schauspiellehrer. Fünfzehn Jahre älter als sie. Sie himmelte ihn an. Für sie war er groß, wunderschön und anbetungswürdig. Das war für ihn natürlich eine große Freude. Nur leider war er schon so alt, dass er bereits andere Erfahrungen gemacht, auch manchmal in den Spiegel geschaut hatte. Allerdings wäre er gern anbetungswürdig gewesen. Also baute er sich unablässig auf, unter anderem durch die Bewunderung junger Schauspielschülerinnen. Um sich selbst wirklich groß zu fühlen, machte er Anna klein. Als sie zu mir kam, fand sie sich hässlich, dumm, unbegabt und entsetzlich kompliziert. Sie fand meine Idee absurd, dass ihr Freund sie derart klein hatte machen müssen, weil er sich neben ihr selbst so klein vorkam.

Gitte und Robert kamen zu mir in einer heftigen Krise. Er ist acht Jahre jünger als sie, er ist dreißig und sie achtunddreißig. Sie haben ein gemeinsames Kind. Nachdem die Kleine geboren war, gab es in der Beziehung laufend Streit. Gitte kümmerte sich nur noch um das Kind. Robert fühlte sich vernachlässigt. Er war voller Lust auf Sex und Feiern. Sie war eine ängstliche überfürsorgliche Mutter geworden. Vor zwei Jahren hatten sie sich getrennt, obwohl sie sich liebten. Vor ein paar Monaten hatte sie einen anderen kennengelernt und ihren Sohn für ein Wochenende zu Robert gegeben, um mit diesem neuen Mann allein zu sein. Robert war dahintergekommen und vollkommen durchgedreht. Nach diesem Wochenende war Gitte klar, wie sehr sie Robert noch liebte, und ihm war klar, dass er die Beziehung wieder wollte.

Auf die Frage: Was für ein Paar sind wir eigentlich?, wurde deutlich, wie sehr die Reaktion der Außenwelt sich negativ auf die Beziehung ausgewirkt hatte. Robert hatte sich immer minderwertig als der Kleine neben Gitte gefühlt. Er studierte noch, während sie schon Geld verdiente. Er hatte weniger Erfahrungen. Er konnte ihr nicht den Halt bieten, den ihre Eltern sich für ihre Tochter wünschten. Und Gitte traute ihm nicht so viel zu, wie es nötig gewesen wäre, damit ihr Kind Vertrauen zu seinem Vater entwickeln konnte. Gitte meinte, alles allein machen zu müssen, trug sogar oft noch die Verantwortung für Robert.

Vier Paare. Zwei davon sind auseinandergegangen. Jetzt wüsstest du wahrscheinlich gern, welche.

Anna hat sich getrennt. Und sie ist langsam wieder aufgeblüht. Interessanterweise hat ihr Freund sich als nächste

Freundin keine Schauspielschülerin gesucht, sondern eine gleichaltrige Frau, im Kunstbetrieb tätig, erfahren und selbstbewusst. Ganz offensichtlich hatte er etwas gelernt, nämlich, dass es ihm guttäte, konfrontiert zu werden.

Marianne hat sich getrennt. Die langen Zeiten der Verlassenheit neben ihrem Mann hatten so tiefe Narben in ihr hinterlassen, dass sie eine zu große Sehnsucht nach einem Mann hatte, der auch im Konfliktfall bei ihr blieb. Gert litt zwar unter der Trennung, aber er war nicht bereit, sich mit seinem Anteil an dem Beziehungsdesaster wirklich auseinanderzusetzen. Selbstreflexion betrieb er nur zur Selbstbestätigung, Selbstkritik war ihm zu riskant. Sich ehrlich seinen Defiziten zu stellen und zu wachsen verweigerte er. Stattdessen verlangte er von Marianne, dass sie sich kleiner machen sollte.

Die Müllers blieben zusammen. Irgendwie. Auf die gleiche Weise. Sie blieb dick, und er blieb unehrlich. Sie hatte die Kinder als Bollwerk gegen ihn. Er hatte seine erfolgreiche Arbeit und seinen Sport und seine Geheimnisse.

Gitte und Robert wurden ein glückliches Paar. Gitte lernte, dass Robert ihr sehr wohl Halt geben konnte, dass sie loslassen und sich anvertrauen konnte. Robert lernte, dass er mit dreißig durchaus ein verantwortungsvoller Mann und Vater sein konnte, auch wenn das Ganze vielleicht etwas früh begonnen hatte. Gitte lernte, dass sie nicht ständig erfüllen musste, was andere von ihr erwarteten, und sich auch einfach dem Moment hingeben konnte. Robert lernte, dass Sexualität nicht das richtige Spielfeld war, um sich in der Beziehung Sicherheit zu verschaffen.

Was hätte bei den Trennungspaaren anders laufen können? Manchmal muss nichts anders laufen. Anna und ihr Freund passten wirklich nicht zueinander. Es war nur eine Episode. In ihrem Leben. In seinem Leben. Sie hat begriffen, dass sie zu dem Zeitpunkt Sehnsucht nach einem Vater hatte und noch gar nicht bereit war für einen Mann. Er hat gelernt, dass schmeichelhafte Beziehungen zu jungen Schauspielerinnen nicht wirklich schmeichelhaft sind und dass sogar die eigene Entwicklung als Künstler stagniert, wenn man ein falsches Bild von sich selbst feiern lässt. Er hat mit seiner neuen Partnerin ein Kind bekommen, geheiratet und ist heute, so viel ich weiß, ein recht guter Schauspiellehrer, der keine Geschichten mehr erzählen muss, mit welchen internationalen Regiegrößen er einmal gedreht hat.

Wenn Marianne und Gert eher gekommen wären, hätten sie die Problematik ihrer unterschiedlichen Bildung und Sozialisation anschauen können. Marianne hätte sich weniger ungeliebt fühlen müssen, wenn Gert ein Gespräch über Konflikte verweigerte. Gert hätte daran arbeiten können, seine begrabenen Träume von Bildung und Kreativität auszugraben und für die Verwirklichung aktiv zu werden. Er hätte viel wagen müssen, um der Mann zu werden, der er selbst gerne sein wollte. Er hat das Risiko gescheut.

Die Müllers sind zusammengeblieben. Aber nicht, weil sie wirklich miteinander gewachsen sind. Sie hat ihn, nachdem sie ihn rausgeschmissen hatte, wieder aufgenommen, weil er nun einmal ihr Mann war und auch das viele Geld verdiente, das ihren Lebensunterhalt – und die Botox-Unterspritzungen auf der Stirn – finanzierte. Er wollte seine Familie nicht verlieren und passt jetzt besser auf, dass seine sexuellen Episoden nicht auffliegen. Hätten sie sich wirklich der Krise gestellt und sich gefragt: Was für ein Paar sind wir eigentlich?, hätte sie sich mit ihrem Übergewicht und ihrem Rückzug als Frau, ihrem sexuellen Rückzug, auseinandersetzen müssen. Er hätte sich mit seiner Angst vor dem Altern konfrontieren müssen, und beide hätten sich auf das besinnen müssen, was sie einmal aneinander angezogen hat. Beide hätten sich mit der Verachtung, die sie einander gegenseitig zeigten, die aber jeder auch für sich selbst hegte, ehrlich beschäftigen müssen, und sie hätten wieder Respekt und Würde miteinander und jeder für sich selbst finden müssen.

Ich empfehle euch also, darüber zu sprechen, ehrlich, schonungslos, wenn es etwas gibt, was nach außen offensichtlich zwischen euch unharmonisch ist. Sprecht es aus, wenn ihr findet, dass euer Partner, eure Partnerin sich körperlich vernachlässigt, dick wird, schlecht riecht, ständig müde ist, sich nicht um die eigene Vitalität kümmert, während ihr selbst Sport macht, aktiv seid, wach und voller Sehnsucht.

Sprecht es aus, wenn ihr euch eurem Partner, eurer Partnerin in Schönheit, Alter, Bildung, Einkommen oder was auch immer unterlegen fühlt. Und versteht es nicht so, dass der andere hässlicher, weniger erfolgreich und so weiter werden muss, sondern legt einfach die Karten offen auf den Tisch und guckt, was ihr damit macht.

Sprecht es aus, wenn ihr mit der Reaktion der Außenwelt, Eltern, Freunden nicht zurechtkommt.

Zu der Frage: Was für ein Paar sind wir eigentlich?, gehört noch mehr.

Schaut euch einmal an, wie euer gemeinsames Leben aussieht.

- Wie viel Zeit verbringt ihr täglich miteinander?
- Wie wertvoll macht ihr eure gemeinsame Zeit?
- Welche gemeinsamen Interessen, Leidenschaften teilt ihr?

Es gibt Paare wie diese: Sie sitzen im Leben wie im Auto nebeneinander und schauen in die gleiche Richtung oder in entgegengesetzte Richtungen, oder sie sitzen vor dem Fernseher nebeneinander und betrachten die Welt in der Glotze, oder sie sitzen als Autorität gemeinsam vor den Kindern, als Institution vor der Familie, vor Freunden, immer schauen sie in die gleiche Richtung.

Und dann gibt es die andere Sorte: Sie sitzen am Tisch voreinander, schauen sich an und reagieren aufeinander. Sie sitzen mit den Kindern so, dass sie auf diese und aufeinander hören. Sie sitzen mit der Familie, mit Freunden so, dass jeder von ihnen auch ein Individuum ist, auch sie einander interessant sind, einander anschauen, fragen, zuhören.

Tatsächlich hat es auch eine Qualität, nebeneinander den Stürmen der Welt zu trotzen, sich nebeneinander zu entspannen, stark als Team zu zeigen oder neue Impulse aufzunehmen, aber wenn das Voreinander, das einander Anschauen, Fragen und Hören, die Neugier aufeinander nicht gepflegt wird, gerät der andere aus dem Blick. Er wird so etwas wie ein außerhalb des eigenen Körpers liegendes Organ, eine dritte Hand. Nichts gegen Organe, aber sie sind ziemlich selbstverständlich. Und vor allem: Wir erkennen überhaupt nicht mehr das andere. Das Reizvolle. Das Geheimnisvolle. Das Aufregende.

- Wie steht ihr miteinander im Dialog? Worüber sprecht ihr miteinander? Sprecht ihr über alles auf der Welt und sprecht ihr auch über euch? Gebt ihr euch ein offenes Feedback? Sagt ihr, wenn ihr verletzt oder gekränkt seid, wenn ihr findet, dass euer Partner sich unmöglich verhalten hat, oder behaltet ihr es für euch?
- Teilt ihr einander mit, was ihr fühlt, denkt, phantasiert? Oder habt ihr zwei getrennte Leben, eins mit dem Partner, das sorgfältig zensiert ist, und eines mit euch allein – oder vielleicht noch mit Freundinnen, denen alles über die eigene Person (und den eigenen Mann) erzählt wird?
- Wie ist euer körperlicher Dialog? Wie häufig berührt ihr euch? Und sind das Berührungen, die euch gefallen, von denen ihr euch wirklich berührt fühlt? Oder geschehen eure Berührungen schematisch? Ein Abschiedskuss mit gespitzten Lippen? Ein Gutenachtkuss über die Schulter hinweg? Welche Berührungen tauscht ihr aus, und welche vermeidet ihr, haltet ihr einander vor?
- Was für ein Paar seid ihr als Mann und Frau? Wie selbst-

verständlich tauscht ihr Zärtlichkeiten aus, wie intensiv lebt ihr Sexualität miteinander, wie häufig, intensiv, befriedigend für beide berührt ihr einander?
- Welche gemeinsamen Werte verbinden euch, welchen Sinn erkennt ihr in eurer Liebe?

Es ist gar nicht nötig, auf all diese Fragen gleich ausführliche Antworten geben zu können. Es ist jetzt auch noch gar nicht der Zeitpunkt, um über Veränderungen nachzudenken. Jetzt geht es erst einmal nur um eine Bestandsaufnahme.

- Hoffst du darauf, irgendwann einen Partner zu treffen, der besser zu dir passt? Wie müsste dieser Partner sein? Beschreibe ihn ganz genau! Jetzt vergleiche ihn mit deinem Partner am Anfang eurer Beziehung!
- Als du deinen Partner kennenlerntest, was zog dich an ihm/ihr an?
- Was stößt dich heute ab?
- Gibt es einen Zusammenhang?
- Was ist aus dem Liebespotential vom Anfang eurer Beziehung geworden?
- Was ist mit deiner eigenen Schokoladenseite? Wo ist sie geblieben? Wo und wie lebst du sie heute? Und mit wem?

Das Thema Anziehung und Abstoßung ist von großer Bedeutung für Paare. Und zwar deshalb, weil es für eine ganze Menge an Verwirrung sorgt. Die meisten Paare finden über eine mehr oder weniger große Anziehung zueinander. Häufig ist diese sexueller Natur: Ich möchte einfach ganz nah bei dem andern sein, am besten in ihn hineinkriechen.

Aber, lieber Leser, nimm es mir bitte nicht übel, wenn ich jetzt etwas desillusionierend tätig werde: Diese Anziehung hat selten etwas mit dem andern zu tun, sondern in den meisten Fällen mit dir selbst. Du darbst schon eine Weile und sehnst dich nach einem Menschen, dem du ganz nah und verbunden sein kannst. Da ist er nun. Das wunderbare Gefühl, das du in seiner Nähe hast, ist ein wenig das gleiche, wie wenn du lange Zeit sehr gefroren hast und nun in der warmen Badewanne liegst. Oder wenn du einen langen Flug hinter dir hast und endlich in einem Bett liegst. Oder wenn du in der Wüste gedürstet hast und nun zu trinken bekommst. Dieses gute Gefühl verbindest du mit diesem Menschen und möchtest es am liebsten immer wieder haben.

Schlimmstenfalls lässt dich dieser Mensch immer wieder dürsten, in der Kälte stehen, es ungemütlich werden und erlöst dich anschließend stets durch innige Momente aus deinem Elend. Das sind die katastrophalen Beziehungen, die immer nur das Gleiche wiederholen, sich aber tiefer und tiefer graben und auf dramatische Weise mit Liebe verwechselt werden. Das ist keine Liebe, sondern es entwickelt sich so etwas wie ein Suchtverhalten: Du bist der Stoff, der macht, dass ich die Angst vor dir nicht mehr fühle. Du bist der Stoff, der die Wunden, die du mir geschlagen hast, lindert.

Wenn sich das ständig und ständig wiederholt, entstehen diese Lieben, von denen einer oder beide sagen: Es gibt einfach eine unglaubliche Anziehung! Ich lebe zwischen Himmel und Hölle! Wenn du in einer solchen Beziehung lebst, solltest du therapeutische Hilfe in Anspruch nehmen.

In den meisten Beziehungen aber läuft es nicht so dramatisch destruktiv ab. In den meisten Beziehungen gibt es eine große Anziehung, weil der andere Mensch etwas hat, was ich zu meinem Wohlbefinden brauche. Was auch immer. Dann werden wir ein Paar. Und leider finden viele Partner irgendwann genau das abstoßend, was sie vorher angezogen hat: der ruhige haltgebende Partner, der seine Frau hinterher anödet, weil er so trocken und langweilig ist. Die lebendige quirlige Frau, die ihn hinterher wahnsinnig macht mit ihrer Emotionalität. Der Status gebende Geldverdiener, der hinterher immer viel zu viel arbeitet. Die das männliche Renommee erhöhende Sexbombe, die kein interessantes Gespräch führen kann. Es sind Klischees, aber so oder ähnlich kennen wir uns selbst oder einige andere Paare.

Über diese Paarverbindungen haben sich Generationen von Psychotherapeuten Gedanken gemacht und dazu Theorien entwickelt. Jürg Willi zum Beispiel hat von Paarkollision gesprochen. Michael Cöllen hat unterschiedliche Partnertypen entwickelt, die einander auf die eine oder andere Weise ergänzen. Die auf der Neurosenlehre basierenden Psychotherapeuten haben festgestellt, dass sich Partner aufgrund ihrer persönlichen neurotischen Störung finden. Spirituell orientierte Psychologen sagen, dass du dir immer den Partner suchst, den du aufgrund deiner Ängste, Sehnsüchte, Persönlichkeitsentwicklung brauchst, um wachsen zu können. Meine Freundin Nana Nauwald, Buchautorin und ein kleiner schamanischer Wirbelwind, sagt dazu allerdings: Man muss nicht unbedingt durch Schmerzen wachsen.

Ich glaube, keine dieser Auffassungen ist komplett von der Hand zu weisen, und letztlich laufen sie alle auf das Gleiche hinaus: Es hat irgendetwas mit dir selbst zu tun, dass dieser Mensch einmal für dich komplett anziehend war und dich jetzt abstößt. Allerdings meine ich, dass die Gründe dafür vielschichtig sind. Meine Zulassungsprüfung, um mich als Psychotherapeutin niederlassen zu dürfen, habe ich beim Gesundheitsamt vor einer Therapeutin gemacht, die psychoanalytisch orientiert war. Sie fragte mich: Welchen Partner wählt eine Hysterikerin? Und sie wollte als Antwort haben: den Zwanghaften. Ich allerdings hatte in der Arbeit mit Paaren die Erfahrung gemacht, dass die Kombinationen extrem vielfältig sind. Es gibt Menschen, die sich den gleichen suchen. Ich nenne jetzt mal gar nicht die psychologischen Fachbegriffe wie zwanghaft und hysterisch oder die moderneren Diagnosebegriffe, sondern die, unter denen sich alle etwas vorstellen können: superemotional zu superemotional. Sachlich zu sachlich. Kontrollierend zu kontrollierend. Und so weiter. Manche esoterische Schulen nehmen das sogar als Regel: Du suchst dir immer den Partner, der genauso ist wie du.

Aber ich kenne auch die anderen Paare: superemotional zu komplett sachlich, kontrollierend zu absolut intuitiv, planend zu in den Tag lebend. Ich kenne auch die Paare, die ständig wechselnd sind. Mal ist er wahnsinnig emotional und sie eher sachlich und umgekehrt.

Ihr habt mich verstanden. Ich kann jetzt gar nicht alle Paarkombinationen aufzählen. Ich finde, sie sind so wahnsinnig vielfältig, dass ich mich immer erst auf die Suche machen muss, was bei diesem Paar die Anziehungs- und was die Abstoßungskraft ist. Wie können sie miteinander wachsen?

Und manchmal passiert es eben auch, dass Paare sich einfach bei der Wahl des anderen irren, dass der Wunsch und die Sehnsucht so groß waren und die Zeit in der Wüste so lang, dass fast jeder wie die Oase erscheint. Dann ist es gut, den Irrtum möglichst bald zu erkennen und Konsequenzen zu ziehen. Ohne Vorwurf und ohne schlechtes Gewissen. Auf jeden Fall ist es sinnvoll, sich darüber Gedanken zu machen, was du anfangs so besonders anziehend fandest am andern und was dich heute total abstößt.

Mir fällt dazu die Geschichte von Daniel und Svenja ein. Er ist Werbekaufmann. Immer freundlich, gesellschaftlich aktiv, er hat Freunde, ist gepflegt, auf Etikette bedacht. In seiner Herkunftsfamilie war die Mutter Heimchen am Herd und der Vater ein erfolgreicher angesehener Geschäftsmann, der seine drei Söhne früh schon mit Kultur, Goethe, Beethoven usw. fütterte. Leistung und Kultiviertheit, das zählte. Daniel lernte früh, dass Spaß und Leichtigkeit nur außerhalb der Familie anzusiedeln waren. Erst bei einem Amerikaaufenthalt entdeckte er richtige Freiheit. Dort fuhr er mit dem Motorrad wie Easy Rider, dort hörte er ganz andere Musik. Dort war er glücklich.

Svenja arbeitete, als sie einander kennenlernten, als Journalistin im Feuilleton. Sie ist eine sensible Frau mit viel Tiefe. In ihrer Jugend fühlte sie sich immer hässlich neben ihrer schönen Mutter, die beliebt und begehrt war, bis ins Alter jede Menge Verehrer hatte. Svenja war ein höheres Töchterchen, die die Oberflächlichkeit höherer Töchter gleichzeitig verachtete.

Daniel hat ihre Tiefe, Intensität, Verletzlichkeit gesucht. Sie hat seine Zuverlässigkeit, Fröhlichkeit und Durchsetzungskraft gesucht. Die Krise begann früh: Sie war von ihm sexuell enttäuscht. Er bekam schnell einen Orgasmus, schlief dann ein, ließ sie unbefriedigt, wach, allein. Er bekam ihren Frust gar nicht mit. Trotzdem gab es Heirat, Kinder, Haus, Familie, Verpflichtungen. Nach außen wirkte es sogar schön. Aber als sie zu mir kamen, war er ein blonder Sunnyboy und sie eine verhärmte knochig gehungerte Frau. Als sie mir Fotos von ihrer Hochzeit vor zehn Jahren zeigten, war ich entsetzt: Da war eine schöne strahlende Frau mit Brüsten und einem weichen zärtlichen Lächeln zu sehen. Was war bloß geschehen?

Das, was sie einmal aneinander angezogen hatte, stieß sie nun ab: Sie ging nicht auf Partys mit, weil sie Smalltalk hasste. Sie las abends im Bett Bücher, war an Sex mit ihm nicht mehr interessiert. Aber sie wollte auch nicht wieder arbeiten gehen, es stellte sich heraus, dass sie die Tätigkeit in einer Zeitungsredaktion immer schon entsetzlich stressig gefunden hatte. Sie blieb zu Hause bei den zwei Söhnen, die sie hingebungsvoll und aufgrund unermüdlicher Lektüre über Kindererziehung, Ernährung, Sport und Spaß für Kinder erzog.

Er wurde immer oberflächlicher. Auf Partys riss er machomäßig frauenfeindliche Witze. Er unternahm mit seinen Söhnen demonstrativ unpädagogische Dinge, guckte im Fernsehen Fußball mit ihnen, kutschierte sie den kurzen Weg zur Eisdiele mit dem Auto, und wenn er mit ihnen Fahrrad fuhr, dann ohne Helm und viel zu schnell. Vor allem stritten sie über Kindererziehung.

Nun könnte man natürlich sagen, dass dieses Paar so ungleich sei, dass sie sich am besten trennen sollten. Dass sie mit einem feinsinnigen Denker glücklich würde und er mit einer zehn Jahre Jüngeren noch einmal romantisch und frei Motorrad fahren könnte. Die würde ihn vielleicht anhimmeln und wegen seines mangelnden sexuellen Repertoires nicht kritisieren. Sie hatten einander aber gewählt, weil beide etwas suchten, was der andere hatte. Er hatte sich von ihrer Tiefe angezogen gefühlt. Sie hatte sich von seiner männlich rebellischen Durchsetzungskraft angezogen gefühlt. Genau das fanden beide aber nun entsetzlich abstoßend.

Back to the roots, dachte ich mir. Die Anziehung des Anfangs wird schon einen Sinn gehabt haben: zurück zum Punkt der Verliebung. Zurück zum Punkt der Enttäuschung.

Ich gab ihnen als Hausaufgabe, sich mit folgenden Fragen zu beschäftigen:

- Was hat mich an dir angezogen?
- Wo ist es jetzt?
- Was ist an die Stelle getreten?

Das war eine harte Aufgabe, denn sie machte beide traurig. Und das war gut so, denn sie hatten viel verloren, und sie hatten beide dem andern und auch sich selbst einiges angetan. Es war angemessen zu trauern.

Daniel hatte sich in eine vollbusige, weibliche Frau verliebt, die strahlte und lachte – jetzt war sie knochig, hager und alles andere als anschmiegsam. Mit ihren Söhnen zeigte sie ihm, dass sie sogar ein besserer Vater war als er. Sie tobte mit ihnen, sie spielte mit ihnen Fußball, sie gab die Orientierung.

Svenja hatte sich in einen zuverlässigen, unbeschwerten, charmanten Mann verliebt, jetzt aber hatte sie einen, der sie als Frau nicht respektierte und unbefriedigt ließ. Svenja trauerte über den Verlust ihrer Sinnlichkeit, ihrer Weiblichkeit, ihrer Verführbarkeit.

Und auch Daniel: Er konfrontierte sich mit seiner hohlen Schablone von Mann. Die Anziehung durch ihre Tiefe war im Grunde seine Sehnsucht nach seiner eigenen Tiefe gewesen. Ohne die konnte er nicht wirklich Mann werden, Vater, Liebhaber. Er suchte nach der Tiefe, die hinter seiner Hohlheit und glatten Fassade verborgen lag. Er stellte sich seiner Aggression, seinem Rebellentum. Er beendete sein Fluchtverhalten, wurde als Vater und als Sexualpartner aktiv.

Beide mussten die eigene Identität erst mal finden. Er musste an seiner emotionalen Tiefe arbeiten. Sie musste daran arbeiten, ihre Bedürfnisse durchzusetzen. Das Wundervolle war, dass ihre ursprüngliche Anziehung und auch die spätere Abstoßung beiden den Weg wies, was jeder von beiden brauchte, nämlich das, was der andere hatte: Tiefe und Durchsetzung.

- Du bist keine feststehende Größe. Es gibt den Satz: Du bist die Summe deiner bisherigen Entscheidungen. Sicherlich bist du noch viel mehr. Aber es ist nicht schlecht, dir einmal deine früheren Entscheidungen anzuschauen, wer du sein wolltest. Willst du das immer noch? Du kannst dich umentscheiden.

In Indien werden die Ehen arrangiert. Nach sozialen, wirtschaftlichen Gesichtspunkten. Heute sieht man viele junge Liebespaare. Sie sitzen unter Bäumen auf Wiesen und küssen und streicheln einander. Was macht den Unterschied? Eine arrangierte Ehe, eine Beziehung, die auf dem Austausch gegenseitiger Dienstleistungen beruht, hat äußere Faktoren als Voraussetzung. Soziale Lage, Gesundheit, Gebärfähigkeit, Aussehen. Das Mädchen muss hübsch und fruchtbar sein, der Mann muss genug Geld verdienen. Das Mädchen hat die Chance, in eine sozial höhere »Kaste« zu kommen, der Mann hat die Chance, einen gesunden Sohn zu bekommen. Ob diese beiden Menschen besonders und einzigartig füreinander sind, spielt keine Rolle. Sie werden es im besten Fall füreinander im Laufe der Zeit.

Paare, die sich frei füreinander entscheiden, haben es in gewisser Hinsicht schwerer. Das, was einen Partner für sie einzigartig und besonders macht, der Grund, warum sie ihn auswählen, verändert sich im Laufe des Lebens. Und wenn sich der Partner nicht auch verändert, stehen sie mit einem Mal voreinander und fragen sich, warum haben wir uns eigentlich erwählt?

In der Pubertät, der frühen Erwachsenenzeit kommt es darauf an, das sie / er gut aussieht. Auch da hat die Wahl viel mit sozialen Gesichtspunkten zu tun: Zum guten Aussehen gehört, dass der andere die richtigen, die passenden Klamotten trägt, den passenden Sport macht, zur passenden Clique gehört.

Worauf wir »abfahren«, hat etwas damit zu tun, was uns als Person ein gutes Gefühl zu uns selbst gibt. Das unsere Identität bestätigt. Mira Kirshenbaum nennt es: Du bist mein »lifestyle«. Sie sagt, wenn du deinem Partner in die Augen schaust, siehst du irgendwo tief innen dich selbst. So ist es. Auch wenn du dein Gegenteil siehst. Der, der du bist, findet sich im andern wieder. Negativ wie positiv.

Wenn zu meiner Identität, meinem Bild von mir selbst (ich schreibe bewusst Bild, denn ich selbst bin das noch lange nicht) lauter negative Eigenschaften gehören, werde ich mir einen Partner suchen, der dies bestätigt. Wenn ich denke, ich sei hässlich, werde ich mir leider einen Partner suchen, der mir nicht meine schönen Seiten spiegelt. Er muss mich gar nicht unbedingt hässlich finden, aber er wird nicht der Partner sein, der von mir entzückt und bezaubert ist.

- Such dir ein Symbol, das dich als Frau, als Mann abbildet. Nimm das, was dir als Erstes einfällt, ein »Richtig« wie in der Schule gibt es nicht.
- Und nun setz dich mit deinem Partner hin und erzähl ihm von dir ausgehend von dem Symbol. Beschreibe dabei das Symbol, nicht dich und auch nicht, was es für dich bedeu-

tet. Lass dich einfach drauf ein, wie es aussieht, wie es sich anfühlt, aus welchem Material es ist, wo es zu Hause ist, und so weiter. Lass dich überraschen, was passiert.

- Als Partner solltest du jetzt nicht kritisieren, in Frage stellen, sondern ergänzen, was dir zu dem Symbol auffällt in Bezug auf den Partner, fragen, was du nicht verstehst, also vertiefen und nicht abwehren.
- Und dann wechselt die Seiten, und der andere stellt sein Symbol vor.
- Wenn du das nicht mit deinem Partner machst, kannst du einen Text schreiben: Ich bin eine Muschel. Ich bin …
- Stell eine Collage her: Ich als Frau/Mann. Nimm dir Zeitschriften und reiß all die Bilder aus, die irgendwie zu dir passend erscheinen, ordne sie auf einem Blatt zusammen, bis es für dich stimmt.
- Als zweiten Schritt setzt euch miteinander hin und stellt eure Collagen vor: Das bin ich. Auch da gilt wieder: keine Kritik, kein: Das bist du doch gar nicht. Ausschließlich Ergänzung, Vertiefung, Nachfragen.
- Mach eine Liste, wo auf einer Seite männlich, auf der anderen weiblich steht, und dann schreib alles darunter, was dir dazu einfällt: Eigenschaften, Verhaltensweisen, Urteile, Verurteilungen.
- Als zweiten Schritt geh die Liste durch und schreib dahinter, woher das kommt: Mutter, Vater, Erfahrung von xy und so weiter.
- Und jetzt geh die Liste noch einmal durch und streich alles aus, was für dich heute nicht mehr gilt.
- Nun schreib die Liste noch einmal komplett neu, wie sie sich heute für dich wirklich stimmig anfühlt. Sprecht anschließend darüber.

Eine Beziehung ist wie ein Haus. Auf einem sicheren Fundament kann alles Mögliche gebaut werden, auch umgebaut, neu angestrichen, saniert, renoviert, der Phantasie sind keine Grenzen gesetzt, aber wenn das Fundament nicht stimmt, steht das Ganze auf wackligem Boden.

Zum Fundament einer Liebesbeziehung gehören Vertrauen, Ehrlichkeit, Respekt und Verständnis. Vertrauen ist der Oberwert, der aus den andern gebildet wird. Wenn sich ein Paar vertraut, verfügt es über unglaubliche Kräfte, in jeder Hinsicht. Aber wie entwickelt man stabiles Vertrauen?

In Beziehungen, in denen die Partner einander vertrauen, herrschen Ehrlichkeit, Respekt und Verständnis als sichere Größen. Nun ist Ehrlichkeit natürlich ein riskantes Verhalten. Ich habe vor kurzem gelesen, wir würden heute in einer Zeit leben, in der es quasi zum guten Ton gehört, nicht ehrlich zu sein. Dazu gehören Halbwahrheiten, Verschweigen, Leugnen genauso wie eindeutige Lügen. Ich weiß nicht, ob das so richtig ist. Mir scheint es eher so, als wäre heute in Paarbeziehungen die Notwendigkeit zur Ehrlichkeit größer als früher. Partner wollen und müssen einander vertrauen, früher waren Eheleute selten Partner, denn sie waren nicht ebenbürtig. Ich bin noch erzogen worden mit der Aufforderung ans Mädchen, diplomatisch zu sein. Und diplomatisch bedeutete manipulativ. Mit Tricks kriegen, was ich wollte. Meine Großmutter knapste vom Haushaltsgeld heimlich etwas für ein neues Kleidungsstück ab, und mein Großvater war so unaufmerksam, dass er gar nicht mitbekam, wenn sie etwas Neues trug.

Ehrlichkeit ist zwar wichtig, aber auch entsetzlich schwer. Allein der erste Schritt: mir selbst gegenüber ehrlich sein. Wie riskant! Wenn ich mir selbst gegenüber ehrlich bin, könnte ich merken, dass ich gegen meine eigenen Werte handle, zum Beispiel unehrlich bin. Wie vertrackt! Ich müsste mir vielleicht eingestehen, dass ich feige bin. Manipulativ? Dominant? Ach, gar verlogen? Wie scheußlich! Das alles will ich nun wirklich nicht an mir selbst entdecken, also lüg ich mir lieber selbst in die Tasche und sag, es war doch beinahe der Wahrheit entsprechend und außerdem tut das jeder und überhaupt – eine kleine Notlüge! Und mein Selbstbewusstsein ist einfach nicht so richtig entwickelt, deshalb muss ich manchmal lügen …

Ach, es gibt so viele Ausreden. Und sind Ausreden nicht Selbstlügen?

Also, seien wir mal nicht so und verdammen uns gleich, wenn wir die Grundvoraussetzung für gegenseitiges Vertrauen nicht hundertprozentig erfüllt haben. Damit will ich jetzt keinem eine billige Entschuldigung liefern. Ehrlichkeit ist ein Prozess. Ein lebenslanger Prozess. Da, wo wir gestern unehrlich, ja, verlogen waren, können wir uns heute zumindest schonungslos unserer eigenen Wahrheit stellen, nämlich, dass wir ein Lügner sind und sich das ziemlich unangenehm anfühlt.

Kommen wir zum nächsten Fundament: Respekt. Ja, es ist wichtig für Vertrauen, dass wir einander respektieren. Würde ist das Wort, das dazu gehört. Aber es ist nicht immer einfach, sich wirklich respektvoll zu verhalten, und manchmal gelingt es nicht. In einer Liebesbeziehung ist uns der andere so nah, dass wir manchmal genau das vermissen lassen, was wir selbstverständlich allen anderen Menschen gegenüber praktizieren, nämlich Aufmerksamkeit gegenüber der Würde und Integrität des anderen.

Auf unserer Reise durch Indien sind mein Partner und ich in Varanasi, dem heiligen Ort am Ganges. Nur leider ist es nachts furchtbar kalt und feucht, der Gangesnebel kriecht durch alle Ritzen. Unsere Betten sind hart und durchgelegen, zwischen uns ist ein Wall aus Matratze. Schlafen können wir nur in der eingelegenen Kuhle. Es ist kalt, und wir haben zu wenig Decken. Zwei Nächte lang habe ich schon nicht geschlafen, so scheußlich fror ich. In dieser Nacht nun sagt er, ich soll zu ihm kommen, unter seine Decken an seine Wärme. Ein süßes Angebot. Ich nehme es wahr. Es ist verdammt eng, aber ich wärme endlich auf, und wir lieben uns doch, da kann Enge nicht schaden. Ich schlafe ein. Und wache abrupt auf von einem unglaublichen Aggressionsgetöse. Decken fallen auf mich, das Bett wackelt, eine Stimme sagt: So kann ich nicht schlafen! Ein Mann stürmt wie ein Stier aus dem Bett, ins Badezimmer. Mein Herz rast, ich bin erschrocken aus dem Schlaf gestürzt. Er kommt zurück, legt sich auf die andere Seite des Bettes, ganz ohne Decke, sagt: Vielleicht könntest du auch mal etwas kooperativ sein!

Nun, das Ganze ist natürlich völlig respektlos. Er behandelt mich wie eine Wanze, die ihn gebissen und aus seinem Bett vergrault hat, dabei hatte er mich selbst eingeladen.

Machen wir es kurz: Er ist kein Scheusal, er behandelt mich auch nicht ständig respektlos, aber das ging über eine Grenze. Klar versteht jeder, dass er sich wahrscheinlich in seinem Raum bedrängt und bedroht gefühlt hat. Dennoch weiß jetzt auch jeder Leser, dass so ein Verhalten keine Grundlage für Vertrauen ist. So sind wir manchmal. Nicht nur er. Auch ich. Auch du. Auch sie. Wenn er sich danach allerdings nicht entschuldigt hätte, wenn er am nächsten Morgen nicht in der Lage gewesen wäre zu erkennen, dass er sich respektlos und vertrauenzerstörend verhalten hatte, dann hätte es ein dickes Problem gegeben. Denn dann wäre er nicht ehrlich zu sich selbst gewesen und hätte sich nicht mit seinem Verhalten auseinandergesetzt.

Was will ich damit sagen? Es geschieht immer wieder. Wir behandeln einander wie ein Ding, wie etwas Selbstverständliches, so wie wir niemand anderen behandeln würden: rücksichtslos, respektlos, lieblos, unaufmerksam, all das. Wir lügen einander an. Und wir zerstören Vertrauen. Es geschieht. Nicht nur in unserer Beziehung. Nicht nur mit diesem Partner, es geschieht immer wieder.

Das ist keine Entschuldigung. Es ist eine Aufforderung zur Achtsamkeit, zum Aufmerksamsein. Würde und Würdigung hängen eng zusammen. Ein Partner, dem ich die Würde durch respektloses Verhalten raube, wird von mir nicht gewürdigt. Er wird für selbstverständlich genommen und nicht gehegt und gepflegt als ein wertvoller Schatz. Nur, leider, ist er dann irgendwann weg. Weil nur die wenigsten Menschen auf die Dauer belogen und respektlos behandelt werden wollen. Den meisten reicht es irgendwann, und dann sagen sie: Ich kann dir nicht vertrauen. Oder einfach: Ich fühle mich nicht mehr wohl mit dir. Oder manche sagen auch: Ich liebe dich nicht mehr. Letztere sind oft diejenigen, die alles auf sich nehmen. Die nicht sagen: Du hast mich einfach zu lange lieblos, respektlos, wie ein Möbelstück behandelt, aber ich bin ein Mensch.

- Wem schenkst du Vertrauen?
- Wem misstraust du?
- Was darf niemand von dir wissen? Was verheimlichst du?
- Was verheimlichst du sogar vor dir selbst?
- Wofür schämst du dich?
- Wofür verurteilst du dich?
- Was traust du dich nicht auszuleben?

All deine Antworten zeigen deine wahren Sehnsüchte und Schwächen und Ängste. Je mehr du sie ablehnst, vor dir selbst leugnest und in deiner Partnerschaft abspaltest, umso mehr entfernst du dich von dir – und von deinem Partner. Je mehr du zu ihnen stehst, dich zu ihnen bekennst, umso authentischer wirst du, umso mehr respektierst du dich selbst, und umso mehr respektierst du deinen Partner.

Ich habe gerade mit großem Vergnügen und Respekt das Büchlein von den Lebert-Brüdern über Männlichsein gelesen. Sie beschäftigen sich mit der verwaschenen und schwächlichen Männeridentität, die sich in den letzten Jahrzehnten entwickelt hat. Sie sprechen vom Mann ohne Eigenschaften. Bequem, feige, sich selbst ständig mit irgendetwas vor der Verantwortung drückend. Sie sagen, das ist nicht nur für Männer und ihre Frauen tragisch, es ist ein gesellschaftliches Desaster. Ja, ich glaube, da ist etwas dran.

Nun beschäftige ich mich mit der Heilung von Beziehungen und nicht gleich der ganzen Gesellschaft, obwohl es natürlich riesige gesellschaftliche Auswirkungen hat, wenn Frauen und Männer sich gegenseitig in ihrer Entwicklung stärken, wenn Frauen und Männer eine erfüllende und kraftspendende Liebe leben. Manchmal glaube ich, dass das von vielen nicht gewollt ist, denn es wird nicht wenig daran verdient, dass Frauen und Männer in ihrer Identität schwach sind, nicht mutig, nichts aushalten. Ganze Industrien leben davon, dass Frauen und Männer schwächliche, mickrige, verlogene und ständig gefährdete Verbindungen eingehen: Single-Börsen, Seitensprung-Agenturen, Erotik-Services und so weiter. Kraftvolle Frauen müssen sich nicht mit Frustkäufen trösten, kraftvolle Männer verschwinden nicht bis zur Unkenntlichkeit hinter Geschäftigkeitsmasken.

Es ist ja nicht nur so, dass Männer ihr Gesicht verloren haben. Die Lebert-Brüder schreiben – etwas bewundernd und etwas neidisch –, dass Frauen seit vierzig Jahren über ihre Identität diskutieren, bis in jede kleinste Verästelung, und sei dies, ob eine Richterin High Heels tragen darf. Ja, das ist wohl wahr. Frauen haben eine Menge verändert, eine Menge Terrain erobert, das ihnen verweigert worden war. Nur leider ist es ein wenig wie bei den Männern: Viele Frauen definieren ihre Identität über ihren beruflichen und gesellschaftlichen Status. Und sie sind vollkommen hilflos, wenn es um sie als Frau, als Partnerin geht. Und leider ist es nicht ganz einfach, eine Identität als Frau ohne die Beziehung zum Mann zu entwickeln.

Homosexuelle Männer haben sich mit ihrer Identität auseinandergesetzt, mutig, kämpferisch, ehrlich. Mit allem, was dazugehört, mit Stärken und Schwächen, mit Ängsten und Stolz. Aber sie hatten einen Vorteil: Ihr Partner war an ihrer Seite. Sie kämpften gemeinsam.

Wenn Frauen und Männer ihrer Liebe Raum und Zeit gäben, kraftvoll miteinander wüchsen, miteinander ehrlich wären, dann hätte dies automatisch Auswirkungen auf alles Mögliche: Ein starker, mit sich selbst zufriedener Mann, der sich nicht wegen aller möglichen Schwächen schämt, würde beruflich nicht so feige und gesichtslos werden, wie die Lebert-Brüder ihn skizzieren. Eine Frau, die sich ihrer selbst sicher ist, die ein männliches Gegenüber hat, das sie stärkt und herausfordert, wird sich nicht mehr mit »Machen Sie das Beste aus Ihrem Typ« abspeisen lassen, die will mehr vom Leben. Und vor allem: Solche Frauen und Männer, die ein Gesicht haben, die über ihre Stärken und Schwächen wissen und keine Angst vor Veränderung haben, die sich nicht in eine Mode pressen lassen und auch Mut zum Auffallen, Lächerlichsein, Widersprechen haben, die sind andere Eltern. Die kuschen nicht mehr vor ihren Kindern und versuchen nicht, ihnen alles recht zu machen. Die kuschen aber auch nicht vor Lehrern oder sonstigen Institutionen. Die haben Mut, Orientierung zu geben, da zu sein, Konflikte auszutragen und auch einmal auszuhalten, wenn das Kind schreit: Ich hasse dich. Die können ihren Kindern gleichzeitig die Sicherheit geben, dass sie wirklich immer da sind, wenn es nötig ist.

In diesem Sinne: Seid ehrlich und mutig! Macht reinen Tisch! Stellt den wackelnden Boden eurer Beziehung auf ein sicheres Fundament! Strebt eine kraftvolle starke Partnerschaft an! Entwickelt die eigenen Träume und stimmt sie miteinander ab! Dazu im nächsten Kapitel.

Wo willst du hin? Wer willst du sein?

Ohne Ziel keine Orientierung

Du hast es schon bemerkt, ich vergleiche eine Beziehung manchmal mit einem Unternehmen, einem Projekt, das eine Herausforderung beinhaltet, ein Ziel und jede Menge Schwierigkeiten, die auf dem Weg dahin zu überwinden sind. Wenn die Schwierigkeiten zu groß werden und die Fähigkeiten, sie zu überwinden, nicht auszureichen scheinen, landen wir in einer Krise. Es ist gut, dann nicht das Ziel aus den Augen zu verlieren. Besser ist es zu überprüfen, welche Fähigkeiten wir brauchen, um dorthin zu gelangen.

Mit Interesse beobachte ich, was Menschen suchen, die weite Reisen in fremde Länder unternehmen. Viele suchen die Herausforderung. Zu Hause ist alles in einem festen Rahmen, alles ist versichert. (Versicherung gibt allerdings nicht unbedingt Sicherheit.) In der Ferne geht manche Sicherheit verloren. Der Reisende muss die Fremde erobern, sie sich vertraut machen. Es gibt Risiken, er kann übers Ohr gehauen werden, in beängstigende Verhältnisse kommen, krank werden. All dem standzuhalten kann ein Gefühl von Stärke vermitteln.

Es gibt auch andere Reisen. Die Lebert-Brüder schreiben, dass Männer sich auf die Reise nach innen begeben sollten, um ihre Identität zu finden. Das ist sicherlich eine beängstigende Herausforderung. Sich auf die Reise in eine wirkliche Liebesbeziehung zu begeben stellt auch eine Herausforderung dar. Du brauchst Neugier und Offenheit, um dich aufmerksam der Fremde des geliebten Menschen anzunähern, sie überhaupt auszuhalten, nicht abzuwehren oder zu verlachen. Auf der Hut zu sein ist bei dieser Reise nicht angeraten.

Wo soll deine Reise hingehen? Was ist dein Ziel? Welche Hausforderung willst du annehmen, welche suchst du?

Es könnte Spaß machen, dich noch einmal mit den Rollen zu beschäftigen, die du bisher in deiner Beziehung gespielt hast. Manche Menschen rutschen in Beziehungen immer wieder in bestimmte Rollen hinein. Diese Rollen geben ihnen Sicherheit, nicht unbedingt Zufriedenheit. Und das Verrückte ist, dass es oft nicht einmal die Rolle ist, die der Partner sich wünscht.

- Welche Rolle/n würdest du gern spielen?
- Welche Rolle/n müsste dein Partner übernehmen, damit du überhaupt diese neue Rolle spielen kannst?
- Welche Fähigkeiten brauchst du für diese Rolle?
- Welche Fähigkeiten braucht dein Partner?
- Was steht dir im Wege, um aus den alten Rollen auszusteigen und neue auszuprobieren?
- Was wünschst du dir in deiner Beziehung am meisten?
- Wenn du alle Fähigkeiten hättest, um deine Wünsche zu erfüllen, wie würdest du dann in deiner Beziehung leben?
- Welche Zwischenschritte könntest du gehen, um diesem Ziel näherzukommen?
- Was steht dir im Wege?
- Wie könntest du ausräumen, was dir im Wege steht?
- Was werdet ihr erlebt haben, wenn ihr in fünf Jahren immer noch zusammen seid und sagt, es hat sich gelohnt, für diese Beziehung gekämpft zu haben?
- Besprecht die Rollen, die ihr im Alltag eurer Beziehung lebt und erprobt das Gegenteil für einen Tag.
- Entwerft gemeinsam das Idealbild eurer Beziehung und lebt es einen Tag lang – jeder darf einen Tag bestimmen.
- Mach eine Collage, die dein Wunschbild von dir in deiner Beziehung zeigt.

- Erinnere dich an das Märchen, die Geschichte, die dich als Kind am stärksten beeindruckt hat – welche Rolle hatte das Mädchen/der Junge da?
- In welcher Hinsicht lebst du heute die Rolle dieses Märchenbildes?
- Schreib das Märchen um, so dass es stärker der Rolle entspricht, die du heute leben willst. Stell dir die Bilder intensiv vor.

Maria und Ralf kamen zu mir, weil sie seit einem Jahr in einer Krise steckten und Maria überlegte, sich zu trennen. Im Grunde genommen war sie schon auf dem Weg der Trennung. Sie hatte einen Mann kennengelernt, der um sie warb und ihr all das zu geben versprach, was Ralf ihr vorenthielt. Sie wollte aber nicht leichtfertig gehen und hatte sich deshalb zu einer Therapie bereiterklärt.

Vor einem Jahr hatte Ralf sie betrogen. Er hatte zwar gesagt, dass die Frau sich ihm praktisch ins Bett gelegt hätte, dass es für ihn nicht viel außer einem sexuellen Kick bedeutet hätte, und hatte es auch sofort beendet, als es aufflog, aber danach hatte er sich nicht wirklich damit auseinandersetzen wollen, dass Maria in ihrem Frausein extrem verunsichert war. Wenn sie weinte, zog er sich zurück mit der Begründung: Die Ursache für das Problem kann nicht gleichzeitig die Lösung sein. Damit hatte er Maria natürlich alleingelassen und sie geradezu in die Arme eines anderen Mannes getrieben.

Doch zu allem Übel zog er sich danach auch noch von ihr als Frau zurück. Sie fühlte sich nicht mehr begehrt und verstand nicht, wieso er bei ihr geblieben und nicht zu der anderen gegangen war. In diesem Jahr war sie als Frau vollkommen verkümmert. Nun hatte sie einen Mann kennengelernt, der verrückt nach ihr war, nicht müde wurde, zärtlich zu ihr zu sein, ihr Komplimente und Geschenke machte und sie inständig bat, sich für ihn zu entscheiden. Ralf war sehr eifersüchtig. Er beharrte darauf, dass er sie liebe und mit ihr zusammenbleiben wolle. Deshalb hatte er auf eine Paartherapie gedrungen.

Als ich die beiden nach den Märchen fragte, die sie in ihrer Kindheit besonders beeindruckt hatten, erinnerte Maria sich sofort an das Märchen von der kleinen Meerjungfrau. Dieses Märchen erzählt davon, dass die Meerjungfrau sich in den Prinzen verliebt. Sie rettet ihn vorm Ertrinken aus dem Wasser. Als er die Augen aufschlägt, sieht er allerdings eine andere Frau. Die er dann auch heiratet. Um in seine Nähe zu kommen, muss die kleine Meerjungfrau einen hohen Preis zahlen. Sie muss ihre Familie verlassen und ihr Element, das Wasser. Ihr Fischschwanz wird von der Meerhexe in zwei Beine verwandelt, die erkauft sind mit ständigen Schmerzen. Obwohl der Prinz die Frau heiratet, die ihn gar nicht gerettet hat, klärt die Meerjungfrau es nicht auf. Aber sie bleibt immer in seiner Nähe. Es ist das Märchen der totalen Selbstaufopferung in einer auf immer unerfüllten Liebe.

Maria war entsetzt, als sie feststellte, wie viel das Märchen mit ihr zu tun hatte. Ich forderte sie auf, es umzuschreiben. Anfangs zögerte sie, aber dann bereitete es ihr immer mehr Vergnügen. Sie wollte den Prinzen nicht retten und verschwinden, sondern die Fähigkeiten nutzen, die ihr zur Verfügung standen. Sie wollte ihn im Wasser behalten, bis er wieder zu sich käme, so dass keine andere Frau dazwischenfunken konnte. Sie wollte ihre Schwestern zu Hilfe rufen, damit sie ihn gemeinsam auf den Wellen tragen könnten. Sie wollte dafür sorgen, dass er sie im Augenblick des Augenaufschlagens, in diesem sensiblen Moment der Öffnung, sehen, »erkennen« könnte. Sie wollte sich Zeit lassen und nicht anstrengen, um ihn ans sichere Ufer zu bringen. Und sie wollte darauf achten, dass er auch seine eigenen Kräfte nutzte.

Wenn er am Ufer ist, wird sie zurücktauchen in ihr Element, wieder Kraft sammeln, ihren Körper, ihre Schönheit, ihre Fähigkeiten wieder genießen. Und dann wird sie sich wie die Loreley auf einen Felsen setzen, die langen Haare kämmen und über den Brüsten Girlanden aus Wasserrosen tragen. Und sie wird ein Lied der Liebe singen, eine Verheißung der Sehnsucht. Der Prinz muss seine Schwimmkünste vertiefen, um zu ihr zu gelangen. Das wird ihn stärker machen. Und Maria wollte einen starken Partner.

Sie würden sich mal im Wasser vereinigen, ihrem Element, dem Element der Gefühle, und mal auf dem Land, seinem Element der Festigkeit, der Sicherheit. Und sie würden gemeinsame Opfer bringen. Er müsste seine Fähigkeit, sich im Wasser zu bewegen, entwickeln, die Herausforderung, sich in der Welt der Gefühle zu bewegen, annehmen, und sie würde ihren Fischschwanz zeitweilig gegen Beine eintauschen, vielleicht weniger flexibel und fluktuierend sein, dafür aber fester auf dem Boden der Tatsachen stehen. Allerdings wollte sie dafür nicht mit Schmerzen bezahlen. Sie wollte anderes investieren, vielleicht eine regelmäßige Huldigung an die Kräfte des Meeres und der Erde, vielleicht aber auch ihre Kreativität benutzen, um die Hexe zu erfreuen. Aber auch der Prinz müsste investieren: Er müsste der Hexe drei Proben abgeben, dass er es wirklich ernst meinte.

Maria begann glücklich zu strahlen, während sie die Geschichte umschrieb. Sie merkte, wie stark sie die Rolle der kleinen Meerjungfrau in Beziehungen eingenommen hatte. Sie war von unendlicher Anpassungsbereitschaft gewesen, wenn sie einen Mann liebte. Sie war bereit gewesen, alles Mögliche aufzugeben, nur um bei dem Mann zu sein, den sie liebte. Sie war sogar verstummt wie die Meerjungfrau und hatte ihre Bedürfnisse nicht mehr geäußert. Irgendwann aber hatte sie sich immer in Luft aufgelöst und war verschwunden. Wenn sie jetzt Ralf verließe, würde sie das Gleiche tun, das bereitete ihr Sorge.

Ralf fielen zuerst keine Märchen oder Geschichten ein, die ihn geprägt hatten, doch dann kam er zu der Geschichte von Hans im Glück. Hans erhält für sieben Jahre Dienen einen Klumpen Gold. Auf dem Heimweg allerdings springen ihm immer wieder irgendwelche Dinge ins Auge, die er begehrenswert findet, und so tauscht er das Gold gegen ein Pferd, das Pferd gegen eine Kuh, die gegen ein Schwein, das gegen eine Gans, die Gans gegen einen Stein, den ihm ein Schleifer als Wetzstein andreht. Den schweren Stein verliert er schließlich im Brunnen. Am Schluss, als er nichts mehr hat, beglückwünscht er sich zu seiner Freiheit und geht zu seiner Mutter zurück.

Während Ralf erzählte, merkte man ihm an, dass ihm der Verlauf der Geschichte peinlich war. Er äußerte skeptisch, dass einen so ein Kindermärchen doch nicht wirklich prägen könne. Doch dann sagte er zerknirscht, dass ihm doch manches bekannt vorkomme. Er könne nur schwer an einer Gelegenheit vorübergehen. Sonst habe er das Gefühl, etwas verpasst zu haben. Auch früher hatte er nach anderen Frauen geguckt, wenn er eine »fest« hatte. Und den Selbstbetrug am Schluss der Geschichte kannte er auch: Wenn eine Frau ihn verlassen hatte – weil sie sich nicht genügend gesehen und geliebt gefühlt hatte –, war er durchaus traurig, aber gleichzeitig empfand er auch die Leichtigkeit und Befreiung von der Last, auf die Bedürfnisse der Frau eingehen zu müssen. Ich fühle mich schnell unter Druck gesetzt, sagte er nachdenklich. Wenn eine Frau etwas von mir verlangt, empfinde ich Einengung und Unfreiheit.

Maria sagte lachend, doch ohne Fröhlichkeit: Manchmal habe ich das Gefühl, dass ich etwas als mein Bedürfnis ausdrücken muss, wenn ich will, dass Ralf es auf keinen Fall tut. Das ist todsicher! Sie berichtete von vielen kleinen Episoden, wo sie Ralf ihre Bedürfnisse mitgeteilt hatte und er diese auf die eine oder andere Weise ignoriert hatte. Ihr eigenes Muster dabei war natürlich leicht zu erkennen: Sie jammerte, aber sie setzte sich nicht durch. Als ich sie damit konfrontierte, gestand sie, dass sie das erst täte, wenn sie zur Trennung bereit sei. So wie jetzt, wo es einen anderen Mann gab.

Es war nicht einfach, Ralf von der Notwendigkeit der

Wertschätzung und Dankbarkeit für empfangene Liebesgaben zu überzeugen. Um ein starker Partner zu werden, muss er die Fähigkeit des Haltens und Schützens entwickeln. Ralf begriff, dass er nicht gelernt hatte, eigene Bedürfnisse zurückzustellen, sich selbst Grenzen zu setzen und auch manche Gelüste nicht zu befriedigen, aufzugeben, auch Opfer zu bringen. So war seine Persönlichkeit in mancher Hinsicht auf der Stufe eines gierigen Jungen steckengeblieben. Vor diesem Hintergrund konnte auch die »Episode« mit der Frau verstanden werden.

Ralf sorgte dafür, dass er seine Bedürfnisse möglichst weitgehend und möglichst schnell befriedigen konnte. Wenn dies im Widerstreit zu Marias Bedürfnissen stand, ignorierte er diese einfach. Wenn Maria dann weinte, klagte, sich beschwerte, tat er alles Mögliche, um ihre Kritik, ihre Gefühle, ihre Bedürfnisse vom Tisch zu wischen. Er sagte, ihr Gejammer gehe ihm auf die Nerven, oder er schwieg einfach, und wenn sie dann weiterredete, sagte er irgendwann, ob sie nun endlich fertig sei, oder er bekam Wutanfälle, und warf Sachen, oder er schlug Türen und verschwand aus dem Raum, oder er sagte, darüber müsse er erst mal nachdenken, und kam dann nie wieder darauf zurück.

Kurz, er verhielt sich wie ein gieriger, rücksichtsloser Junge und nicht wie ein verantwortungsvoller Partner. Auch Hans im Glück ist ja ein Kind geblieben, das zur Mutter nach Hause eilt, obwohl er schon sieben Jahre gearbeitet hat.

Ralf schrieb die Geschichte um. Sieben Jahre gearbeitet zu haben heißt ja, einen bedeutsamen Abschnitt im Leben hinter sich gebracht zu haben. Von nun an kann er mit dem Gold der Erfahrung, der Reifung hinaus in die Welt gehen. Er will das Gold gar nicht horten, aber er will es einsetzen, um seinem Ziel näherzukommen, nämlich eine Prinzessin zu erobern und ein Reich zu erwerben. Er will in die Fremde ziehen und Proben bestehen. Das Gold vielleicht für Magie hergeben, mit der er die begehrte Prinzessin betören könnte. Auf jeden Fall will er es sinnvoll einsetzen, für ein Leben mit einem Sinn, für die geliebte Frau und für ein Zuhause mit ihr.

Ralf sagte zögernd, nachdem er sein Märchen umgeschrieben hatte: Wenn ich mein Gold gegeben und mich angestrengt und Proben bestanden hätte, würde ich die Frau, die ich dann erobert habe, wahrscheinlich auch wertschätzen und nicht so leicht aufs Spiel setzen. Als sie das hörte, weinte Maria. Sie kam sich vor wie die Kuh, die leichtfertig für eine Gans hergegeben worden war. Ralf wehrte ihre Tränen nicht ab. Ja, aber jetzt gerade kämpfe ich um dich, sagte er. Weil ich endlich begriffen habe, wie viel du mir wert bist.

Ralf entwickelte Schritt für Schritt eine innere Autorität, die ihn mit seinen eigenen Werten konfrontierte, wenn er sich auf eine gierige und rücksichtslose Weise nur um die Befriedigung seiner eigenen Gelüste kümmerte. Er war bereit zur Veränderung. Jetzt erst war er in der Lage, Marias zerstörtes Vertrauen zu ihm ganz langsam wiederaufzubauen. Er hatte einen wichtigen Schritt zur Heilung ihrer Beziehung gemacht. Es war nicht alles wieder gut, so schnell geht das nicht, aber Maria war bereit, dem anderen Mann zu sagen, dass sie erst einmal um ihre Beziehung zu Ralf kämpfen und keinen Kontakt zu ihm mehr wolle.

Die Bereitschaft zur Veränderung ist ein schwieriges, aber essentielles Thema für eine Beziehung. Oft kommen Paare zu mir, wo jeder von beiden will, dass ich den anderen verändere. Dazu bin ich nicht in der Lage, muss ich leider von Anfang an bekennen. Wir können unsere Partner nicht ändern, das ist eine für viele traurige Tatsache. Die andere allerdings ebenso unumstößliche Tatsache ist, dass wir einander unablässig verändern.

Es gibt kein festes »Ich bin nun mal, wie ich bin«. Sprüche wie: »Du musst mich nehmen, wie ich bin«, »Nun bin ich schon … (Alter beliebig einsetzbar) Jahre alt, da werde ich mich doch nicht mehr verändern«, »Du willst mich ummodeln, das geht nicht«, beinhalten nur eine einzige Wahrheit: Du weigerst dich, dich mit den Bedürfnissen deines Partners auseinanderzusetzen.

Um dich zu verändern, brauchst du Zeit und Engagement, Achtsamkeit und Disziplin, vor allem aber Mut und Willen. Das klingt nicht nach gern zitierten Psychologenweisheiten: Sei du selbst. Du bist nicht auf der Welt, um anderer Leute Bedürfnisse zu befriedigen, einschließlich denen deines Partners usw.

Diese Sätze haben durchaus einen Sinn: Everybody'sdarlingsein, ein gesichtsloser Mann (oder Frau) ohne Eigenschaften, der aufpasst, nicht aufzufallen, anzuecken, bloß stromlinienförmig konform geht, ist nicht die Alternative zu einem Partner, der nicht bereit ist, sein Verhalten zu verändern. Der nicht bereit ist, zu wachsen und zu reifen.

Aber Veränderung tut weh. Verlangt etwas. Meistens eine Aufgabe. Es ist interessant, in diesem Zusammenhang das Wort Aufgabe zu benutzen. Es gibt dir etwas auf, und es verlangt von dir, etwas aufzugeben.

Nehmen wir ein Beispiel: Angelo ist Discjockey. Wenn er Platten auflegt, nimmt er Drogen. Speed, Kokain vor allem. Das hält ihn wach über die Nacht bis zum nächsten Mittag. Ein harter Job. Wenn er nicht auflegt, sondern seiner normalen Arbeit nachgeht, trinkt er am Feierabend Bier. Jeden Abend. Er kommt von der Arbeit nach Hause und, schwupps, ist die erste Dose offen. Seine Frau ist zu mir in Therapie gekommen, weil sie »frigide« geworden sei, wie sie sagte. Wenn er sich ihr sexuell näherte, krampfte sich in ihrem Bauch alles zusammen und ihre Scheide wurde trocken. Im Laufe der Arbeit allerdings wurde deutlich, dass sie sich vor ihm ekelte, wenn er eine Bierfahne und glasige Augen hatte und zu irgendwelchen gemeinsamen Aktivitäten nicht mehr in der Lage war.

Ich hatte den Eindruck, dass es sich nicht um das Problem der »Frigidität« handelte, sondern um eine Paarproblematik. Als ich vorschlug, dass Angelo mitkommen sollte, war er sofort bereit. Ein sympathischer Mann erschien, warmherzig und interessiert an seiner Frau und an der Beziehung. Er war erschrocken und verletzt, als Dörte ihm sagte, dass sie ihn nicht mehr attraktiv finde. Dass sie kein sexuelles Verlangen nach ihm empfinde, dass er sich körperlich verändert hätte, schwammig geworden sei, irgendwie aufgedunsen, und dass sein abendliches Angeschickertsein, wenn er zu keinem richtigen Gespräch mehr in der Lage ist, irgendwie nur dumpf und immer gleich, sie langweile. Es kostete sie sehr viel Mut, es ihm zu sagen. Sich selbst als »frigide« therapieren zu lassen war ihr leichter gefallen. Sie liebte ihn ja. Sie wollte ihn nicht verletzen.

Diese Verletzung allerdings war das größte Geschenk, das sie ihm machen konnte. Er wachte nämlich auf. Er war noch nicht so furchtbar abhängig von dem ganzen Zeug, dass er es nicht lassen konnte. Er konnte noch ohne Betäubung leben. Aber es fiel ihm schwer. Er begann Sport zu treiben, legte einen alkoholfreien Monat ein und setzte sich mit seinem Kokainkonsum auseinander. Ihm wurde bewusst, dass es in seinem Leben einiges gab, das ihm überhaupt nicht gefiel und das er nicht hatte fühlen wollen. Jetzt, unbetäubt und klar, stand er vor der Notwendigkeit, einiges in seinem Leben zu verändern.

Die Formel lautet: Unzufriedenheit + Idee + erste Schritte + nötiger Aufwand = Veränderung. Diese Formel gilt für alles, auch für Beziehungen. Und du kannst dich darauf verlassen, dass es zu keinen Veränderungen kommt, wenn nicht alle Einzelkomponenten umgesetzt werden. Allerdings ist es nicht sinnvoll, bei der Auflösung der Unzufriedenheit die Schritte vom Partner zu erwarten, weil das mit einem Gefühl von Ohnmacht und Abhängigkeit verbunden ist.

Leider ist es auch heute noch in vielen Beziehungen so, dass die Frauen die Veränderungsaufgabe übernehmen. Maria hat alles Mögliche versucht, um aus ihrer Verunsicherung als Frau herauszukommen, wieder Vertrauen zu Ralf zu entwickeln, ohne von ihm etwas zu verlangen. Es endete mit einem anderen Mann. Dörte hat alles Mögliche versucht, um sich mit Angelos Drogenkonsum zu arrangieren. Es endete mit »Frigidität«. Sie haben allerdings nicht wirklich etwas Neues versucht, sie sind auf der alten Schiene, in der alten Rolle geblieben: Sie haben ihren Partner geschont und sich selbst verleugnet.

Am Beispiel von Franz und Andrea möchte ich einmal ausführlich beschreiben, wie es Schritt für Schritt anders geht. Vielleicht findest du deine Problematik in einigem wieder, vielleicht auch nicht. Doch selbst dann kannst du anhand dieses Paares leichter nachvollziehen, wie du mit den Fragen der Reihe nach arbeiten kannst.

In der ersten Stunde weinte Andrea wie ein Wasserfall, und als ich fragte, wie viel Zeit sie der Beziehung noch gebe, wie viel Chancen Franz noch habe, sagte sie: bis Weihnachten. Das war im Oktober. Wir hatten also nicht viel Zeit.

Worin bestand Andreas Unzufriedenheit? Franz schlief nicht mehr mit ihr. Sie waren seit drei Jahren ein Paar. Anfangs war ihre Sexualität ekstatisch, lebendig, sinnlich gewesen. Sie liebten einander, und Franz sagte, dass Andrea die Frau sei, mit der er zusammenbleiben wolle. Er fand sie schön, attraktiv, sexy, klug. Sie war nach wie vor seine Traumfrau, wie er sagte. Er fand ihren Körper toll, sie war genauso, wie er Frauen mochte. Aber er hatte keine Lust mehr.

Ich habe auch keine Lust auf andere Frauen, sagte er. Ich habe einfach gar keine Lust mehr. Wir kuscheln, wir reden, es gibt eine ganz große Ehrlichkeit und Vertrautheit, aber ich habe keine Lust. Andrea hingegen hatte Lust. Große Lust sogar. Sie begehrte Franz, und sie wollte von ihm begehrt werden. Sie wollte mit ihm sinnliche Freuden genießen, Neues erkunden, sie wollte sich ihm hingeben. Sie wollte seine Frau sein. Sein mangelndes Interesse an ihr als Frau stürzte sie in einen tiefen Abgrund.

Andreas Unzufriedenheit war leicht zu definieren: Ich bin

unzufrieden mit unserer Sexualität. Ich merke, wie ich als Frau grau und unsicher werde. Ich will mich wieder begehrt und attraktiv fühlen. Ich will wieder sexuelle Lebendigkeit und Erfüllung in meinem Leben haben.

Franz war eigentlich nicht unzufrieden. Für ihn war im Grunde alles in Ordnung. Ihn störte nur Andreas Unzufriedenheit. Doch als wir uns näher mit der Problematik beschäftigten, sagte er, er kenne diese Situation. Andrea sei nicht die erste Frau, die nach einer rauschhaften Anfangsphase immer unzufriedener geworden sei, bis sie ihn verlassen habe. Er war unzufrieden damit, die Frau, die er liebte, nicht glücklich zu machen. Er war unzufrieden damit, dass sein sexuelles Interesse an einer Frau schwand, wenn er sie »fest hatte«, wie er es nannte. Franz hatte einige Trennungen von Frauen hinter sich, die ihn verlassen hatten.

Andrea kannte die Problematik nicht, sich in einer Beziehung unbegehrt zu fühlen. In ihren früheren Beziehungen hatte »nichts gestimmt, aber die Sexualität«. Andrea hatte schon einige Männer verlassen. Und sie kannte es, sich selbst zu verlieren, nur noch auf den Mann zu starren und nicht mehr zu wissen, wer sie selbst war.

Sie formulierten als Ziele: Andrea wollte sich wieder wie eine begehrenswerte Frau fühlen, und sie wollte eine erfüllte Sexualität leben, am liebsten mit Franz, aber wenn das nicht ging, würde sie nicht auf die Befriedigung eines elementaren Bedürfnisses verzichten, sondern lieber auf Franz als auf sich selbst.

Franz wollte ein Mann werden, der eine Frau halten konnte, die er liebte, ganz konkret Andrea. Er wollte das Gefühl entwickeln, ein Mann zu sein, der die Frau, die er liebte, so glücklich und zufrieden machen konnte, dass sie bei ihm bleiben wollte.

Beide hatten als Ziel, ihre Beziehung wieder glücklich und lebendig zu machen und aus der Talsohle herauszukommen. Das war schon mal eine hervorragende Ausgangsbasis.

Sobald wir diese Ziele entwickelt hatten, war die Entspannung zwischen beiden deutlich spürbar. Sofort wuchs Andreas Vertrauen in Franz wieder, dass er sie wirklich liebte, obwohl sie es nicht spürte. Und Franz empfand eine große Erleichterung, endlich dem Konflikt nicht ausgewichen zu sein, sondern sich selbst eingestanden zu haben, dass er wirklich ein Problem hatte. In dem Augenblick, wo er es definieren konnte, wurde es anschaubar und verlor seine Bedrohlichkeit. Er hatte ein Problem, und er hatte ein Ziel.

Leider gibt es zahlreiche Hindernisse und Stolperfallen, die uns davon abhalten, unsere Ziele zu erreichen. Manche Menschen warten ab, dass etwas passiert. Das Warten kann vielfältig sein: auf den Traumpartner, der einen aus der augenblicklichen Misere errettet. Auf den Lottogewinn. Auf einen Menschen, der einem steinige Wege ebnet. Das sind oft Menschen, die den Kopf in den Sand stecken, wenn ihr Leben in eine Krise steuert. Die aussitzen. Die aufschieben und hoffen, die Probleme würden sich von ganz allein lösen.

Es gibt aber eine unbequeme Regel: Nur wenn du die Verantwortung für dein Problem übernimmst und im zweiten Schritt die Verantwortung, dein Ziel zu erreichen, kannst du wirklich erfolgreich sein.

Die zweite Stolperfalle ist die Unsicherheit über das eigene Ziel. Was willst du eigentlich? Oft wissen wir, was wir nicht wollen, aber eigene Ziele zu entwickeln und Prioritäten zu setzen haben viele Menschen nicht gelernt. Von Kindheit an werden sie mit den Erwartungen der Eltern konfrontiert. Ihnen wird erzählt, was die Eltern und später Lehrer oder andere »wichtige« Menschen über sie denken, aber nur wenige Kinder werden ermuntert, sich über die eigenen Stärken und Schwächen, die eigenen Ziele und Prioritäten im Leben Gedanken zu machen.

Auch da gibt es eine Regel: Nur wenn du deine Aufmerksamkeit bewusst auf das lenkst, was du erreichen willst, nur dann, wenn du Prioritäten setzt, wirst du Erfolg bewirken.

Das dritte Hindernis ist die Orientierung auf das Ergebnis und nicht auf den Weg. Dann haben wir ein großes Endprodukt vor Augen, und die Aufgabe erscheint zu groß. Ein gutes Beispiel hierfür ist Franz: Wenn er das Ergebnis eines superekstatischen Sexerlebnisses mit gemeinsamem Orgasmus vor Augen hat, wird er sich verkrampfen. Wenn er seine Aufmerksamkeit aber einfach auf die Frau fokussiert, die er liebt, ihren Körper, ihre Haut, ihren Geruch, wenn er also einfach nur seine Aufmerksamkeit auf die sinnliche Begegnung zwischen ihnen lenkt, wird Schritt für Schritt etwas zwischen ihnen geschehen. Ebenso ist es, wenn wir einen Roman schreiben wollen und gleich das Endprodukt vor Augen haben. Wir scheuen davor zurück, weil es unerreichbar scheint. Wenn wir uns aber auf eine Geschichte, auf die Personen, auf die erste und dann auf die zweite Seite konzentrieren, wird der Roman irgendwann erfüllt sein.

Die Regel lautet also: Wenn du dich auf das Ergebnis fixierst, ziehst du deine Aufmerksamkeit vom ersten Schritt ab. So wird dein Handeln verkrampft, und du machst den ersten Schritt nicht.

Natürlich ist eine Stolperfalle für Veränderung, dass man sich gar nicht erst ein Ziel setzt. Es gibt Menschen, die in den Tag hineinleben, ohne sich damit auseinanderzusetzen, was sie eigentlich wollen. Das sind oft bequeme Menschen, die nicht gelernt haben, dass Herausforderungen spannend sind, dass es toll ist zu lernen, dass es möglich ist, die eigenen Grenzen zu überwinden. Solche Menschen sagen oft von sich: Ich bin faul. Wenn einer mit dieser Aussage in meine Praxis kommt, frage ich: Haben Sie vielleicht Angst, dass Sie es sowieso nicht schaffen?

Es gibt Untersuchungen, die zeigen, dass über 90 Prozent der Menschen, die sich Ziele setzen, diese auch erreichen. Aber natürlich gibt es auf dem Weg zum Erreichen eines Zieles vieles, was Angst macht, unbequem ist, unüberwindbar erscheint.

Regel vier: Wer in seiner Beziehung unzufrieden ist und einfach so weitermacht, bleibt unzufrieden. Erst wenn du dich konfrontierst und dir Ziele setzt, wohin du als Mensch, als Partner, willst, hast du die Chance, dort auch hinzugelangen. Ansonsten musst du dich in der Resignation einrichten.

Ein weiterer Stolperstein ist die Angst zu versagen. Natürlich spielt diese Angst bei den Menschen eine Rolle, die keine Verantwortung übernehmen, und auch bei denen, die sich gar nicht erst Ziele setzen. So gehen sie der Angst von vornherein aus dem Weg. Der Hintergrund für diese Angst ist häufig die Vorstellung, perfekt sein zu müssen und keine Fehler machen zu dürfen. Tatsächlich ist es aber so, dass wir am meisten aus unseren Fehlern lernen. Die Frage ist nur, wie wir mit Fehlern umgehen.

Die Glücksforschung hat herausgefunden, dass die glücklichsten und erfolgreichsten Menschen auf der Welt nicht diejenigen sind, denen der Erfolg in den Schoß gefallen ist, sondern diejenigen, die viel probiert haben, Krisen bewältigen mussten, Ablehnungen kassierten, reingefallen sind, Fehler gemacht haben, aber all das als Herausforderung angesehen haben, lernten und weitermachten.

Regel fünf: Perfektion ist eine Illusion. Wir lernen von Geburt an, und wir machen von Geburt an Fehler. Wenn wir Angst vor dem Urteil: Falsch gemacht! haben, dann kann es sein, dass wir gar nichts mehr tun. Aber wenn wir nichts mehr tun, geschieht auch nichts. Also, frisch drauflos auf die richtige Weise Fehler machen! Auf die richtige Weise Fehler machen heißt, aus Fehlern lernen und sie mehr und mehr vermeiden.

In engem Zusammenhang damit steht der Vergleich mit anderen. Die Glücksforschung hat herausgefunden, dass unglückliche Menschen sich oft mit anderen vergleichen, die schöner, intelligenter, erfolgreicher, beliebter, reicher sind als sie selbst. Das bewirkt eine Minderung unseres Selbstwertgefühls. Und wer seinen Wert niedrig einschätzt, kann sich auch nicht vorstellen, dass er eigene Ziele erreichen kann.

Regel sechs: Betrachte deine Individualität, deine Stärken und Schwächen, deine Einzigartigkeit. So wie du bist, bist du es wert, dein Leben zu erfüllen.

Ein weiteres Hindernis beim Erreichen von Zielen nicht nur in einer Beziehung, auch in anderen Lebensbereichen, ist dann gegeben, wenn du alles mit dir selbst abmachst und anderen nur Resultate mitteilst. In einer Partnerschaft ist das tödlich, weil es jede Intimität verhindert. Aber auch sonst machst du dich auf diese Weise einsam und beraubst dich wesentlichen Feedbacks zur rechten Zeit, also der Unterstützung, die dir guttun könnte.

Regel sieben: Wer das Spiel allein machen will, läuft Gefahr, dass die anderen das Spielfeld räumen und er zu guter Letzt wirklich ganz allein dasitzt.

Ein wesentliches Hindernis beim Erreichen von Zielen ist die Weigerung, die Prioritäten zu setzen, die dafür nötig sind. So entstehen widersinnige Situationen. Es ist ein Allgemeinplatz, dass Ehe, Familie, partnerschaftliche Zufriedenheit ganz oben auf der Rangliste von menschlichem Glück stehen. Andersherum wissen wir, dass das Gegenteil, also Trennung, Scheidung, Krise, Dauerkonflikt, zu Depression, Krankheit, beruflichem Misserfolg, sogar zu verstärkter Unfallneigung führt. Den meisten Menschen ist das bewusst. Es wird in allen möglichen Geschäftsbereichen unglaublich viel Geld damit verdient, dass Menschen einen Partner suchen. Wenn sie dann aber einen haben, gehen sie widersinnigerweise nachlässig, unaufmerksam, liederlich mit ihrer Beziehung um. Die Priorität, die sie der Suche einräumen, lenken sie anschließend auf alles Mögliche, aber nicht auf den Partner, nicht auf die Liebe, nicht auf die Intimität, nicht auf die Pflege der Beziehung.

Regel acht: Wenn du die Ziele, die du in deiner Partnerschaft erreichen willst, nicht ganz oben auf deine Prioritätenliste setzt, kannst du jetzt schon mal Geld und Zeit und Kraft ansparen, um dich aus dem baldigen Single-Dasein wieder herauszubringen.

Und was ist, wenn wir einfach nicht die Fähigkeiten haben, die wir brauchen, um unsere Ziele zu erreichen? Das ist höchst selten der Fall. Denn am Anfang der Beziehung hatten wir ja alle Fähigkeiten, die wir brauchten, um mit diesem Partner glücklich zu sein und um diesen Partner glücklich zu machen. Trotzdem stellen sich alle immer wieder diese Frage. Andrea zum Beispiel fragte sich, was ist, wenn ich einfach nicht erotisch, nicht attraktiv genug bin, um Franz heißzumachen? Franz fragte sich, was ist, wenn ich einfach nicht potent genug bin, in die Jahre komme, wo meine Libido nachlässt, um Andrea zu befriedigen?

Regel neun: Die Fähigkeiten, die du am Anfang der Beziehung hattest, sind nicht verschwunden, ganz im Gegenteil, es sind neue hinzugekommen. Eine gesunde Beziehung wird nicht ärmer im Laufe der Jahre, sondern reicher.

Ja, und jetzt kommt die Willensstärke. Ich bin mit diesem Begriff sehr vorsichtig, weil ich von meinen Klienten weiß, in welch gefährliche Fallen da getappt wird. Immer wieder kommt nämlich der Satz: Ich muss einfach …! Ich ersetze diesen Satz regelmäßig durch: Du darfst …!

Wenn wir uns ein Ziel gesetzt haben, tauchen oft aus dem Nebel innere Zensoren auf, die mit strenger Stimme sagen: Das schaffst du nie! Du musst aber! usw.

Regel zehn: Du darfst dir die Erlaubnis geben, das, was du willst, auch wirklich mit aller Kraft, allem Feuer zu verfolgen. Du darfst dein Wollen, dein Verlangen mit Mut und Entschlossenheit erfüllen. Dann wirst du dein Ziel erreichen!

Bevor du deine Beziehung, dein Leben veränderst, ist es sinnvoll, die eigenen Stolperfallen zu kennen.

- Welche Stolperfallen hast du wiedererkannt, als du die Liste gelesen hast?
- Erstell eine eigene Stolperfallenliste.
- Was könnte dir helfen, dich aus diesen Fallen zu befreien?

Andreas Stolperfallenliste war:

- Ich glaube nicht, dass ich die Erlaubnis habe, eigene Ziele zu entwickeln und zu verfolgen.
- Meine Aufgabe im Leben ist es, andere zu unterstützen, ihre Ziele herauszufinden und zu verfolgen.
- Wenn ich mich damit beschäftige, attraktiv und erotisch zu sein, werde ich nachher eitel und oberflächlich.
- Ich möchte gern auffälliger gekleidet sein, aber ich habe Angst aufzufallen.
- Ich muss für andere da sein und muss meine Bedürfnisse hintanstellen, das gibt mir Wert.
- Ich habe Angst, dass ich Franz verlasse, wenn ich mich auf meine sexuellen Bedürfnisse konzentriere.
- Wenn ich mich darauf besinne, dass ich attraktiv und erotisch bin und meine sexuellen Bedürfnisse in aller Schärfe spüre, werde ich verführbar und nachher untreu.
- Ich darf nicht egoistisch sein.

Franz' Stolperfallenliste war:

- Wenn ich mich auf das Problem fokussiere, fühle ich mich so schlecht, dass ich völlig gelähmt bin.
- Ich finde mich selbst völlig Scheiße, weil ich immer wie-

der das Gleiche mache: Ich bin der Superfrauenaufreißer, das hat mir totalen Selbstwert gegeben. Franz kriegt jede. Das war wie ein Sport. Dann bin ich geil, dann krieg ich es hin. Und wenn ich dann die Allerbeste, Tollste, das Superweib, das Trophy-Wife habe, verhalte ich mich, als ob ich sie einrahme und an die Wand hänge.

- Ich fühle mich ohnmächtig, etwas zu ändern.
- Meine Aufmerksamkeit rutscht immer wieder weg von Andrea zu beruflichen Sachen, da gibt es auch Probleme, aber die sind konkret, viel leichter fassbar.
- Ich fühle mich oft so getrieben, unter Druck, unter Anspannung, ich genieße es mit Andrea, mich zu entspannen, die Harmonie, wir verstehen uns so gut, wenn ich mich jetzt noch unter Druck setze, Lust bekommen zu müssen, kriege ich bald einen Herzinfarkt.

Um eine Sicherheit zu entwickeln, die Ziele wirklich erreichen und den Weg gehen zu können, hilft es, sich einmal anzuschauen, auf welche Weise man bisher im Leben Ziele erfolgreich bewältigt hat. So kann man sich auch daran erinnern, wie man bei früheren Vorhaben erfolgreich Hindernisse überwunden hat. Das stärkt das Bewusstsein und das Selbst.

Also, untersuche bitte einmal systematisch die Vorhaben, die du in der Vergangenheit erfolgreich bewältigt hast:

- Womit hast du begonnen?
- Welche Fähigkeiten hast du genutzt?
- Wie hast du mit anderen Menschen kommuniziert?
- Welche Probleme haben sich dir gestellt, und wie hast du sie gelöst?
- Nenn drei Sachen, von denen du glaubst, dass sie den Erfolg deines Vorhabens bewirkt haben.
- Welche Gefühle hattest du im Verlauf des Prozesses am häufigsten?

- Was hast du während der Durchführung deines Vorhabens über deine Stärken und Schwächen gelernt?
- Wenn du noch einmal etwas Ähnliches machen würdest, was würdest du anders machen?

Andrea fielen nur Vorhaben ein, die mit Fortgehen zu tun hatten, mit Trennung. Das Weggehen von ihrer Familie war mit dem Gefühl großer Befreiung verbunden gewesen. Die Kündigung in ihrer Firma hatte sie als eine Befreiung aus Fesseln erlebt. Der Ausbruch aus ihrer Ehe und die Trennung von einem weiteren Mann hatten die gleichen Gefühle bei ihr ausgelöst. Sie war etwas erschrocken, als sie merkte, dass ihre größten Erfolge gewesen waren, sich aus einengenden Verhältnissen zu lösen.

Franz hingegen erinnerte sich an das Schreiben seiner Doktorarbeit, an die Eroberung seiner früheren Frau, dem Trophy-Wife, und an die Eroberung von Andrea. Er erinnerte sich an das Gefühl vollkommener Klarheit und Entschiedenheit. An das Gefühl von Präsenz und Lebendigkeit im Körper. Damals während der Promotion, so erinnerte er sich, war er abends oft in seine Stammkneipe gegangen, völlig ohne Druck. Die anderen hätten sich gewundert, aber ihm sei das alles leichtgefallen. Und bei dem Trophy-Wife war das auch so. Die andern dachten, es sei unglaublich schwer, sie zu kriegen. Ihn habe das gereizt. Und Andrea habe er auf einem Kongress kennengelernt, sie sei einfach umwerfend gewesen, und er habe an nichts anderes mehr gedacht als daran, dass er sie haben wollte. Ein ganz starker Wille.

Erst einmal sah es so aus, als besäßen beide wenig Kompetenz und Erfahrung, ihre Ziele in der Partnerschaft durchzusetzen. Doch als wir die Fragen nacheinander durchgingen, zeigte sich, dass beide durchaus Erfahrungen und Fähigkeiten mitbrachten, die ihnen jetzt helfen konnten.

Andrea:

Sie hat begonnen zu spüren, dass sie an ihre Grenze gestoßen war und so nicht weitermachen wollte. Sie hat begonnen, sich selbst wieder zu spüren und sich selbst wichtiger zu nehmen als den andern.

Sie hat folgende Fähigkeiten genutzt: ihre Intuition, die glasklar sagte, so geht es nicht weiter. Ihren Überlebenswillen. Ihre Kraft, sich durchzusetzen. Ihre Intelligenz, einen Weg für sich zu finden. Ihre Fähigkeit, auf eigenen Füßen zu stehen und für sich selbst sorgen zu können. Ihre Fähigkeit, andere Menschen von sich zu überzeugen.

Sie hat mit Freundinnen, mit einer Therapeutin, mit einem Headhunter gesprochen.

Sie hatte Geldprobleme, aber sie hat ihre Ausgaben drastisch reduziert und sich auf das besonnen, was ihr wirklich wichtig war. Viele hatten sie für verrückt erklärt, weil sie eine Situation verließ, die andere erstrebenswert fanden, sie hatte einen guten Job, mit ihrem Mann hatte sie ein Haus gebaut, und er liebte sie, aber sie wusste ganz genau, dass sie zugrunde gehen würde, wenn sie daran hängenbliebe. Sie hatte Angst, es nicht zu schaffen, aber sie hat an ihrer Entschiedenheit festgehalten und das Vertrauen in sich selbst täglich verstärkt.

Die drei wichtigsten Dinge, die den Erfolg bewirkt haben: auf die eigene Intuition hören, das eigene Selbstvertrauen stärken, aus der Lähmung kommen und aktiv werden.

Die Gefühle, die sie damals am häufigsten hatte, waren Entschiedenheit, Angst, Lebendigkeit und dann Erleichterung und Selbstvertrauen.

Was sie über ihre Stärken und Schwächen gelernt hat, war vor allem, dass sie sich selbst verliert, wenn sie ein Leben führt, das nicht wirklich ihres ist, und dass sie trotz aller Angst in der Lage ist, ihr Leben in die eigene Hand zu nehmen und zu gestalten.

Was würde sie heute anders machen? Sie lächelte, als ich diese Frage stellte, und sah Franz liebevoll an: »Rechtzeitig anhalten und den Rückwärtsgang einlegen, wenn ich dabei bin, mich zu verlieren, und die Situation ändern, so dass ich vielleicht nicht gehen muss.«

Franz antwortete ebenfalls ehrlich und offen auf die Fragen:

Er wusste gar nicht, womit er begonnen hatte. Er hatte einfach begonnen. Nein, sagte er dann, begonnen habe ich mit dem klaren Willen. Ich wollte das! Auch bei seinen Fähigkeiten war er sich gar nicht sicher. Ja, sagte er dann nachdenklich, vor allem habe ich wohl meine Intelligenz eingesetzt. Ich habe Strategien entwickelt. Ich wusste zum Beispiel ganz genau, was man tun musste, um eine Frau rumzukriegen. Das habe ich dann getan. Richtig mit Schlachtplan. Wie Kriegsführung. Eroberungen eben.

Eingebunden hat er niemanden. Doch, sagte er dann, ich habe die anderen benutzt, um mein Selbstwertgefühl zu stärken. Die Kumpel, die mich bewundert haben, weil ich die Frauen kriegte, an die sie sich nicht rantrauten. Die Kumpel in der Kneipe, die mich bewundert haben, weil ich ganz locker Bier trinken konnte, obwohl ich so etwas Schwieriges machte wie meine Physik-Promotion. Bestürzt sagte er: »Eigentlich habe ich alle immer nur benutzt, um mich wertvoll zu fühlen, auch die Frauen. Dahinter steckt bei mir eine ziemliche Leere.«

Probleme waren immer konkret, und die hat er mit klarem Verstand, Überlegung und entsprechendem Handeln bewältigt. Drei Dinge, die den Erfolg seiner Vorhaben bewirkt haben: der glasklare Wille, die intelligente Strategie und sein Tunnelblick. Wenn er etwas will, zieht er es durch.

An die Gefühle konnte er sich auch nicht mehr gut erinnern, doch dann sagte er leuchtenden Auges: Als ich Andrea kennenlernte, spürte ich überall Feuer, Schmetterlinge, eine riesige Lebendigkeit und Präsenz.

Was er über seine Stärken und Schwächen gelernt hat, kam auch eher stockend. Die Stärken lagen auf der Hand: Er konnte vollkommen fokussiert, präsent und unbeirrbar ein Ziel verfolgen. Die Schwächen? Wenn das Ziel erreicht war, wenn die Normalität begann, dann suchte er sich das nächste Ziel, dem er hinterherjagte.

Was er anders machen würde? Auch das wusste er nicht so genau. »Ich glaube«, sagte er dann, »ich würde mal gucken, ob ich dieses Ziel wirklich anstrebe, weil es für *mich* von Bedeutung ist, oder ob ich es nur verfolge, um meinen Wert vor anderen zu steigern.«

Aufgrund all dieser Erkundungen ist es möglich, sich neue Fragen zu stellen.

- Welche Fähigkeiten willst du jetzt nutzen, um dein Ziel zu erreichen, der Partner zu sein, der du gern sein möchtest?
- Welche Schritte willst du gehen?
- Womit beginnst du?

Andrea sagte, sie wolle ihre Intuition nutzen, ihr Vertrauen in sich selbst und ihre Fähigkeit, auf eigenen Füßen zu stehen. Sie wollte:

- sich um ihren Körper kümmern, Sport machen, zur Kosmetikerin gehen, zur Massage;
- die schönen und auffälligen Kleidungsstücke aus ihrem Schrank holen und auch zur Arbeit anziehen;
- die Dinge tun, die sie gerne tat, die Franz aber nicht teilte: ins Museum, ins Theater, ins Kino gehen. All das wollte sie mit Freundinnen tun. Überhaupt wollte sie sich wieder mehr mit Freundinnen treffen;
- Franz deutlich zeigen, wenn sie Lust auf körperliche Nähe hat und auch deutlich ihren Frust zeigen, wenn er sich ihr nicht zuwendet und sie nicht befriedigend berührt;
- nicht mehr auf Franz warten, wenn sie Essen gemacht und ihn gerufen hat, er aber in beruflichen Dingen, Internet, Telefonaten hängenblieb.

Franz wollte:

- eine Grenze ziehen zwischen Zuhause und Beruf. Beruf-

liche Telefonate, E-Mails und so weiter wollte er nicht mehr zu Hause erledigen;
- spielen lernen, Dinge einfach tun lernen, ohne dass er damit etwas erreichen musste;
- Andrea sofort zeigen, wenn er Lust auf sie hatte, dem nachgehen und es nicht aufschieben;
- seine Qualitäten als Verführer und Eroberer benutzen, um Andrea zurückzugewinnen;
- sich mit seinem Selbstwertgefühl, seiner inneren Leere auseinandersetzen;
- Entspannung auf andere Weise suchen als durch Alkohol oder Masturbation;
- sich Andreas Wert vor Augen halten und ihr zeigen, dass er sie wirklich will.

Die nächsten Fragen, die Andrea und Franz sich in der Therapie stellten, kannst auch du jetzt beantworten:

- Was sagst und tust du in der Situation, die immer wieder für Konflikte sorgt?
- Wie fühlst du dich dabei? Was gewinnst oder verlierst du durch dieses Verhalten auf kurze Sicht?
- Wie, denkst du, wirkt dein Verhalten auf dein Gegenüber?
- Wie wirkt sich dieses Verhalten auf lange Sicht negativ auf dich aus?

Nun kannst du ein Verhalten überlegen, das erfolgsträchtiger wirkt:

- Was sagst oder tust du, um mit dieser Situation gut zurechtzukommen?
- Welche Gefahren sind mit diesem Verhalten verbunden?
- Wie, denkst du, wirkt dein Verhalten auf dein Gegenüber?
- Wie wirkt sich dieses Verhalten auf lange Sicht positiv für dich und andere aus?

Das sind einfache Fragen, aber bei Andrea und Franz führte es zu bedeutsamen Aha-Erlebnissen.

Andrea stellte fest, dass sie ihr Gefühl als Frau viel zu sehr von Franz' Begehren abhängig gemacht hatte. Sie ist eine äußerst sinnliche, attraktive Frau, die keine Mühe hat, von anderen Männern Aufmerksamkeit und Bestätigung zu bekommen. Diese anzunehmen und sich daran zu freuen hatte sie bisher als »gefährliches Spiel mit dem Feuer« angesehen und vermieden. Was ja auch seine Berechtigung hatte – allerdings war das, wie es jetzt lief, ein vielleicht noch gefährlicheres Spiel mit dem Feuer, denn um sich in einer Situation als unbegehrte, sexuell unerfüllte Frau einzurichten, war Andrea viel zu leidenschaftlich und zu sinnlich.

Franz stellte fest, dass er seinen Fokus viel zu stark auf seine Lust und seine Erektion gerichtet und in einen Leistungsdruck geraten war, Andrea zufriedenzustellen, statt sich an ihr zu freuen. Er wollte wieder genießen, dass er der Mann war, der Andrea »haben« durfte, berühren, küssen, anschauen, lieben. Und wenn er dabei keine Erektion, keine sexuelle Lust entwickeln würde, wäre es in Zukunft auch egal, weil es ihm auf den Spaß mit Andrea, den sinnlichen Genuss an ihr, ankam.

Andrea und Franz haben eine bemerkenswert offene und lebendige Beziehung entwickelt. Selbstverständlich gibt es bei ihnen auch Konflikte, aber die bleiben punktuell und werden bereinigt.

Ich erlebe es immer wieder: Eine glückliche Partnerschaft ist möglich. Es verlangt jedoch, die Aufmerksamkeit auf die Beziehung, auf den Partner und auf sich selbst als Partner zu richten. Es bedeutet immer wieder, bereit zur Veränderung zu sein. Wer aber bestimmt, was verändert werden soll? Durchsetzung und Anpassung haben mit dem Thema Macht zu tun.

Wer hat die Macht? Wer ist oben, wer ist unten?

Über Bestimmer und Anpasser

Macht ist ein Thema, das die Liebe mehr durchzieht, als wir wahrhaben wollen. Immer wenn ich in Therapien sage: Ich glaube, du führst gerade einen Machtkampf!, ernte ich eine wütende Auseinandersetzung. Machtkampf? Ich? Was für eine Beleidigung! Oder wenn ich das Thema anschneide in Bezug auf Sexualität, gucken mich Männer wie Frauen zumeist ungläubig an. Macht? In Verbindung mit der hehren körperlichen Liebe? Wir sind doch keine Sadomaso-Typen! Besonders Frauen wehren massiv ab, an Macht interessiert zu sein. Oder aber auch interessierter sein zu *sollen*, um die eigene Macht deutlicher zu spüren und klarer damit umzugehen.

Ich erinnere mich noch sehr gut an meine Paartherapieausbildung bei Michael Cöllen. Er gab mir ein Zepter in die Hand, stellte mich auf einen Stuhl und versammelte alle Männer der Gruppe vor mir. Nun sollte ich über sie herrschen. Sie verzaubern. Über sie bestimmen. Sie dominieren. Er wollte, dass ich meine Macht als Frau über Männer endlich spüre. Was ich spürte, war unendliche Scham und Hilflosigkeit. Bestimmen – ich über Männer? Dominieren? War ich denn eine Domina? Entscheiden, wie sie sich verhalten sollten? Diese Rolle wollte ich nicht spielen, wusste überhaupt nicht, wie das ging.

Damals habe ich Michael Cöllen deswegen gehasst, habe ihm anschließend einen wütenden Brief über Macht und Machtmissbrauch geschrieben. Heute muss ich über mich selbst lachen. (Ich verwandelte übrigens alle Männer in Delphine: friedlich, freundlich, verspielt. Dass sie mir trotzdem nah kamen, empfand ich als Spielverderberei.) Ich habe mich so verhalten wie die meisten Frauen: Sie wollen ihre eigene Macht nicht wahrhaben und verhalten sich dann leider ohnmächtig, wo sie ihre Macht spüren und einsetzen könnten.

Macht spüren und einsetzen bedeutet übrigens nicht, etwas gegen den Partner zu tun, ganz im Gegenteil, es geht darum, für sich selbst einzustehen.

Wenn ich als Lehrtherapeutin arbeite, also andere Psychotherapeuten in ihrer Ausbildung begleite, nimmt das Thema Macht immer einige Zeit in Anspruch. Es gibt nämlich Berufe mit großer Macht über andere. Lehrer zum Beispiel, Ärzte, Hebammen, Priester, Künstler. Und Psychotherapeuten. Menschen mit Macht über andere *müssen* sich dessen bewusst sein, sie müssen sich damit auseinandersetzen, ansonsten ist die Gefahr des Missbrauchs gegeben. Vor allem anderen in der Liebe: Wir haben Macht über unseren Partner. Es ist dringend notwendig, sich dessen bewusst zu werden.

Viele Themen kreisen das große Thema Macht ein: Bewusstheit, Kampf, Spiel, Ohnmacht, Missbrauch, Verantwortung, Lust, Gefahr. Besonders wichtig ist die Bewusstheit. Mit Macht ist es wie mit allem anderen auch: Wenn wir unsere Augen davor verschließen, weglaufen, leugnen, lauert Gefahr im Verborgenen. Machen wir uns also so viel wie möglich bewusst: Wo begegnen wir der Macht in Liebesbeziehungen? Sie hat zu tun mit dem Einfluss, den wir aufeinander ausüben, mit den Impulsen, der Kraft unserer gegenseitigen Reaktion. Mit Sexualität. Mit der Veränderung, die der andere in uns bewirkt. Mit Stärke. Das alles kann äußerst positiv sein. Negativ wirken Machtkämpfe, Machtgerangel, Statuskämpfe, Unterdrückung von einem Partner durch den Stärkeren. Dann ist immer einer oben. Und der andere wird schlimmstenfalls vollkommen ohnmächtig gemacht.

Wenden wir uns zuerst dem Positiven zu: Du hast Macht über deinen Partner. So beginnt die Angelegenheit in der Liebe. Immer. Du lächelst, und er bekommt rote Ohren. Du berührst ihre Brüste, und sie erschauert. Du erzählst einen Witz, und sie lacht. Du wackelst mit den Hüften, und er bekommt eine Erektion. Du weinst, und er wird weich und zärtlich. Du wirst laut, und sie gibt klein bei. Die Beispiele sind endlos.

Die anfängliche sexuelle Attraktion zeigt es deutlich: Wir lassen den andern die Macht spüren, die er über uns hat, und wir genießen die Macht, die wir über ihn haben. Die Frau hat die Macht, dass der Mann heiß auf sie ist, sie begehrt, in sie eindringen will, sie besitzen, also ihr Mann sein will. Der Mann hat die Macht, sie zu erregen, gefügig zu machen, dass sie ihn in sich hineinlässt, sich ihm hingibt, seine Frau ist. Am Anfang ist das so einfach, so archaisch. Wenn allerdings in dieser Phase bereits mit den einfachen elementaren Mann-Frau-Machtgefühlen und -Bestätigungen etwas schiefläuft, zieht sich das in die weitere Beziehung als Belastung hinein.

Klaus und Thea zum Beispiel sind seit Jahren zusammen, und vieles stimmt zwischen ihnen, aber am Anfang ihrer Beziehung war er mit anderen Dingen beschäftigt, hatte mehr Sehnsucht nach Spielautomaten als nach ihr – obwohl er sie liebte, so sehr liebte, dass er ihretwegen schließlich in Therapie gegangen ist, um die Spielsucht zu beenden –, aber es wirkte sich nun einmal so aus, dass sie an ihm sexuell viel interessierter war als er an ihr, dass sie die sexuellen Begegnungen initiierte und er sich verwöhnen ließ. Das wirkt sich bis heute negativ auf die Beziehung aus. Sie ist eine ziemlich verhärtete Frau geworden, und er fühlt sich bis heute als Mann nicht besonders selbstbewusst und kraftvoll. Die Konsequenzen sind enorm: Sie beeinträchtigen sogar sein berufliches Selbstbewusstsein, er hat Mühe, seinen Status in der Männergesellschaft zu behaupten, und sie hat eine verbitterte Abneigung gegen alles entwickelt, was besonders weiblich ist, sie nennt es »tussenhaft«.

Im Allgemeinen aber, wenn am Anfang alles »gesund« und konfliktfrei läuft, bestätigt die Frau den Mann in seiner Macht, und der Mann bestätigt die Frau. Beide fühlen sich in ihrer vollen Potenz, die Frau als Frau, der Mann als Mann. Die Machtkämpfe beginnen dann, wenn die Liebe tiefer wird und ein Gefühl von Abhängigkeit aufkeimt.

Im anfänglichen Spiel zwischen Mann und Frau geht es um Bestätigung: Du hast Macht über mich, ich habe Macht über dich, du bist ein toller Mann, ich bin eine tolle Frau. Es ist zwar dieser Mann und diese Frau, aber im Grunde sind sie austauschbar. Es hätte auch ein anderer gewesen sein können, auf den das Auge und die Lust fällt. Affären, One-Night-Stands, unernste Flirts, Seitensprünge, all das bietet dieses Machtgefühl der Attraktivität: Ich tu etwas, und er oder sie reagiert stark auf mich. Die Betonung liegt auf stark. Erst wenn die Reaktion stark ist, entsteht der Machttriumph.

Doch in einer wachsenden Liebesbeziehung vertieft sich das Gefühl der Liebe, der andere wird immer einzigartiger, immer besonderer, also weniger austauschbar für mich. Ein Gefühl der Abhängigkeit kommt auf. Das Gegenteil von Macht. Ich spüre nicht mehr meine Macht über den andern, sondern nur noch seine über mich. Und so will ich mich nicht fühlen: ängstlich, du könntest mich nicht mehr toll finden, wenn du mich wirklich kennenlernst, aber ich finde dich immer noch toll. Dann bin ich der Unterlegene. Ängstlich, du könntest deine Macht über mich missbrauchen (und das kenne ich schließlich von Mama, Papa, Geschwistern oder früheren Lieben), und dann wäre ich plötzlich dein Geschöpf, deine Marionette. Ängstlich, vernichtet zu sein, wenn du deine Macht gegen mich ausspielst, mich im Streit besiegst, dich sexuell verweigerst …

Und die Machtkämpfe beginnen. Sie haben vielerlei Gesichter. Es gibt die banalen, wo über Lächerlichkeiten gestritten wird und es unablässig und ungeschönt darum geht, wer der Bestimmer ist. Wer sagt, wo's lang geht. In diesen Beziehungen fliegen ständig die Fetzen. Man streitet, sobald auch nur die kleinste Differenz an Anschauung, Gewohnheit, Wert, Meinung, Verhalten, Geschmack auftaucht. Es geht dabei ausschließlich um Macht: Wer ist oben?

Jeder Paartherapeut weiß, dass diese beiden Kontrahenten eigentlich eine gute Prognose haben. Sie sind offenbar gleich stark. Sie kehren nichts unter den Tisch. Sie sind intensiv auf die Beziehung fokussiert. Sie erteilen sich gleichzeitig Macht, obwohl sie sie einander auch ständig wieder wegnehmen, denn die Reaktion aufeinander ist stark. Beide haben das große Interesse daran, sich wieder mit dem andern so bestätigt und eins zu fühlen wie am Anfang. Beide haben die gleiche Angst vor Abhängigkeit. Wenn diese beiden ihrer Angst vor Abhängigkeit und ihrer Sehnsucht nach Intimität und Nähe ins Auge schauen, kann daraus ein wirklich gutes Paar werden.

Gefährdeter und viel schwerer zu durchschauen sind die Paare, die nach der anfänglichen Bestätigung als Mann und Frau in ein Verhalten rutschen, das dem in der Phase der Verliebtheit völlig gegensätzlich ist. Erst lockt die Frau den Mann zwar noch, aber dann blockt sie. Sie verweigert die Hingabe und übt statt weiblicher Macht eine kontrollierende Dominanz aus. Wo er also, um es im Umgangston zu sagen, nur noch »ran darf«, wenn er kuscht. Das ist ein übles Spiel, weil es den Mann seiner männlichen Würde beraubt. Er spürt seine sexuelle Abhängigkeit, und sie hat die Fäden in der Hand. Er wird einerseits als Mann immer »heißer«, gleichzeitig wird er aber immer ohnmächtiger. Frauen, die solche Spiele spielen, zahlen einen hohen Preis für ihren Triumph. Zu guter Letzt haben sie nämlich einen schwachen Partner. Der entmachtete Mann wird sie nicht beglücken, denn er kann so natürlich als Liebhaber nicht wachsen, nicht reifer und raffinierter werden. Aber auch sie selbst sind nur vermeintlich stark und mächtig geworden. Sie haben zwar das Heft in der Hand, aber sie schreiben nicht mehr hinein. Sie haben sich ihrer Hingabefähigkeit beraubt.

Dieses verwirrende Machtspiel geht auch andersherum. Der Mann verweigert seine männliche sexuelle Reaktion auf die Frau und macht sie so ohnmächtig: Sie kann ihre weiblichen Reize bemühen, so viel sie will, er reagiert nicht. Der Hintergrund ist natürlich seine große Angst vor ihrer Macht. Oft bringt er Angst vor weiblicher Macht aus der Kindheit oder früheren Beziehungen mit. Oft hat er schon als Junge oder in späteren Beziehungen seine Abhängigkeit schmerzhaft gespürt und versucht sich zu retten, indem er der Frau die Anerkennung verweigert hat. So ein Mann kann eine Frau am ausgestreckten Arm verhungern lassen, er behält immer das Heft in der Hand, er lässt sie spüren, wie nötig sie ihn braucht, damit er nicht spürt, wie dringlich er sie eigentlich braucht. Er macht sie klein, damit er sich groß fühlt. Die so entmachteten Frauen sind entsetzlich verletzt, oft verlieren sie vollkommen das Gefühl für ihre Weiblichkeit.

Besonders schlimm ist es, wenn Frauen aus einem Gefühl weiblicher Ohnmacht heraus aktiv und initiierend werden. Dann rackert die Frau sich ab, um den Mann zu befriedigen, ihm Lust zu machen, ein wenig Hitze in ihm zu entfachen, um wenigstens eine schwache Reaktion zu bekommen. Dann macht sie alles, was ihm gefällt. Er wird passiv, fühlt sich dabei auch noch gut und mächtig – und sie schrumpft als Frau.

Ich habe nicht wenige Frauen erlebt, die auf diese Weise entsetzlich viel verloren haben. Sie wussten gar nicht mehr, wie es sich anfühlt, sich einem begehrenden Mann hinzugeben, sich fallenzulassen, ganz zu schweigen davon, dass sie immer seltener – wenn überhaupt – einen Orgasmus bekamen. Zum Glück erlebe ich aber auch nicht selten, wie eine derart verunsicherte Frau aus allen Wolken fällt – und direkt in den siebten Himmel hinein –, wenn da plötzlich ein Mann auftaucht, der ihr als Frau wieder Macht verleiht, stark auf sie reagiert auf eine männlich begehrende kraftvolle Weise, so dass sie sich plötzlich fallenlassen, hingeben kann.

Es ist gar nicht so selten, dass ganz junge Klientinnen in einer solchen Verunsicherung zu mir kommen. Bärbel zum Beispiel, eine bezaubernde Schauspielerin Anfang dreißig. Sie ist hübsch, sexy, lebhaft, sehr expressiv und kreativ. Aber ihr wurde schon ganz früh von dummen Schuljungs das Gefühl für ihre weibliche Macht geraubt. Klar, die dummen Jungs waren selbst so unsicher, dass sie dieses hübsche Mädchen kleinmachen mussten, sagen mussten, sie sei schlecht im Bett und anderes dummes Zeug. Bei ihr führte das dazu, dass sie »gut im Bett« wurde. Sich furchtbar anstrengte. Sie beherrschte alles, an den richtigen Stellen anfassen, stöhnen, Orgasmus vortäuschen, Oralsex, Komplimente über Penislänge und -qualität und so weiter. Aber sie ließ sich nie fallen. Und sie bekam auch nie einen Orgasmus. Der Mann, mit dem sie eine langjährige Beziehung hatte, war das passende Gegenstück. In seiner Männlichkeit von einem dominanten Vater beschämt und verunsichert, von einer früheren Freundin als Mann kleingemacht, durch verstörende sexuelle Erfahrungen in seiner schamhaften Hemmung verstärkt. Für ihn war Bärbel eine Sexbombe. Sobald er sich ihr unterlegen und sich selbst abhängig fühlte, zog er sich von ihr zurück. Dann machte sie, was sie immer getan hatte. Sie kümmerte sich um das Ding da, um seine Lust, seine Befriedigung, sein Selbstwertgefühl. Erst als sie in Therapie ging, veränderte sich das ganze Gefüge, und er wurde damit konfrontiert, dass er sie als Frau vollkommen ohnmächtig gemacht hatte, weil er überhaupt nicht auf sie reagiert hatte, sondern nur mit seinem eigenen Schwanz beschäftigt gewesen war.

Alles sehr verwirrend. Die beiden haben sich getrennt, obwohl viel zwischen ihnen gut passte. Aber sie fühlte sich von ihm als Frau regelrecht zerstört, so dass sie kein Vertrauen mehr zu ihm entwickeln konnte.

Macht über den Partner zeigt sich immer, wenn wir einen Impuls geben und er reagiert – wie die Reaktion auch immer ausfällt. Je selbstzerstörerischer die Sache ausgelebt wird, umso verwirrender und undurchschaubarer wird es. Sadomaso-Spiele sind nur die Spitze des Eisbergs in diesem verwirrenden Spiel mit Macht und Ohnmacht.

Menschen, die als einzige heftige Reaktion auf sich selbst Schläge, Schimpfen, Missbrauch in ihrer Kindheit erfahren haben, praktizieren das leider oft auch als Erwachsene. Menschen, die früh eine ungesunde Macht erfahren haben, suchen sie später oft auf dieselbe Weise wieder. Die geschlagene Frau, die mit dem Schmerz auch die Macht über den Partner spürt. Die Frau, die sich selbst sexuell missbraucht, funktionalisiert, um Anerkennung zu bekommen, bis hin zur Masochistin, die auf diese Weise eine starke Reaktion von Ekstase, Lust, Kreativität von ihrem Partner erfährt. Das alles ist schwer durchschaubar und gehört in therapeutische Hände, aber weniger offensichtlich laufen jede Menge schwer durchschaubarer Machtspiele in Beziehungen ab.

Wenn du dich von deinem Partner als Mann, als Frau entmachtest fühlst, er / sie eine wie auch immer geartete Reaktion verweigert auf Anliegen, die dir wichtig sind: Bedürfnisse, Probleme, Sehnsüchte, dann ist es wichtig, das Spiel nicht mitzuspielen, sondern deutlich auszusprechen, worum es dir geht, und eine Reaktion abzuwarten. Wenn sich dann nichts ändert, musst du vielleicht der traurigen Tatsache ins Auge blicken, dass du es mit einem Machtmenschen zu tun hast.

Woran erkennst du das im Einzelnen?

Er oder sie ist meist in einer wie auch immer gearteten führenden Position. Das muss nicht einmal im Großen und

Ganzen führend sein, es kann ein Abteilungsleiter oder die Geschäftsführerin einer kleinen sozialen Einrichtung sein, wiederum abhängig, untergeordnet unter andere. Aber was ihnen von Bedeutung ist, ist ihre Macht. Und die spielen sie aus. Untergebene werden leicht zu Gegnern, weil alles, was ihrer eigenen Linie zuwiderläuft, als Angriff ausgelegt wird. Machtmenschen denken nämlich, dass auch andere auf die gleiche Weise organisiert sind wie sie selbst: darauf ausgerichtet, die Oberhand zu behalten.

Mit solchen Frauen oder Männern beruflich zu tun zu haben ist wundervoll, solange die Ziele übereinstimmen. Mit ihrer ganzen Energie und Kraft kämpfen sie sich mit einem nach vorn. Es kann allerdings im Nu umschlagen in ein Gefühl schrecklicher Ohnmacht und Auslieferung, sobald deine Bedürfnisse oder Ziele, manchmal auch nur deine Art, sie zu verfolgen, dem Machtmenschen im Wege stehen.

In einer Partnerschaft ist es anfangs oft reizvoll, mit einem Machtmenschen zu tun zu haben. Diese Menschen reagieren mit Macht und Kraft, also stark, auf das andere Geschlecht, wenn sie es »haben« wollen. Dann verleihen sie dem Objekt der Begierde wiederum ein starkes Gefühl von Macht. Und auch später können sie fürsorglich sein, sie schützen die Partnerschaft nach außen. Und wenn ihre Bedürfnisse sich auf den Partner richten, setzen sie diese mit Kraft durch. Das wirkt wie mächtiges Begehren, was wiederum dem Partner das Gefühl von Macht verleiht. Die Reaktion von Machtmenschen ist immer stark.

In dem Augenblick allerdings, da die Bedürfnisse des Machtmenschen mit denen des Partners kollidieren, gibt es eine ebenso starke Reaktion des Kampfes. Ein Machtkampf, in dem der andere keine Chance hat. Ein Machtkampf, der mit allen möglichen, zum Teil sehr undurchschaubaren Mitteln geführt wird. Das Ziel ist, die Oberhand zu behalten.

Diesen Menschen geht es nicht darum, dafür zu sorgen, dass es beiden in der Beziehung gutgeht. Sie betrachten die

Bedürfnisse des Partners automatisch als Versuch, die Oberhand zu gewinnen. Sie betrachten die Bedürfnisse des andern als Gefahr, fühlen sich nur sicher, wenn sie die Macht haben.

Es gibt einen wesentlichen Unterschied zu den Streitpaaren, die ich anfangs erwähnt habe. Streitpaare, die aus Angst vor Abhängigkeit in der notwendigen Phase der Machtkämpfe, die der Phase der Enttäuschung folgt, miteinander kämpfen, ringen auch umeinander und um Nähe und Intimität. Wenn diese Paare nicht zermürbt aufgeben und sich trennen, sondern zueinander Vertrauen entwickeln und zur nächsten Phase weitergehen, nämlich das Risiko der Abhängigkeit in der Liebe wagen, bringen sie wertvolle Schätze mit, die sie in ihren Streits angesammelt haben: Sie haben ihre Kraft erprobt, sie haben ihre Stärken und Schwächen ausgelotet, sie haben ihre Grenzen gezogen, kennengelernt und im positiven Sinne erweitert.

Machtmenschen hingegen bleiben, wie sie sind. Da gibt es keine Entwicklung. Sie kämpfen um Macht in allen Lebensbereichen. Und sie wachsen nicht über den Machtkampf in Intimität und Vertrautheit hinein. Sie weigern sich auch, sich überhaupt damit auseinanderzusetzen, dass sie ein ungesundes Verhältnis zur Macht an den Tag legen. Sie wischen das Thema vom Tisch, sie sagen: Jetzt will ich darüber nicht sprechen, denn sie wollen diejenigen sein, die bestimmen, wann über ein bestimmtes Thema gesprochen wird. Und über das Thema, das ihnen unangenehm ist, wollen sie nicht sprechen.

In diesem Zusammenhang ist es wohl angebracht, einmal auf die Aussage: Liebe dich selbst, dann ist es egal, mit wem du verheiratet bist, einzugehen. Im Zusammenhang mit Machtmenschen ist dieser Satz fatal. Wenn ich ihn nämlich einen Machtmenschen nenne, fühlt er sich in jeder Hinsicht bestätigt. Es läuft auf eine Verstärkung hinaus, auf eine Rechtfertigung, die er schnell als weiteres Werkzeug benutzt, um die Bedürfnisse seines Partners abzubügeln. Wieso willst du, dass ich Rücksicht auf deine Kraft, Zeit, Gesundheit, Wünsche nehme? Liebe dich doch selbst, dann kannst du für dich selbst sorgen. Und ich habe schließlich das Recht, mich selbst zu lieben, also kann ich tun, was ich will.

Dem Partner eines Machtmenschen zu sagen: Liebe dich selbst, dann ist es egal, mit wem du verheiratet bist, ist gefährlicher Unfug. Weil es falsch verstanden wird: Wenn der andere dich nicht genügend liebt, um auf deine Bedürfnisse einzugehen, liebe dich einfach selbst! Wenn dein Partner sich einen Dreck um deine Bedürfnisse schert, ganz im Gegenteil, wenn er dir das Gefühl vermittelt, dass du komplett schiefliegst mit deinen Bedürfnissen, sie einfach übergeht oder lächerlich macht, erfülle deine Bedürfnisse einfach selbst. Und alles wird gut!

Nein! Alle Paare in meiner Praxis, in denen es einen Machtmenschen gab, hatten eins gemeinsam: Die Anfangszeit war wundervoll, und es gab Zeiten, in denen sich das wiederholte. Gute Zeiten waren der Himmel auf Erden. Es lag eine Brillanz über dem Paar, die es zu etwas ganz Besonderem machte. Die Abstürze allerdings waren grauenhaft. Die Machtkämpfe vernichtend. Die Rückseite des »ganz Besonderen« war die komplette Entmachtung. Und im Laufe der Zeit waren die guten Zeiten nichts als leuchtende Erinnerungen in weiter Ferne, und der Alltag war schlimmstenfalls die Hölle, bestenfalls eine Akzeptanz von oben und unten, so dass es keine Kämpfe mehr gab.

Daniel und Ulrike waren schon etwas älter, um die fünfzig, als sie zu mir kamen. Sie hatten sich über eine Kontaktanzeige kennengelernt. Er war Medizinprofessor, sie führende Managerin in einem großen Industrieunternehmen. Zwei kultivierte, Wärme ausstrahlende Menschen, die nach kurzer Zeit geheiratet hatten und deren Sexualität, wie beide übereinstimmend sagten, so feurig und gut war, dass sie seit zwei Jahren ständig übereinander herfielen. Dummerweise waren auch ihre Streits so, dass sie übereinander herfielen. Das wollten sie in der Paartherapie beheben.

In dieser Beziehung waren beide Machtmenschen. Daniel hatte vorher Frauen gehabt, die ihm nicht das Wasser reichten. Die den gesellschaftlichen Rahmen mit einem Professor schätzten, seine Macht nicht ankratzten, die ihn aber, für ihn selbst überraschend, irgendwann verlassen hatten. Er kannte es nicht, dass sich ihm eine Frau mit aller Kraft entgegenwarf und auf gleicher Augenhöhe ihren Machtanspruch formulierte.

Er fand Ulrikes Kraft und Entschiedenheit überaus reizvoll und anziehend und entdeckte so erstmalig in seinem Leben eine weiche und hingebungsvolle Seite in sich. Er begehrte diese Frau, wie er es bisher von sich nicht kannte. Eigentlich kein besonders attraktiver Mann, der seit seiner Pubertät unter Hautproblemen litt, der von Frauen verlassen worden war, der mehr wegen seines gesellschaftlichen Einflusses als wegen seiner Attraktivität geliebt worden war, fühlte er sich unglaublich als Mann erhöht, wenn sich Ulrike, diese starke, in seinen Augen schöne, extrem durchsetzungsfähige und einflussreiche Frau, ihm hingab, in seinen Armen schmolz und nur Frau war.

Er war verrückt nach ihrer Nähe. Er war eifersüchtig auf ihre Tochter, die sich seiner Meinung nach zwischen ihn und Ulrike stellte. Wegen der Tochter gab es auch die meisten Konflikte, die in entsetzlichen Streits endeten. Wenn beide ganz allein waren, war alles wundervoll zwischen ihnen.

Ulrike hatte bisher nur Beziehungen zu Männern gehabt, die sich irgendwie als Enttäuschungen erwiesen hatten. Der Vater ihrer Tochter hatte sie mit seiner Sekretärin betrogen. Der Mann, der danach bei ihr eingezogen war, hatte sich als Alkoholiker entpuppt. Der Mann, mit dem sie danach zu tun hatte, auch ihn hatte sie durch eine Anzeige kennengelernt, war ein sexueller Langweiler gewesen.

Beruflich hatte sie vor allem mit Männern zu tun, den

meisten war sie übergeordnet. Sie verdiente mehr Geld als Daniel, und als er sie auf einer Geschäftsreise begleitete, war er beeindruckt davon, wie sie von Trauben von Männern umstellt war, die an ihren Lippen hingen.

Die meisten Männer scheuten vor ihr zurück. Ihre dominante Art, ihre männliche Herbheit, die sie durch extrem weibliche Kleidung und extravaganten Schmuck auszugleichen versuchte, ihre Schroffheit, wenn ihr widersprochen wurde, stießen die meisten Männer ab. Sie war mit einer Aura von Unnahbarkeit und Macht umgeben. Genau das zog Daniel an. Diese Frau zu besitzen erregte ihn ungemein. Er fühlte seine männliche Macht bestätigt, wenn er diese mächtige Frau penetrierte.

Sie kannte dieses Begehrtwerden nicht und fand das wiederum sehr aufregend. Es verlieh ihr eine große Macht über Daniel. Sie sorgte dafür, dass diese Macht immer wieder bestätigt wurde. Sie wusste, wie sie ihn kleinkriegen konnte. Und sie praktizierte es. Manchmal machte sie sich einen oder auf Geschäftsreisen mehrere Tage lang für ihn unerreichbar. Er litt entsetzlich darunter, wenn er nur die Mailbox erreichte. Dann fühlte er sich völlig ohnmächtig. Was er auch war. Und was er auch sein sollte.

Ulrike sorgte dafür, dass das Machtpendel zwischen ihnen immer häufiger zu ihren Gunsten ausschlug. Wenn ihre zwanzigjährige Tochter in ihrer Wohnung war, lebte sie mit dieser die Intimität und Nähe, nach der er so dürstete. Dann war er ausgeschlossen. Wenn er allerdings dieses Ausgeschlossensein beklagte, sagte sie, er wäre nur eifersüchtig und würde sich zwischen sie und ihre Tochter stellen.

Sie behielt die Fäden in der Hand. Wenn er ihr nahekommen durfte, erlebte er den Himmel auf Erden. Dann griff sie nach ihm, fiel über ihn her, öffnete sich, war weich und zu allem bereit, was ihn beglücken könnte. Wenn er etwas tat, was sie ärgerte, kränkte, verletzte, tobte sie wie ein Orkan. Er bekam große Angst, etwas falsch zu machen.

Sie spielte damit, ihn einerseits fernzuhalten, ihr Leben für ihn etwas undurchsichtig zu gestalten, und andererseits komplett mit ihm zu verschmelzen. Heimlich änderte sie ihr Testament und überschrieb all ihre Aktien und sonstigen Werte auf ihre Tochter. Sie verdächtigte ihn, aus niedrigen Beweggründen mit ihr zusammenzusein, zum Beispiel, weil er ihr Geld wollte. Er wusste nicht, wie er sich gegen diesen Vorwurf wehren konnte, war zwar verletzt, aber konnte ihn nicht ausräumen, kurz: Er wurde immer ohnmächtiger.

In schlimmen Zeiten zog er sich in sich selbst zurück, verstummte, schmollte wie ein kleiner Junge, verzweifelte, dachte an Selbstmord und war hochbeglückt, wenn alles wieder gut zwischen ihnen zu sein schien. Dann schlug sein Elend in ekstatisches Glück um.

Beide wollten in der Therapie über ihre Konflikte sprechen. Die Tochter. Das Geld. Über Nähe und Distanz. Das Thema, das sie mieden wie der Teufel das Weihwasser, war Macht. Dass sie eine ungesunde Beziehung zur Macht hatten, beide, wollten sie auf keinen Fall wahrhaben. Und worüber sie auch nicht bereit waren zu sprechen, war ihre »wundervolle Sexualität«. Dass bei ihnen Sexualität ein Ausdruck, ein Symptom, ihres Spiels mit Macht und Ohnmacht war, wollten sie auf keinen Fall hören.

Es ist, glaube ich, inzwischen völlig klargeworden, dass es keine Beziehung gibt, in der keine Machtkämpfe ausgetragen werden. Es gibt auch keine sexuelle Beziehung, in der die Macht über den andern nicht auch eine erregende Wirkung hat. Aber genau wegen der Macht, die wir über einen geliebten Menschen haben, ist es so wichtig, den Missbrauch zu erkennen, zu benennen und zu stoppen!

Liebe dich selbst! Es ist egal, welchen Partner du dann hast!, ist in diesem Fall ein Irrweg.

In der Beziehung von Daniel und Ulrike eskalierte es dramatisch. Ulrike drängte Daniel immer weiter aus ihrem Leben und ließ ihn immer stärker fühlen, dass er ein schwacher Partner war. Ihre sexuellen Begegnungen wurden immer obsessiver, dort erkannte sie seine Potenz an und zeigte sich geradezu süchtig nach ihr. Er wurde im wahrsten Sinne des Wortes verrückt. Verrückt nach ihr, verrückt von ihr. Gleichzeitig schien beiden diese *amour fou* immer noch fast literarisch wertvoll. Irgendetwas daran erhöhte beide.

Komplett ohnmächtig rastete er irgendwann aus. Stellte sie in der Küche wie ein wildes Tier seine Beute. Er versperrte ihr den Weg und schlug zu. Sie floh zu einer Nachbarin. Ging zum Arzt, der ihre blauen Flecken bezeugte. Wollte sich trennen. Nun hatte sie Daniel endgültig in ihrer Hand: Er hatte Angst davor, sie zu verlieren. Er hatte Schuld auf sich geladen. Er war ein schwacher Mann und ein Schläger. Daniel weinte, war entsetzlich erschrocken über sich selbst, ging zur Einzeltherapie, wollte alles wiedergutmachen, nahm alle »Schuld« auf sich.

Der Weg zwischen Ekstase, Hass und Verachtung wurde fortgesetzt. Bis sie mit gezückten Messern voreinander standen. Ulrike schrie so laut um Hilfe, dass die Nachbarn kamen und die beiden trennten. Danach verließ Ulrike ihn, fest davon überzeugt, dass er ein gewalttätiger Machtmensch war, von dem sie sich schon vor langer Zeit hätte trennen sollen. Er blieb zurück. Zuerst mit Sehnsucht nach ihrer Zärtlichkeit. Mit Scham und Schuld und Entsetzen über sich selbst. Und dann mit Erleichterung, weil der Alptraum vorbei war.

Zwei Jahre später traf ich Ulrike zufällig auf dem Markt wieder. Sie war gerade in einer neuen Beziehung. Hatte eine enttäuschende Beziehung von eineinhalb Jahren hinter sich. Der Mann hatte sich als notorischer Lügner entpuppt, der alles Mögliche hinter ihrem Rücken tat. Jetzt sei sie mit einem zusammen, mit dem alles anders sei. Sie würde nie wütend werden, keine Wutanfälle, keine Kämpfe. Allerdings auch keine Ekstase, eine Beziehung mit einem sympathischen, ausgeglichenen Mann, ruhig, aber doch auch ziemlich langweilig. Manchmal würde sie sich schon nach Daniel zurücksehnen. Das war doch intensives Leben gewesen.

Daniel? Oh, der hatte seit einem Jahr eine neue Frau, auch Ärztin. Er wollte wohl heiraten. Daniel und Ulrike hatten keinerlei Kontakt, zuerst hatte sie ihn nicht sehen wollen, danach er sie nicht. Aber von anderen hatte sie gehört, dass er glücklich sei. Na ja, das könne sie nicht wirklich glauben. Schließlich hatte er ihr gesagt, dass es nach ihr keine mehr für ihn geben könne. Und dass er noch keine begehrt habe wie sie und keine je wieder so begehren würde. Er könne aber nun mal nicht ohne Frau leben. Da habe er bestimmt nach der Erstbesten gegriffen. Ihr Ton war so voller Verachtung für Daniel und auch für seine neue Frau, dass mich schauderte.

Liebe dich selbst? Nein, für Machtmenschen ist das nicht der richtige Appell. Und für die Partner von Machtmenschen ist er das auch nicht.

Was an dem Beispiel von Daniel und Ulrike auch deutlich wird, ist, dass das Thema Macht mit dem Thema Status zu tun hat. Im Buch »Status-Spiele« zeigen Tom Schmitt und Michael Esser, dass Status-Kämpfe immer mit unterschiedlichen Komponenten zu tun haben, vor allem mit dem Innen-Gefühl und dem Außen-Eindruck. Es ist ein interessantes Buch. Mir fiel vor allem der Untertitel auf: »Wie ich in jeder Situation die Oberhand behalte.« Was ist mit Rückhand? Vorhand? Offenen Händen? Gibt es so etwas wie Unterhand? Mein Liebster blickt mir gerade über die Schulter und lacht. Schreibst du jetzt einen Ratgeber für Tischtennisspieler? Das ist auch einfacher! Status-Spiele wären ja kein Problem, wenn es nicht um oben und unten ginge. Wo einer oben ist, muss einer unten sein.

- Welche Gefühle verbindest du mit dem Wort Macht?
- Welche Situationen in deinem Leben fallen dir sofort ein, wenn du an Macht denkst?

- Welche Gefühle und Gedanken hattest du, als du dieses Kapitel gelesen hast?
- Wenn ich sage: Am Anfang einer Beziehung verleihen wir einander als Mann und Frau Macht, was fällt dir dazu zum Anfang deiner jetzigen Beziehung ein?
- Wie stark und potent fühlst du dich als Mann?
- Wie viel Anerkennung bekommst du von deiner Partnerin als Mann?
- Wie begehrenswert und attraktiv fühlst du dich als Frau?
- Welche Anerkennung bekommst du von deinem Partner als Frau?
- Welchen Zustand von Ohnmacht kennst du?
- Welche Menschen haben dich ohnmächtig gemacht?
- Wie haben sie es getan?
- Wie hast du damals reagiert?
- Wie reagierst du heute, wenn du dich ohnmächtig fühlst?
- Gibt es vielleicht eine heute für dich als Erwachsene konstruktivere Reaktion?

Teilt euch Defizite mit, wenn ihr sie empfindet. Es ist gleichgültig, ob es »objektiv richtig« ist, wichtig ist das Gefühl von Defizit. Besprecht, wie ihr das Defizit beheben könnt. Schaut noch einmal auf die Machtkämpfe, die ihr gegeneinander geführt habt. Macht euch bewusst, wo und wie ihr euch dem Partner, der Partnerin verweigert, welche Blockaden ihr entwickelt habt, die den anderen ohnmächtig gemacht haben. Würdigt, was bereits überwunden ist. Das habt ihr nicht mehr nötig! Stattdessen ist was gekommen? Vertrauen? Freiheit? Hingabe?

Ich habe bis jetzt viel über diejenigen geschrieben, die oben sind. Aber was ist mit denen, die die niedrigere Position innehaben? Wie gehen sie damit um?

Ich erlebe bei diesen Paaren oft eine verkehrte Welt. Falko und Eva zum Beispiel. Er ist ständig in der Defensive, und sie ist die klassische Zicke. Sie meckert wegen allem. Die Schuhe stehen im Flur, dabei sollen sie in den Keller. Er schneidet den Rasen nicht so, wie sie es will, wenn überhaupt. Er macht dies nicht und das nicht. Und dann verändert sich ihre Stimme und bekommt einen unangenehm metallenen Klang, und er wird ganz still, und ich denke: Es gibt wirklich Frauen, die Zicken sind, das ist für Männer tatsächlich unangenehm.

Aber dann wird so langsam, aber sicher deutlich, dass sie im Grunde von seinen Gnaden lebt. Nicht schlecht, aber von seinen Gnaden. Er ist Geschäftsmann, Chef, erfolgreich, und er schafft es beruflich, sich klar durchzusetzen und gleichzeitig für Sympathie zu sorgen. Sie haben ein Haus, Garten, Autos, sie trägt Markenkleidung, die Kinder gehen auf teure Schulen. Alles ist doch gut, oder?

Ja, sagt sie, aber als wir uns kennenlernten, liebte ich meinen Beruf und war erfolgreich. Und wir hatten eine Wohnung, die ich mochte und die mich nicht auffraß. Dass ich zu Hause geblieben bin bei den Kindern, haben wir nicht beschlossen, das hat sich so ergeben. Und das Haus wollte er, aber er tut nichts dafür. Und mir wächst es eigentlich über den Kopf. Und wenn wir uns trennen würden, stände ich vor dem Nichts. Er will nicht heiraten. Das Haus ist im Grundbuch auf seinen Namen eingetragen.

Huch! Was ist denn das? Der nette Falko, der Tränen des Schmerzes in die Augen bekommt, wenn Eva sagt, dass sie in ihrer Wohnung früher glücklicher war als in dem großen Haus, ein geheimer Ausbeuter?

Und sie, die zänkische Zicke, eigentlich eine Frau, die sich in alle möglichen Rollen drängen lässt, aber ihre Interessen nicht nur nicht anständig vertritt, sondern nicht einmal richtig kennt?

Das muss betrachtet werden, beim Namen genannt und *geändert*! Eva spricht ständig von Trennung, und Falko nimmt das schon gar nicht mehr ernst, es ist die Drohgebärde der Ohnmächtigen. Leider war sie häufig krank in den vergangenen Jahren, und da fiel sie als seine Rückendeckung komplett weg. Dumme Sache für ihn!

Ja, die Zicken! Ich rate jeder Frau, die dieses Attribut kennt, sich einmal zu fragen:

- Wie ohnmächtig fühle ich mich eigentlich, wenn ich zickig werde?
- Erreiche ich mit meinem zickigen Verhalten das, was ich will?
- Wenn nein, warum mache ich es weiter?
- Auf welche Weise könnte ich meine Interessen zielgerichteter durchsetzen?
- Was hindert mich daran, das zu tun?
- Was kann ich tun, um diese Hindernisse auszuräumen?
- Was mache ich gleich morgen?
- Welche weiteren Schritte nehme ich mir jetzt vor zu gehen?

Seit einiger Zeit findet man eine wahre Schwemme an Untersuchungen über die körperlichen Auswirkungen von Beziehungen, insbesondere von Paarbeziehungen. Angst reduziert sich, wenn der Partner die Hand hält. Abwehrkräfte steigern sich, wenn erfüllte Sexualität stattfindet. Menschen in Partnerschaften leben länger. Die Liste ist lang. Die Abhängigkeit liegt auf der Hand, oder?

Ich stelle immer wieder fest, dass die Themen Ohnmacht und Abhängigkeit unheilvoll verstrickt sind. Viele Menschen empfanden in der abhängigen Situation als Kind schmerzhaft ihre Ohnmacht. Ein Kind ist in seinem Leben bedroht, wenn die Eltern es nicht ernähren. Ein Kind ist in der Welt verloren, wenn die Eltern es verlassen. Ein Kind hat Todesangst, wenn es allein gelassen wird. Ein Kind ertrinkt im tiefen Dunkel, wenn es weinend nicht getröstet wird.

Wenn wir in die Abhängigkeit des Liebenden geraten,

tauchen diese alten Todesängste wieder auf: Wenn du mich nicht nährst, sterbe ich. Wenn du mich verlässt, bin ich verloren in der Welt. Wenn du mich allein lässt, ist alles dunkel um mich herum. Wenn du mich nicht tröstest, ersaufe ich in meinem Schmerz. Wir versuchen, diese Gefühle zu vermeiden, indem wir die Abhängigkeit vermeiden. Aber das ist unmöglich. Da wir diesen einen Menschen lieben, ist er für uns besonders und einzigartig. Da wir in einer exklusiven Zweierbeziehung leben, sind wir von dem Partner abhängig.

- Schreib eine Abhängigkeitserklärung! Hiermit erkläre ich dir, dass ich von dir abhängig bin. Wenn du mich nicht küsst, tut es keiner. Wenn du mich nicht als Frau, als Mann bestätigst, werde ich immer unsicherer. Wenn du mich verlässt, werde ich sterben. Wie auch immer. Mit deinen Worten.

Natürlich ist es wichtig, ein Leben zu führen, in dem es mehr gibt als die Partnerschaft. In dem die persönliche Erfüllung, Stärkung, menschliche Wärme nicht nur durch den Partner kommt. Aber es ist Selbstbetrug zu meinen, man könnte in einer Partnerschaft unabhängig bleiben. Das geht nicht. Wer das versucht, fährt mit angezogener Handbremse. Es nützt nichts, aber macht die Beziehung kaputt und vergeudet Energie.

Aus all diesen Gründen ist es beziehungslebenswichtig, dass ihr euch von euren Ängsten erzählt und äußerst sensibel miteinander umgeht, was das Thema Angst vor Abhängigkeit und Angst vor Ohnmacht betrifft.

Pack den Altlast-Rucksack aus!

Der böse Geist in der Liebe

Den Altlast-Rucksack zu öffnen ist anstrengend, aber es gibt auch einen enormen Schub, aus der Krise herauszukommen. Zwar nimmt keine Partnerschaft ohne Krise einfach ihren Lauf, aber die Tiefe einer Krise und ob man drin steckenbleibt oder immer wieder an den einen gewissen Punkt des Schmerzes stößt, hat etwas damit zu tun, ob die Bürde, die auf einem oder beiden lastet, angeschaut, gewürdigt und abgebaut wurde.

Wer mit dem Rucksack einfach weiterläuft, wird mit der Zeit ganz krumm unter dem Gewicht und geht zu guter Letzt in die Knie. Leider kommt fast gesetzmäßig auf die gleiche unbewusste Weise im Laufe der Zeit immer noch ein weiterer Stein hinzu, und als einzige Chance wird dann oft gesehen, die ganze Beziehung abzuwerfen, damit man endlich den Rucksack los ist. Nur ist man dann die Beziehung los, schleppt aber den Rucksack weiter mit sich herum.

Eine Trennung erspart einem nicht das Anschauen der Altlasten und ihre bewusste Bewältigung. Die Bürde, die in diesen Rucksäcken steckt, kann man sich wie eine Ansammlung von vielen kleinen und einigen sehr dicken und schweren Steinen vorstellen. Manche Beziehungen schleppen nur viele kleine Verletzungen, Enttäuschungen, Kränkungen mit, die sich aber allmählich zu einer schweren dicken Bürde zusammengeballt haben, weil nicht die Chance genutzt wurde, kleine Verletzungen wiedergutzumachen oder kleine Konflikte nicht aus dem Weg geräumt wurden.

Die meisten Partnerschaften starten bereits mit Rucksäcken voller Altlasten: nicht bewältigte Verletzungen aus der Kindheit, Enttäuschungen, Kränkungen aus der Pubertät. Darin lauern jede Menge Fallgruben für den aktuellen Partner.

Gerade während ich an diesem Kapitel schreibe, erzählt eine meiner Klientinnen, dass sie in ihrer Familie immer behandelt worden ist wie die robuste, dickfellige, freche, laute Widerspenstige, die alles Mögliche aushält. Vor diesem Hintergrund wurde sie »erzogen«, geschlagen, grob in ihre Grenzen verwiesen. Als ihr Partner vor Jahren im Scherz sagte: Das weiß doch jeder: Anja ist eben völlig unsensibel!, bekam sie einen Zusammenbruch und konnte stundenlang nicht wieder aufhören zu weinen. Der Hintergrund für seinen Scherz war jedoch, dass er sie für außerordentlich sensibel hält und eher sich selbst für unsensibel. Er war in eine Fallgrube gestolpert.

Ein Paar ist vor kurzem zu mir in Therapie gekommen, beide nicht mehr jung, aber erst seit kurzem zusammen. Weil sie wirklich eine Zukunft miteinander anstreben, machen sie die Therapie gewissermaßen als Prophylaxe. Das ist klug von ihnen, denn jeder von beiden ist durch einen schweren Altlastrucksack belastet. Die Frau hat ihren vorigen Mann verlassen, weil er nicht in der Lage war, Kritik zu vertragen. Er war unablässig auf Bestätigung aus, ein sich allseits beliebt machender Mann, der auch schon mal auf ihre Kosten Witze riss, wenn er damit die Lacher auf seine Seite bekam. Zu Hause ließ er »die Sau raus«, war gereizt, überfordert, herabwürdigend. Wenn sie ihn darauf aufmerksam machte, ihn kritisierte, wurde er laut, verschwand türenschlagend aus dem Raum oder strafte sie mit tagelangem Schweigen. Alle fanden ihren Mann bezaubernd, keiner verstand, warum sie so litt. Sie fürchtete lange, alles läge an ihr. Als sie endlich die Kraft aufbrachte, sich zu trennen, schwor sie sich, nie wieder so etwas erleben zu wollen.

Wenn ihr jetziger Partner in Konflikten überfordert ist und sich zurückzieht, steigt sie innerlich sofort aus der Beziehung aus. Wenn ihr jetziger Partner Kritik nicht verträgt, zurückweist, nicht hören will, trennt sie sich innerlich. Er müsste ein extrem konfliktkompetenter Partner sein, der nicht in die Falle ihrer Altlasten stürzt.

Ihr Partner hingegen hatte vorher eine belastende Beziehung, in der schöne Zeiten mit dramatischen Abstürzen endeten und es kaum einmal eine Woche ohne riesige Probleme gab. Er hatte sich selbst im Laufe der Zeit als angstgehemmten Mann erlebt und abstoßend gefunden. Wenn seine neue Partnerin nun ein Problem ansprechen will, das sie mit ihm hat, wehrt er es fast reflexartig ab. Probleme sind für ihn ein rotes Tuch, dann wird er zum Stier. Er ist ein klassischer Vom-Tisch-Wischer geworden. Wenn sie etwas äußert, das ihn fordert, empfindet er Hilflosigkeit und zeigt alle Verhaltensweisen, die man an den Tag legen kann, um nicht zu hören.

Ihr könnt euch denken, dass seine Partnerin schon ganz krank ist von dieser neuen Beziehung, die sie als Falle empfindet. Sie hat sich in einen Mann verliebt, der aufgrund seiner alten Beziehung anfangs nachdenklich und bereitwillig wirkte, eine offene und befriedigende Beziehung zu entwickeln, und nun das!

Zum Glück sind beide bereit, sich mit den Altlasten auseinanderzusetzen, sie nicht dem andern in die Schuhe zu schieben. Sonst würde diese junge Beziehung ganz sicher bald zerbrechen. Oder in einer Dauerkrise steckenbleiben.

Du tust also gut daran, den Altlastrucksack aufzuschnüren und auszupacken. Schau dir die Steine einmal an!

- Was haben deine Eltern dir aufgebürdet? Nenn zehn Lasten.
- Welche Last spürst du heute noch?
- Auf welche Weise?

- Welche davon wirken sich auf deine jetzige Partnerschaft aus?
- Auf welche Weise?
- Und auch die Partnerschaften, die du vor deiner jetzigen hattest, haben sehr wahrscheinlich Altlasten in deinem Beziehungsrucksack hinterlassen. Also kannst du dir zu jedem der vergangenen Partner die gleichen Fragen stellen: Welche Lasten hat er dir aufgebürdet?
- Auf welche Weise?
- Welche spürst du jetzt noch?
- Welche wirkt sich auf deine jetzige Partnerschaft aus?
- Auf welche Weise?

Ich will und kann kein Patentrezept geben, wie die Altlasten möglichst schnell abgeworfen werden können. Für die Ungeduldigen aber bereits hier und jetzt ein paar Vorschläge für wunderbar magisch wirkende spielerische Experimente:

- Schreib die Altlast auf einen Zettel und verbrenn diesen im Osterfeuer oder an Silvester oder an deinem Geburtstag oder, wenn grad kein Feiertag in Sicht ist, in einem Feuer, das du nur für dich selbst entzündest.
- Such dir ein Symbol für die Altlast und versenk dieses in einem See oder Fluss, verabschiede sie mit Respekt.
- Schreib einen Wutbrief an den Menschen, der dir diese Last aufgebürdet hat, und schick ihn ab, oder lies ihn laut auf einem hohen Turm vor, oder schick ihn in der Flaschenpost fort, oder verbrenne ihn.

All das kann Wunder wirken, muss es aber nicht. Manches ist tief eingegraben und braucht Zeit und Achtsamkeit, um ganz allmählich zu verschwinden.

Wichtig ist, dass du dir überhaupt erst einmal klar darüber wirst, wie sich die Probleme, die du mitbringst, auf deine jetzige Beziehung auswirken. Und dann ist es heilsam, wenn ihr miteinander darüber sprecht. Wenn du dich deinem Partner in deiner ganzen zarten Verletztheit zeigst. Wenn du ihn um Verständnis bittest. Wenn du ihm sagst, dass es zuerst einmal nichts mit ihm zu tun hat, sondern ausschließlich mit dir selbst.

Auf einer paartherapeutischen Fortbildung wurde ich tief berührt von einem Paar: Die Frau war als Mädchen sexuell missbraucht worden. Sie hatte einen ungewöhnlich wundervollen Mann. Er war einfühlsam, sensibel und zugleich kraftvoll und belastbar. Sie wusste das. Doch gleichzeitig war in ihr dieser Männerhass. In jener Fortbildungsgruppe hat sie getobt, um sich geschlagen und geschrien: »Männer sind Arschlöcher, ich hasse Männer! Männer sind Vergewaltiger! Männer nutzen Frauen aus! Männer benutzen Frauen. Männer machen Frauen klein! Männer …«

All die Gefühle, die sie als kleines Mädchen nicht zeigen konnte, die sie seitdem mit sich herumgeschleppt hatte, die in ihr gewuchert und seltsame Blüten getrieben hatten, brachen aus ihr heraus wie Lava und Feuer aus einem Vulkan.

Ihr Mann saß da und hielt ihre Wut aus. Er war sehr blass. Alle wussten, dass er kein Vergewaltiger, kein Arschloch, kein Frauenausnutzer war. Aber er war ein Mann. Er tat nichts, um sie zu beruhigen. Er blieb einfach nur sitzen und hielt ihrer Wut stand. Es war wirklich ein ganz besonderer Mann. Am Schluss stürzte sie, erschöpft, zitternd, weinend, schluchzend in seine Arme, und er hielt sie.

Sie hatte ein Stück ihrer Altlast abgeworfen. Ihr Männerhass wird nicht für immer fort sein. Und ihr Partner wird damit hundertprozentig noch manches Mal konfrontiert sein. Das ist bestimmt nicht angenehm für ihn. Aber er kennt ihre Geschichte, und er weiß, dass sie diese Altlast mitbringt, die auch ihn belastet, die er ihr aber nicht aufgebürdet hat. Er kann sie ihr auch nicht abnehmen. Und er wird die Stärke besitzen, ihr eine Grenze zu setzen, wenn sie ihn aufgrund dieser alten Gefühle verletzt.

Wir bringen alle Altlasten mit. Nicht immer in diesem Ausmaß, aber dennoch. Es gibt keine Kindheit ohne Verletzung und negative Glaubenssätze, so förderlich die Eltern auch gewesen sein mochten. Und es ist gut, uns unserem Partner zu offenbaren, damit er sich entscheiden kann, ob er bereit ist, damit zu leben. Ohne diese Altlast sind wir nämlich nicht zu haben.

Es gibt Männer, die sagen: Also, weißt du, ich mag dich sehr gern, deine hübschen Beine, deine sanfte Stimme, deine sensiblen Geschenke und deinen Sex-Appeal, aber deine Missbrauchsgeschichte und all die Gefühle, die damit verbunden sind, das ist doch längst vorbei! Davon will ich nichts mehr hören, das finde ich zu belastend, und ich will auch auf gar keinen Fall, dass diese Gefühle irgendwie zu mir rüberschwappen! Es gibt Frauen, die sagen: Ach, du immer mit deiner Autoritätenproblematik! Dein dominanter Vater ist längst tot! Nun bring das endlich hinter dich!

So ein Partner muss von dir als Teil deines Lebens überprüft werden. Denn »diese Gefühle« werden zu ihm oder ihr »rüberschwappen«. Was natürlich kein Freibrief dafür sein soll, Respektlosigkeiten, Unverschämtheiten, Grobheiten und destruktive Verhaltensweisen mit »Altlasten« aus der Kindheit zu entschuldigen.

Von Interesse ist auch, wie sich die jeweiligen Altlasten der Partner überlappen oder ergänzen. Nicht selten zum Beispiel sucht sich eine Frau mit Missbrauchserfahrung durch den Vater oder eine andere Autoritätsperson einen Mann, der von seiner Mutter als Partnerersatz benutzt worden ist, dem Vater so früh entfremdet wurde und der keine sichere männliche Identität entwickeln konnte. Nicht dass Sie jetzt sagen: Aha, ein Softie. Oder: Ein Weichei also. Nein, Männer ohne sichere männliche Identität (viele Männer werden jetzt sagen: Meine Güte, was soll das in den heutigen Zeiten schon sein?) sind überhaupt keine »Softies« oder »Weicheier«, sie haben nur nicht die Stärke, eine Frau in ihrem Frausein herauszufordern und so ihre Entwicklung anzuregen. Ebenso wie natürlich die sexuell tiefverletzte Frau einen Mann nicht in seiner Männlichkeit so herausfordert, dass er kraftvoller wird, freier, mutiger.

Es gibt viele psychologische Fachbücher, in denen die neurotischen Paar»kollisionen« beschrieben werden, d. h. wie sich welche Frau aufgrund ihrer Kindheitsaltlast mit welchem Mann aufgrund seiner Altlast paart und welche Paarkonflikte daraus erwachsen. Mich interessiert jetzt vor allem, wie Paare diese Altlasten abwerfen können.

Klar, das ganze Thema mit den Altlasten ist nicht gerade das Beispiel für: Wie bringe ich noch mehr Leichtigkeit in mein ohnehin schon federleichtes Leben? Aber es ist menschlich. Und es ist eine Überforderung, wenn von uns verlangt wird, wir sollten nicht mehr durch unsere Verletzungen, Schmerzen, Horrorerfahrungen aus früherer Zeit belastet sein.

Wenn die Beziehung durch die Altlasten aus der Kindheit ständig niedergedrückt, blockiert, eingeschränkt wird, dann sollte ein Therapeut zurate gezogen werden. Es gibt nämlich nicht wenige im Grunde sehr gute Beziehungen, die unter der Last der alten Schmerzen zerbrechen.

Wie können wir mit dem alten Ballast so umgehen, dass er unser Leben immer weniger bestimmt? Auch das geht nur Schritt für Schritt.

Schritt eins: Trainiere die Trennung zwischen damals und heute! Ja, ich weiß, das klappt nicht immer. Aber immer öfter. Die Gefühle von damals, die uns heute bei völlig unangemessenen Situationen überfallen: Ärger, Wut, Zorn, Gereiztheit, Genervtheit, belasten uns selbst und natürlich unsere Beziehung enorm.

Früher wurde in gestalttherapeutischen Gruppen trainiert, die Wut rauszulassen, zu schreien, zu toben. Das hat sich inzwischen als eher wenig förderlich erwiesen. Wenn wir Wut empfinden und sie rauslassen, dann fühlen wir uns tatsächlich besser. Es schafft ein Gefühl von Lebendigkeit und Entlastung. Aber es besteht die Gefahr, dass sich ein Reiz-Reaktions-Schema in unserem Gehirn tiefer und tiefer gräbt: Wir reagieren auf einen bestimmen Reiz mit Wut, wüten herum, und dann fühlen wir uns befreit. Das hilft wenig, um zu lernen, ein breites Reaktionspotential auf den Reiz zu entwickeln. Es hilft nicht, sich kritisch mit sich selbst auseinanderzusetzen und als Persönlichkeit zu wachsen.

Nehmen wir Klaus. Er wurde in der Kindheit von seinem Vater grausam geprügelt, gedemütigt und in seiner Entwicklung behindert. Heute reagiert er auf jeden Autofahrer, der sich vordrängelt, ihm die Vorfahrt nimmt oder sich irgendwie »respektlos« benimmt, mit starker Wut. Auf diese Weise trainiert er seinen Körper jeden Morgen auf dem Weg zur Arbeit, Hormone, vor allem Adrenalin, auszuschütten. Adrenalin mobilisiert für Angriff und Kampf und wird nur sehr langsam abgebaut. Noch eine Stunde danach ist der Mensch erregt. Das Ereignis ist längst vorbei, aber Klaus trägt die Aggressivität in seine Arbeit hinein. Er klagt auch über wirklich scheußliche Streitigkeiten mit seinem Chef. (Die natürlich auch wieder Adrenalin aktivieren.) Ein Teufelskreis, der diesen Mann zu einer tickenden Zeitbombe macht. Vor allem für sich selbst, denn Adrenalin schwächt das Immunsystem und macht auf Dauer krank.

Statt uns also von den negativen Gefühlen beherrschen zu lassen, ist es förderlicher, sie zu beherrschen. Mit beherrschen meine ich übrigens nicht, den Gefühlsausdruck unterdrücken. Es ist ein Unterschied, ob ich auf einen bestimmten Anlass nicht mehr wütend, sondern humorvoll oder gelassen und kopfschüttelnd oder mit Distanz reagiere, oder ob ich meine Wut runterschlucke, die Faust in der Tasche balle. Wut ist eines von vielen menschlichen Gefühlen, ich kann mich auch für Wut entscheiden, warum nicht? Meine tanztherapeutische Trainerin Trudi Schoop, eine achtzigjährige zarte Frau von umwerfender Jugendlichkeit, sagte immer: Die Frage ist, ob du die Wut hast oder ob sie dich hat. Mach einen Tanz daraus!

Wut kann ein starkes Gefühl sein, das uns mit Kraft und Entschiedenheit in eine Richtung gehen lässt. Wut bewirkt Zupacken, Angreifen, Aufstampfen, Drauflosmarschieren. Das ist ein wertvolles starkes Verhalten, auf Durchsetzung und Sieg orientiert. Aber es ist wichtig, dass du selbst entscheidest, ob diese Situation jeweils angemessen ist für einen so starken Auftritt.

Es gilt also, sich nicht von Gefühlen beherrschen zu lassen. Das Ziel ist nicht, Gefühle zu unterdrücken, so viel sei noch einmal betont. Das Ziel ist, der heutigen Situation entsprechend angemessen zu fühlen und zu handeln, und so zu fühlen und zu handeln, dass es das eigene Glück und das Glück in der Beziehung stärkt.

- Zeichne einen Tag lang deine negativen Gefühle auf! Hast du dich geärgert, warst du wütend, neidisch, eifersüchtig, hast du Rachegelüste empfunden – und in welchem Zusammenhang? Übrigens sind auch die kalten Gefühle wie Verachtung, Abscheu, Ekel »negative« Gefühle.
- Mach dir klar, was die Auslöser sind! Gibt es Muster?
- Entwickle eine Gegenstrategie für die Gefühle, die du nicht länger empfinden willst. Lass dir Zeit dabei. Nimm jedes Gefühl einzeln vor. Würdige jeden kleinen Erfolg bei der Umsetzung!
- Forsche einmal in deiner näheren und ferneren Umgebung: Gibt es einen Menschen, der ganz anders auf dieselben Auslöser reagiert als du? Kannst du von ihm lernen? Wenn ja, was?
- Welche Sehnsucht steht hinter dem »negativen« Gefühl wie Wut, Neid, Eifersucht, Ekel usw?

- Auf welche Weise kannst du diese Sehnsucht erfüllender befriedigen?

Klaus zum Beispiel hat die große Sehnsucht, anerkannt und respektiert zu werden. Eine sehr legitime und verständliche Sehnsucht. Und er tut gut daran, in seinem Leben für Beziehungen zu sorgen, in denen gegenseitige Anerkennung und Achtsamkeit ihren Platz haben. Es ist gesund für ihn, darauf seine Energie zu lenken. Im Straßenverkehr aber nervöses, rücksichtsloses Fahren anderer auf die alte Wunde der Ohnmacht zu richten ist ungesund und heilt nichts. Ebenso ungesund ist es, das cholerische und respektlose Verhalten des Chefs auf die alte Wunde zu richten, die durch den cholerischen und respektlosen Vater geschlagen wurde. In diesem Fall ist es natürlich noch viel schwieriger als im anonymen Straßenverkehr, aber auch hier ist es gesund, eine Trennung zu ziehen zwischen dem kleinen, verletzten Jungen damals und dem erwachsenen, kompetenten Mann.

Sobald wir die Trennung vollziehen, erkennen wir, dass wir heute viel mehr Möglichkeiten haben, weil wir weniger abhängig sind. Wir haben zum Beispiel die Macht, den Chef in seiner lächerlichen Begrenztheit zu erkennen: ein Mann, der immer oben sein muss. Ein Mann, der aufgrund eigener körperlicher Verfallserscheinungen jedem jungen kräftigen Mann deutlich machen muss, dass er der mächtigere ist. Es ist möglich, diesem Mann mit allen möglichen anderen Gefühlen als ohnmächtiger Wut zu begegnen: mit Verständnis, Mitgefühl oder aber mit Kampfgeist, klar und deutlich die eigenen Grenzen zu ziehen oder aber die Kündigung einzureichen. Das Kind ist abhängig und ohnmächtig, aber das erwachsene Leben bietet viele Möglichkeiten.

Wenn Klaus' kindliche Gefühle seine Partnerschaft beeinflussen, nützt es ihm, sich deutlich zu machen: Der Putzfimmel meiner Frau ist zuerst einmal ihr Problem. Es hat nichts mit mangelnder Anerkennung mir gegenüber und auch nichts mit Respektlosigkeit zu tun, sondern mit ihrer Sehnsucht, alles schön sauber und übersichtlich zu haben.

Er kann ihr gegenüber seine Sehnsucht nach Anerkennung und Respekt ausdrücken und sagen, dass er sich in manchen Situationen, die mit ihrer Putzerei zu tun haben, von ihr schlecht behandelt fühlt. Er kann ihr auch die Wohnung als Spielfeld überlassen – wenn er nicht zu Hause oder wenn er in seinem Zimmer ist –, und er kann den Raum begrenzen: Du darfst überall putzwüten, nur nicht in meinem Zimmer, das ist für dich tabu! Oder, oder, oder. Er hat viele Möglichkeiten.

Also noch einmal: Wir können die alten Belastungen, Verletzungen, Traumata nicht ungeschehen machen, sie sind ein Teil unseres Lebens. Aber wir müssen uns heute davon nicht mehr beherrschen lassen. Wir können sie anschauen, uns bewusst machen, wie sie uns bisher geprägt haben und vielleicht heute noch prägen, und dann können wir uns davon befreien.

- Schau noch einmal deine Liste der Altlasten aus deiner Kindheit an. Welche Entlastung fällt dir spontan ein?
- Stell dir zehn Möglichkeiten vor, so verrückt sie auch immer sein mögen. Was andere vielleicht an deiner Stelle täten. Was du tätest, wenn du könntest.
- Frage dich, was dir im Wege steht, und räume es in zumindest zwei Fällen aus.
- Setz eine mögliche Entlastung sofort in die Tat um!

Es ist für das Glück im Leben und in der Liebe nicht zu unterschätzen, wie belastend Erfahrungen von früher sein können und dass es mancher Mühe wert ist, sie loszuwerden. Wenn wir beim Autofahren ständig in den Rückspiegel schauen, vielleicht in ständiger Sorge, dass einer auf uns drauffährt, verpassen wir wichtige Abzweigungen, oder es geschieht Schlimmeres: Wir fahren auf unseren Vordermann auf.

Eine kritische und kreative Altlasteninventur in deinem Wohnraum, den Schränken und Regalen kann dir selbst wie deiner Beziehung viel freien Raum und frische Luft schenken.

- Verabschiede dich rituell von der Vergangenheit: Briefe von früheren Partnern, Erinnerungen, Souvenirs, die an früher binden: weg damit! Vergraben, verbrennen, versenken. Deine jetzige Partnerschaft wird es dir danken, wenn deine Schränke nicht voll von alten Liebesbriefen sind, die dich irgendwie noch am Band halten.
- Was ist alt und verbraucht in deinem Leben und hilft dir heute nicht mehr weiter? Verabschiede dich davon eindeutig! Mach einen Aufräumtag, wo du alten Ballast fortwirfst. Spür die Entlastung! Beglückwünsche dich zu deinem Mut, endlich alten Kram losgelassen zu haben. Du wirst sehen, in die Lücke strömt sofort neue Energie!
- Du könntest Dinge verschenken, die dich an Altes binden, die für dich überflüssig bis lästig, auf jeden Fall raumeinnehmend sind. Andere Menschen freuen sich vielleicht darüber. Flohmarkt, Altkleidersammlung, Austausch mit Freunden. Oder du könntest alte Liebesbriefe, alte Fotos an den Menschen zurückgeben, der sie geschrieben hat, von dem sie stammen. Manches muss zum Urheber zurück, wenn du nicht länger Adressat sein willst. Das befreit enorm.

Nun aber zu den Altlasten aus deiner jetzigen Beziehung. Ohne Altlast keine Krise. So ist es nun einmal. Aus einem Problem wird keine Altlast, wenn es angeschaut und so bewältigt wird, dass keiner von beiden weiter daran tragen muss. Dann wachsen beide an dem Problem, die Nähe vertieft sich, und die Beziehung geht glücklicher weiter als zuvor.

- Welche größeren und kleineren Krisen habt ihr schon hinter euch?
- Welche habt ihr bewältigt, die keine Last, sondern einen Schatz in eurem Leben hinterlassen haben?

Mein jetziger Partner und ich haben zum Beispiel einige Krisen wegen unserer Kinder durchgestanden. Ich habe drei Kinder, er zwei. Meine Töchter waren anfangs eifersüchtig auf ihn und auf mein gutes Verhältnis zu seinen Töchtern. Sie haben sich nicht immer besonders wohlerzogen oder auch nur annähernd freundlich verhalten. Wir haben diese für mich sehr schwierigen Zeiten gemeinsam gemeistert. Für ihn war es bestimmt auch nicht angenehm, aber er hat es nicht gegen mich gerichtet, hat versucht, sie zu verstehen, hat aber auch Grenzen gezogen, sich nicht angebiedert, ist gleichzeitig offengeblieben. Vor allem hat er nicht von mir verlangt, dass ich es richten soll. Wir sind solidarisch geblieben, ein Paar. Das und andere Situationen mit unseren Kindern haben dazu geführt, dass wir aufgrund vieler kleiner Konflikte nicht in eine große Krise geschlittert sind. Wir haben einen Schatz an Vertrauen angehäuft, so dass wir von den Kindern nicht gegeneinander auszuspielen sind.

Andere Paare haben andere Schätze aus gemeisterten Krisen mitgebracht. Wo nicht einer den anderen fallengelassen hat, sondern vielleicht sogar über sich hinausgewachsen ist. Wo keine Vorwürfe bei Schwächen des Partners laut wurden, sondern stärkende Worte und Taten, wenn der andere in Schwierigkeiten steckte.

- Hol jede gemeisterte Krise aus dem Schatzkästlein hervor! Oft ist es nämlich so, dass wir die nicht bewältigten Verletzungen ewig mit uns rumschleppen, aber die Schätze wie selbstverständlich ins Kästchen tun. Wo sie Patina ansetzen und allmählich vergessen werden.

- Was hast du getan, um diese Krisen gut zu meistern?
- Welche deiner Stärken haben sich da gezeigt?
- Was hat dein Partner getan?
- Wofür kannst du dankbar sein?
- Hast du es schon gewürdigt? Wenn nicht, tu es jetzt!

Horst zum Beispiel hat eine sehr enge Beziehung zu seiner älteren Tochter, die bei ihrer Mutter lebt. Diese hat ihm den Kontakt seit der Trennung extrem erschwert, wodurch er noch mehr an der Tochter hängt. Jede seiner darauffolgenden Liebesbeziehungen wurden belastet durch einen Konkurrenzkampf zwischen der jeweiligen Partnerin und der Tochter. Er fühlte sich zerrissen zwischen zwei Fronten. Seine jetzige Partnerin hat sich bei diesem Thema von Anfang an vollkommen gelassen gezeigt. Sie hat für ein gutes Verhältnis zur Tochter gesorgt, und wenn diese ihre Besitzansprüche an den Papa geltend machte, ist sie erwachsen geblieben und in keine Kleine-Mädchen-Konkurrenz gefallen. Als Horst mit dieser Frau zu mir kam, weil er alles Mögliche an ihr auszusetzen hatte, und ich nach dem Schatz aus der Krisenkiste fragte, fiel ihm überhaupt erst auf, dass er eigentlich nur kritisierte, was seine neue Partnerin seiner Meinung nach falsch machte, aber ihr solidarisches und entlastendes Verhalten im Kontakt mit seiner Tochter noch nie gewürdigt hatte.

- Schreib deinem Partner einen Brief, in dem du würdigst, wie er in Krisen zu dir gestanden, dich entlastet, dir Vertrauen geschenkt hat.
- Welche seiner Stärken haben sich da gezeigt?

Jetzt ist es so weit, dass wir zu den wirklich schmerzhaften Geschichten eurer Partnerschaft kommen!

- Pack den Rucksack aus und guck, was drin ist! Die kleinen und großen Steine, sortiere sie aus.

- Beginne mit den kleinen. Gib ihnen Namen, Überschriften.
- Nun die großen: Finde auch für sie Namen, Titel, Metaphern vielleicht. Sei genau! Lass nichts aus.
- Und nun schau einmal hin: Gibt es Überschriften, die sich gleichen? Gab es diese Themen auch schon früher? In deiner Kindheit, deinen früheren Beziehungen?
- Gibt es etwas, das du selbst ändern kannst, damit so etwas nicht immer wieder in deinem Leben passiert?
- Gibt es vielleicht auch Steine, die sich schon lange überholt haben, die im Grunde abgeschlossen sind, bereits gutgemacht, die du aber immer noch mit dir herumträgst?
- Hast du irgendeinen Gewinn davon, sie weiter mit dir rumzuschleppen, vielleicht sie deinem Partner von Zeit zu Zeit vorzuhalten?

Es geht zunächst darum, dir selbst Rechenschaft abzulegen. Dein Partner muss das nicht sofort erfahren. Es ist äußerst schwierig zu gestehen: Du, ich werfe dir immer noch vor, dass du mich am Anfang unserer Beziehung nicht mit zum Geburtstag deiner Mutter genommen hast und ich das Gefühl hatte, du stehst gar nicht zu mir, damit du bloß nicht auf die Idee kommst, mich wegen xyz zu kritisieren. Oder: Ich werfe dir das vor, weil ich es mag, wenn du ein schlechtes Gewissen hast, dann bist du viel weicher als sonst. Oder: weil ich so gern von dir höre, wie eindeutig du heute zu mir stehst. Oder, oder, oder. In all diesen Fällen gilt: Wirf den Stein weg und steh zu deiner Sehnsucht: Ich möchte gern, dass … und ich möchte, dass du das akzeptierst. Ich wünsche mir, dass du häufiger weich und nachgiebig mit mir bist. Ich brauche es sehr, dass du mir sagst, dass du eindeutig und klar zu mir stehst.

Gut. Ist die Steinesammlung schon kleiner geworden? Wie fühlt sich das an?

Kannst du schon zwischen den Steinen, die dein eigenes

Gepäck sind, und jenen, die dein Partner dir aufgebürdet hat, unterscheiden?

- Wie viele Altlasten bleiben jetzt übrig?
- Benenn sie klar und deutlich, ohne Schnörkel und ohne den Partner zu schonen!

Beispiele:

- Du hast mich betrogen, und du hast es nicht wiedergutgemacht. Seitdem habe ich kein Vertrauen zu dir.
- Du hast mich alleingelassen, immer wenn ich deinetwegen geweint habe. Ich habe mich entsetzlich verlassen gefühlt und bin heute gefühlsmäßig sehr vorsichtig in deiner Gegenwart. Manchmal weiß ich nicht mal mehr, ob ich dich liebe, so sehr habe ich meine Gefühle gedimmt.
- Du wehrst ab, wenn ich dir von meinen Bedürfnissen erzählen will.
- Du hast dich in Arbeit verkrochen, als ich schwerkrank war. Das war ein entsetzlicher Vertrauensbruch. Ich habe riesige Angst vor dem, was geschieht, wenn ich nicht stark und belastbar bin.
- Du hast mir Vorwürfe gemacht, als ich Schwierigkeiten am Arbeitsplatz hatte, und hast mir gesagt, dass ich ein Weichei bin. Ich wage nicht mehr, dir von Schwierigkeiten zu erzählen.
- Du hast mich ausgelacht, als ich eine Erektionsstörung hatte. Das setzt mich bis heute unter Druck.
- Du hast vor Freunden in meinem Beisein spitze Bemerkungen über mich gemacht, und alle haben über mich gelacht. Ich pass immer auf, dass ich keine Angriffsfläche biete.
- Du hast unzählige Male bei Konflikten damit gedroht, dich zu trennen. Ich trau mich schon nicht mehr, anderer Meinung als du zu sein.
- Du sagst, dass ich ein schlechter Küsser bin, im Bett eine

Null, dass dein Ex viel besser war. Ich fühle mich von dir als Mann kleingemacht. Ich träume von Frauen, die mich anhimmeln.

- Du küsst mich nicht, obwohl ich dir gesagt habe, dass ich das brauche. Du sprichst aber auch nicht mit mir darüber. Ich habe schon Minderwertigkeitskomplexe als Frau, denn all deine bisherigen Freundinnen hast du geküsst.
- Du befriedigst mich nicht oral, obwohl ich mich so sehr danach sehne und weiß, dass oraler Sex für dich in deinen bisherigen Beziehungen selbstverständlich dazugehörte. Ich kann schon an nichts anderes mehr denken. Unsere Sexualität ist dadurch beeinträchtigt, ich träume davon, dass eine Frau Lust auf meinen Schwanz hat.

All diese Altlasten und viele mehr habe ich schon gehört. Wie sieht deine Liste aus?

◉ Tauscht eure Listen aus.

Holt tief Luft, bevor ihr sie lest. Wehrt vor allen Dingen nicht ab, leugnet nicht, sagt nicht, dass das ja alles nicht stimmt, dass der andere verrückt ist, bescheuert, übersensibel, grob. Nichts davon! Akzeptiert die Altlastenliste eures Partners. Nehmt es als Vertrauen! Dankt dafür, dass euer Partner sich damit sehr verletzlich macht, denn wenn ihr jetzt die Liste vom Tisch wischt, fühlt es sich an, als würde jemand mit Schmirgelpapier auf einer wunden Stelle reiben. Das wäre eine schlimme Verletzung obendrauf, die auf gar keinen Fall geschehen darf.

Und jetzt steht unumgänglich deine Auseinandersetzung mit deiner Täterschaft an.

Ganz ohne Verletzung geht die Liebe nicht

Über Täter und Opfer

Wir wollen es nicht wahrhaben: Wir sind alle Täter! Du und ich.

Ganz einfach: Du trittst einem auf den Fuß, nicht gerade zart, vielleicht noch mit hochhackigen Schuhen. Natürlich aus Versehen. Es ist trotzdem nicht nett. Das tut weh. Das Opfer schreit wahrscheinlich: Aua! Guckt dich böse an, denn nur wenige schätzen es, Schmerz zugefügt zu bekommen. Was tust du? Höchstwahrscheinlich entschuldigst du dich. Wenn es noch schlimmer ist, Blut fließt oder der andere humpelt, wirst du stehen bleiben, innehalten, nicht gleich deinen Tanz fortsetzen, du wirst aufmerksam sein, fragen, ob du helfen kannst. Du wirst irgendetwas tun wollen, was den Schaden wiedergutmacht.

Anderes Beispiel: Du hast aus Versehen einen Radfahrer angefahren. Er liegt auf der Straße. Würdest du weiterfahren, wenn es den Tatbestand Fahrerflucht nicht gäbe? Nein, höchstwahrscheinlich würdest du anhalten. Und höchstwahrscheinlich wärst du am Fortgang der Gesundheit »deines« Opfers interessiert, mal unabhängig von der Versicherung.

In der Liebe gibt es keine Verletzungs-Schutzversicherung. Und dabei tun die Fußtritte, die Knüffe, das Angefahrenwerden so viel mehr weh.

Einer meiner Klienten fühlt sich für Tränen, die seine Frau seinetwegen weint, nicht zuständig. Dann kann er nicht trösten. Wenn du wegen irgendetwas anderem traurig bist, sagt er, dann kann ich dir beistehen, dich trösten, aber wenn es meinetwegen ist … Dann weint seine Frau sich neben ihm die Seele aus dem Leib, und die Tränen frieren zu Eisklumpen durch seine Kälte.

Stell dir vor, er tritt einer Frau auf den Fuß und sagt: Da können Sie keine Entschuldigung von mir verlangen, ja, wenn jemand anders ihnen auf den Fuß getreten wäre, dann könnte ich Sie jetzt trösten. Aber so … Es ist absurd, oder?

Aber genau das ist der Weg, wie wir in eine Krise rutschen: Wir haben den andern – den liebsten Menschen in unserem Leben, oder? – verletzt. Schlimm verletzt. Nicht nur mal eben auf den Fuß getreten, sondern ein Messer in die Seele gestoßen, einen Tritt ins Herz verpasst, wir sind mit unserer Grobheit, Nachlässigkeit, Selbstbezogenheit, Lieblosigkeit über diesen Menschen hinweggefahren. Und was passiert?

Wir leugnen. Wir sagen: Ich hatte auch Probleme. Wir bagatellisieren, sagen: Stell dich nicht so an. Du auch immer mit deiner Sensibilität! Wieso machst du so ein Drama daraus, wo ich doch bloß ein bisschen rumgeschrien habe? Wieso fühlst du dich verletzt, wo ich doch nur mit jemand anderem in den Film gegangen bin, den du schon seit Wochen mit mir besuchen wolltest? Wieso drohst du mit Trennung, wo ich dich doch nur ein bisschen betrogen oder belogen habe? Was? Du hast Angst, wenn ich rumbrülle, mit Sachen werfe? Was? Du findest, ich habe dein Vertrauen gebrochen? Nun mach mal halblang. So schlimm war das nun auch nicht!

Wir begehen Fahrerflucht. Wir sagen dem Opfer, dass es selbst Schuld hat: Wenn es sich anders verhalten hätte, dann … Wir behaupten, wir wären es gar nicht gewesen, der andere hätte sich das alles nur eingebildet. Die Variationen, wie man sich von »Schuld« reinwaschen kann, sind vielfältig.

Menschen fragen sich, wenn es um die Altlasten geht: Wer ist für das Ganze verantwortlich? Leider meinen sie es nicht so, sondern sie meinen: Wer hat Schuld? Schuld, Scham und schlechtes Gewissen führen absurderweise dazu, nicht die Verantwortung übernehmen zu wollen.

Aber Verantwortung hat nicht unbedingt etwas mit Schuld zu tun. Verantwortung hat etwas mit Antwort zu tun. Ich gebe die stimmige Antwort auf etwas, was ich getan habe, zum Beispiel einen Menschen verletzt. Einer meiner Klienten verweigerte die Antwort, wenn er seine Partnerin verletzt hatte, indem er sagte: Wer das Problem ist, kann nicht die Lösung sein. Das ist natürlich perfide. Denn es geht gar nicht um Lösung. Es geht darum, dass er mit seinem Herzen und seinem Verstand eine Antwort gibt auf sein Tun und es verbal und körperlich ausdrückt. Zum Beispiel um Verzeihung bittet. Zum Beispiel den Menschen, den er verletzt hat, tröstet, in den Arm nimmt, Verständnis äußert, mitfühlt.

Verantwortung hat die ganze Beziehung im Auge und den ganzen Partner. Wir können niemandem die Verantwortung abnehmen, wir können sie auch niemandem aufladen. Wenn wir Mist gebaut haben und es unserem Partner zuschieben, wird es sich falsch anfühlen, auch wenn wir uns darin einrichten.

Oft hat Verantwortung etwas damit zu tun, dass wir Schuld anerkennen. Schuld hat etwas mit Schulden zu tun. Wir haben dem anderen etwas genommen, Sicherheit, Vertrauen, seelische und körperliche Unversehrtheit, und jetzt müssen wir es zurückgeben. Dafür gilt es, Verantwortung zu tragen. Wer jetzt jammert, dass er ein Versager ist und immer alles falsch macht, der drückt sich genauso vor der Verantwortung wie einer, der cool sagt: Na und?

Ein Kollege von mir, der mit gewalttätigen Männern arbeitet, erzählt oft, dass es die halbe Miete sei, wenn der Täter endlich seiner Schuld ins Gesicht blickt. Und die Verantwortung übernimmt. Das Muster: Mir ging es doch auch schlecht, ich bin nun mal arm dran, der andere hat mich gereizt, wird auch bei Mord und Totschlag ins Feld geführt. Aber ein Gewalttäter, der sich nicht mit seiner Schuld konfrontiert und nicht die volle Verantwortung übernimmt, wird es wieder tun.

Wer auffährt, hat immer Schuld! Wer auffährt, muss zahlen!, habe ich schon ganz früh in der Fahrschule gelernt. Da nützt es nicht zu sagen, der andere hat mich gereizt, und ich konnte einfach nicht an mich halten, ich musste auffahren. Kein Mensch sagt: Wieso ist das Auto auch so verletzlich, dass es jetzt kaputt ist, ich habe es doch nur ganz leicht berührt? Und Fahrerflucht ist strafbar, auch wenn man sagt, es ging einem grad nicht gut. Ausreden gelten nicht. Alle Erklärungen wie: Es war doch nur ein bisschen, du musst mich so nehmen, wie ich bin, ich habe es nicht so gemeint, du hast mich dazu gebracht, wenn du nicht dies oder das getan hättest, dann …, sind letztlich Selbstbetrug.

Klar, wenn das Auto nicht da gewesen wäre, wäre ich nicht draufgefahren. Aber wahrscheinlich auf ein anderes, und das zeigt sich ja auch in Beziehungen: Jemand, der einen Partner auf die eine oder andere Weise verletzt, tut es beim nächsten wieder, vorausgesetzt, er hat sich nicht damit auseinandergesetzt, denn nur dann kann der Teufelskreis von Schuld, Scham, schlechtem Gewissen und Ablehnung der Verantwortung durchbrochen werden.

Menschen haben es so an sich: Wenn sie einen anderen verletzen und nicht die Verantwortung dafür übernehmen, fühlen sie, dass etwas nicht stimmt und bauen sich ein Legitimationsgerüst. Sogar in den Prozessen gegen Naziverbrecher kamen diese Argumente: Ich konnte nichts dafür. Als das Legitimationskonzept für ihre Gewaltakte nicht mehr galt, nämlich dass es Untermenschen gibt wie Juden, Kommunisten, Sinti, Behinderte und dass diese nicht wie Menschen behandelt werden müssen, hielten sie sich an ein anderes: Es gab einen über mir, der hat Schuld.

Eltern, die Kinder schlagen, missbrauchen usw., bauen darum eine Legitimation. Nachträglich konfrontiert mit der Zerstörung, die sie angerichtet haben, sagen viele: Es war ja nicht so häufig, ich habe es nicht besser gewusst, es war damals so, das stimmt ja gar nicht. Wobei *Letzteres* das Übelste ist, denn es erklärt das Opfer für wahrnehmungsgestört oder zum Lügner. Selbst bei sexuellem Missbrauch behaupten viele Täter: Sie hat es doch selbst gewollt.

Fast jede Liebeskrise geht auf eine Enttäuschung oder Verletzung zurück. Und darauf, dass der Täter nicht sagt: Oh, das tut mir furchtbar leid! Wie konnte ich mit meinen unachtsamen großen Füßen da nur so blöde drauftrampeln? Wenn du einverstanden bist, gebe ich dir eine Fußmassage und putze deine Schuhe. Stattdessen bleibt das Opfer mit dem Schmerz allein, wird abgewehrt, abgewertet, ausgelacht oder übersehen – es gibt sogar Opfer, denen das seit ihrer Kindheit so oft passiert ist, dass sie gar nicht mehr »Aua!« schreien. Sie schlucken den Schmerz runter. Es gibt sogar nicht wenige, die sich selbst entschuldigen und dem Täter ihrerseits eine Fußmassage anbieten. Und all das andere, das sie selbst so dringend bräuchten.

Manche Opfer glauben, sie leisteten dem Täter einen Liebesdienst, wenn sie ihn entlasten. Sie sagen: War doch nicht so schlimm!, aber ihr Herz brennt vor Schmerz. Oder sie sagen: Ach, mach dir um mich keine Sorgen!, dabei verbringen sie selbst schlaflose Nächte mit lautlos geweinten Tränen. Doch all das leistet dem Täter keinen wirklichen Dienst.

Zwar lässt sich nicht leugnen, dass es Menschen gibt, Täter, die einen anderen verletzt haben und die es wirklich schaffen, sich dadurch nicht belastet zu fühlen. Aber selbst diese Menschen können wachsen, sich entwickeln, reicher werden, und dann würde deren Seele aufatmen. Opfer, die nicht aufschreien, berauben den Täter der Chance, etwas zu merken und etwas gutzumachen, letztlich der Chance zu wachsen.

In den meisten Fällen reagiert das Opfer nicht so freundlich, dass es sagt: Übrigens, du hast mir eben gewaltig wehgetan, ich erwarte von dir, dass du dich damit auseinandersetzt, die Verantwortung übernimmst und dafür sorgst, dass es wieder gut wird. Nein, die meisten Opfer reagieren mit Wut, Hass, Rachegelüsten, Entzug von Vertrauen, von Lust und Liebe. Und bei der nächsten Gelegenheit schlagen sie zurück. Oder treten. Oder erwürgen klammheimlich die Liebe in sich. Oder stoßen ihrem Partner von hinten das Messer in den Rücken. So beginnt die Täter-Opfer-Spirale. Die ist mörderisch.

Vor ein paar Jahren kam ein Paar, Hans und Gertrud, zu mir, das mich von vornherein erschreckte, weil es so maskenhaft aussah. Es wollte seine Beziehung »aufarbeiten«. Das kam mir seltsam vor, es klang, als hätten sie viele Stunden in der Schule versäumt und müssten nun nicht nur den Stoff nacharbeiten, sondern auch noch nachsitzen. Und so war die Stimmung auch.

Hans hatte seine Frau Gertrud auf eine hässliche Weise verlassen: Er hatte sie zur Schule gefahren, wo sie als Lehrerin arbeitete, und sogar noch Verabredungen mit ihr für die nächsten Tage und Wochen getroffen. Dann war er in seine neue, bereits heimlich angemietete Wohnung gefahren, hatte mit seiner heimlichen Geliebten telefoniert und über die Trennung von seiner Frau geweint. Das klassische »Ich geh mal eben Zigaretten holen«. Danach war er weg.

Gertrud hasste ihn, aber sie wollte ihn mit Hilfe der Therapie zurückholen. Hans hasste sie, aber er fühlte Schuld wegen seiner feigen Verlogenheit und war deshalb bereit zur Therapie. Es musste wirklich einiges aufgearbeitet werden. Sie hatten in den vergangenen Jahren sukzessive gegenseitig als Opfer und Täter ihre seelische Integrität und ihre Liebe zerstört.

Es hatte damit begonnen, dass sie zu seinen am Anfang der Ehe noch kleinen Töchtern über die Maßen streng und rechthaberisch gewesen war und auf eine klassische Stiefmuttermanier ihren eigenen Sohn bevorzugt hatte. Er hatte sich heimlich mit seinen Töchtern gegen sie verbündet. Sie hatte sich auch ihm gegenüber sehr dominant verhalten. Das Schlimmste aber: Sobald er nicht tat, was sie wollte, richtete sie es gegen seine Töchter, die von ihr extrem abhängig waren, weil ihre leibliche Mutter sie verlassen hatte, um mit einem anderen Mann auszuwandern, als die jüngere Tochter gerade mal ein Jahr alt war.

Hans hatte sich in den Jahren der Ehe mit Gertrud zum Heimlichtuer entwickelt. Gertrud war zur Furie geworden. Er brauchte sie als Mutter seiner Töchter, und er hasste sie als Mutter seiner Töchter. Sie brauchte ihn als Erhöher ihres gesellschaftlichen Status – er war ein erfolgreicher Unternehmer –, und sie hasste ihn dafür. Beide entwickelten eine demonstrative Perfektion in allen möglichen Rollen: Vater, Mutter, Lehrerin, Chef, Geldverdiener, Hausfrau, Gartengestalter usw., aber Liebe und Anerkennung verweigerten sie einander. Vor allem aber verweigerten sie einander ein offenes Wort über das eigene Elend und die große Sehnsucht nach etwas anderem.

Es war sehr traurig, mit ihnen zu arbeiten. Ich habe nur selten ein Paar in Therapie gehabt, wo die Frau derart verurteilend, vernichtend und hasserfüllt über ihren vor ihr sitzenden Mann sprach. Und wo ein Mann unter der Last seiner Schuld, die er aus Feigheit auf sich geladen hatte, fast zerbrach. Es war gruselig anzuschauen, wie diese beiden Menschen sich in der Hass-Liebe-Spirale gegenseitig und vor allem ihre Liebe zerstört hatten.

- Nimm einen Rucksack oder eine alte schäbige Tasche und pack Symbole für alle Altlasten ein, die du in deiner Beziehung mit dir herumträgst. Ihr habt es im letzten Kapitel schon durch die Altlastenliste vorbereitet, jetzt wird es vertieft und das Verzeihen vorbereitet.
- Setzt oder stellt euch an die gegenüberliegenden Wände des Raumes hin. Nun breite deine Symbole auf dem Weg

zwischen euch aus. Schaut euch an, was da liegt. Es liegt zwischen euch, es verbaut euch den Weg zueinander.

- Nimm Stück für Stück auf und erklär deinem Partner, was es bedeutet. Was es mit dir gemacht hat. Wie du die Verletzung mit dir herumträgst, wo und wie sie sich körperlich zeigt.

Ihr solltet euch dafür ein Wochenende Zeit nehmen. So hat jeder Partner einen Tag für sich. Am besten gebt ihr die Kinder weg, trefft euch vielleicht sogar in einem Hotel oder im Wald oder auf einer Wiese.

Das Opfer darf so lange reden und weinen, wie es braucht. Aber macht immer nach zwei Stunden eine Pause, in der am besten jeder von euch beiden allein ist und schweigt. Ein Symbol sollte aber zumindest abgeschlossen sein.

Das Opfer darf reden. Darf fragen. Der Täter muss standhalten. Muss den Schmerz verstehen wollen. Die Täterschaft aushalten. Das ist entsetzlich schwer, ich weiß. Das Opfer wird gefragt, was es braucht, damit es wiedergutgemacht wird. Aber angeschaut, bearbeitet wird der Reihe nach. Ein Tag der eine, ein Tag der andere, oder ein Wochenende der eine, das nächste der andere.

Oft ist Opfer-Täter-Sein ineinander verflochten. Die Opfer-Täter-Spirale setzt sich meist von ganz allein schnell in Gang. Ein Partner ließ den anderen emotional verkümmern, als dieser ihn dringlich brauchte. Der andere Partner droht bei einer völlig unangemessenen Gelegenheit mit Trennung. Ein Partner betrügt den anderen, und der betrügt bei nächster Gelegenheit auch. Die Kombinationsvielfalt ist unendlich.

Es ist sinnvoll, auch das Kapitel »Verzeihen« noch zu lesen, bevor ihr diese schwere Arbeit macht. Es ist auch möglich, ein befreundetes Paar um Begleitung zu bitten oder nur für diese Übung zu einem Paartherapeuten zu gehen.

Ich hab nur, weil du hast, gilt nicht. Verletzung ist Verletzung. Ja, aber du … All diese Sätze gelten nicht. Und innerlich dichtzumachen und sich nicht wirklich berühren zu lassen, es nur hinter sich kriegen zu wollen hieße, die Chance zu vertun. Die Altlast ist ja gerade zur Altlast geworden, weil sie nicht rechtzeitig aus dem Weg geräumt wurde. Was nicht bewältigt wird, schwelt weiter. Im Anschauen, wo ich zum Täter geworden bin, liegt nicht nur eine Chance für die Beziehung, es ist eine absolute Notwendigkeit zur Reifung jedes Einzelnen.

Oje, ich seh ihn förmlich vor mir: den Widerstand. Wahrscheinlich ist es unumgänglich, dass wir uns jetzt endlich und ausführlich mit diesem tückischen blockierenden Gefühl namens Widerstand beschäftigen. Denn ich vermute, dass er schon die ganze Zeit mehr oder weniger offen vorhanden war. Der Widerstand gegen die Übernahme der Verantwortung für die eigene Täterschaft kann hier im Grunde exemplarisch für alle möglichen Widerstände stehen.

Immer, wenn wir gegen irgendetwas Widerstand empfinden, macht es uns aufmerksam: Eine wirkliche Lernaufgabe steht an! Meistens wissen wir sehr gut – unsere innere Stimme spricht da sehr deutlich –, wenn wir unseren Partner verletzt, belogen, betrogen, gekränkt, verraten, geängstigt, bedroht haben. Wenn wir nun extremen Widerstand leisten, die Täterschaft überhaupt anzuerkennen, steckt etwas Wichtiges dahinter.

Zum Beispiel: Herr Schneider fühlt sich von seiner Frau verletzt, weil sie ihn als Mann ständig runterputzt: schlechter Küsser, viel zu weich, zu wenig Sex. Wenn er sie damit konfrontiert, leistet sie extremen Widerstand anzuerkennen, dass sie ihren Mann damit kleinmacht und das Gegenteil von dem erreicht, was sie eigentlich will. Doch genau das scheint ihre Absicht zu sein: Wenn er nämlich seine Lust auf sie zeigt, passt es ihr gerade irgendwie nicht. Wenn er sie leidenschaftlich küssen will, muss sie die Spülmaschine ausräumen oder hat Kopfschmerzen, ist müde usw.

Im Laufe der Beschäftigung mit dem Thema wurde deutlich, dass Frau Schneider im Grunde Angst davor hat, die Kontrolle zu verlieren. Wenn sie ihn kleinmacht, ist er ihr sicher. Wenn sie jetzt anerkennen würde, dass sie ihn verletzt hat, und sich mit einer Veränderung ihres Verhaltens beschäftigt, könnte es sein, dass er stärker wird, auch als Mann, und sie so in die Defensive gerät. Das genau will sie auf keinen Fall. Solche Beispiele könnte ich für viele Widerstände nennen.

- Auf welche Lernaufgabe, Wachstumsaufgabe weist dich dein Widerstand hin, um die Verantwortung für eine Verletzung zu übernehmen und dich mit einer Veränderung deines Verhaltens auseinanderzusetzen?

Eine hilfreiche Aufgabe, solche Widerstände aufzulösen, ist die Beschäftigung mit den Glaubenssätzen, die du verinnerlicht hast:

- Finde heraus, welche Glaubenssätze oder Urteile hinter deinem Verhalten stehen.

Hierbei sind besonders die Urteile von Bedeutung, die dich sehr blockieren. Oft fesseln sie deine Aufmerksamkeit unbewusst. Es kostet dich wahrscheinlich einigen Mut, so in deine eigene Tiefe zu tauchen, aber der Ertrag ist groß, weil mit dem Lösen der Blockade ein riesiger Kraftgewinn kommt.

- Frage dich jetzt, ob diese Überzeugungen eine Wahrheit enthalten.

Viele sind nichts weiter als eingefrorene Wahrnehmungen. Leider machen wir uns oft nicht die Mühe, sie zu überprüfen: Ist mein Partner wirklich so bequem, wie ich ihn empfinde? Ist meine Partnerin wirklich nie zufrieden, auch wenn ich sie so lange streichle, wie sie es sich wünscht? Will er wirklich nur »das eine«? Ist mein Partner wirklich uninteressiert an den sexuellen Praktiken, die ich mir wünsche? Hat es wirklich keinen Sinn, ihm zu sagen, wenn ich verletzt bin? Wird er sowieso nichts ändern? Ist es wirklich so, dass Paare, die jahrelang zusammen sind, keine leidenschaftliche Küsserei mehr betreiben?

- Im dritten Schritt prüfst du, ob deine Überzeugung, die dich in die Blockade geführt hat, hilfreich für dich ist. Oder ob es stattdessen hilfreichere, realistischere, kreativere Ansichten gibt, die du entwickeln kannst – über dich, deinen Partner, über Partnerschaft, über Männer und Frauen ganz allgemein.

Du befreist dich vom Widerstand, indem du vernichtende Urteile und blockierende Überzeugungen erkennst, hinterfragst, loslässt und durch neue, bessere ersetzt.

Bei der Auflösung der Altlasten begegnet mir immer wieder folgender Widerstand: Wenn ich Schuld anerkenne, fühle ich mich wie ein Versager. Dann fühle ich mich klein, und mein Partner bekommt die Oberhand. Ich gerate in Unterlegenheit, er / sie wird es gegen mich ausnutzen.

Der Hintergrund ist ein Oben-unten-Denken. Ich muss aufpassen, dass er / sie nicht zu viel Macht bekommt. Darüber und über die große Angst vor Abhängigkeit hast du schon im Kapitel »Macht« gearbeitet. Wenn es hier wieder auftaucht, empfiehlt es sich, das Kapitel noch einmal zu vertiefen.

Ich wiederhole noch einmal kurz die Verhaltensweisen, die beim Umgang mit der eigenen Täterschaft schädlich sind:

- Jemand anderem die Verantwortung für dein Scheitern übertragen.

- Mit dem Schicksal hadern. Die Umstände verdammen. Darin liegt Drückebergerei: Ich habe sowieso keine Chance. Wie praktisch! So musst du dich nicht der Mühe der Veränderung unterziehen.
- Resignation: Ich kriege es sowieso nicht hin. Dadurch legitimierst du deine Passivität und verweigerst jede Kooperation.
- Ich verdamme mich pauschal: Ich bin an allem schuld, ich mache immer alles falsch, ich bin sowieso ein Versager. So wird Verantwortung abgewehrt. Statt Verantwortung wirklich zu tragen und aus dieser Kraft heraus die Dinge zu lösen, einzulösen und zu wandeln, jammerst du, ohne etwas wirklich zu übernehmen. Vor allem ohne zu ändern.

Verantwortung zu übernehmen bedeutet, dass du innehältst und hinschaust, dich einfühlst und tätig wirst. Beispielsweise durch Sprechen: Ja, es stimmt, dass ich dich damals grob aufs Bett geworfen habe. Nicht mein Chef, nicht du, nicht die Kinder haben das getan, sondern ganz allein ich. Nicht weil ich ein schlechter Mensch bin, auch nicht, weil ich jetzt für alles verantwortlich bin, was in unserer Beziehung schiefgeht, ganz allein, weil in diesem Fall die Verantwortung bei mir liegt.

- Vergegenwärtige dir eine Situation in deiner Beziehung, in der du die Verantwortung für Scheitern, Zerstörung, Verletzung jemand anderem zugeschoben hast. Führ dir diese Situation vor dein geistiges Auge und nimm die Verantwortung zurück. Und trage sie. Spür die dadurch entstehenden Gefühle: Trauer, Wut, Angst oder andere, und lass die darunterliegenden verborgenen Kräfte aktiv werden.
- Die Schritte sind also:
  - Du machst vor deinem inneren Auge die Situation aktiv

lebendig, wo du jemand anderem die Schuld gegeben hast.
- Du nimmst die Verantwortung zurück.
- Du spürst die unter der falschen Zuschreibung liegenden Gefühle.
- Du erkennst die eigenen Fehler.
- Du trittst in Kontakt zu deinen ungenutzten Kräften und Potentialen und handelst auf diesem Boden verantwortlich und tust, was zu tun ist.

Dieser mühsame schmerzhafte Prozess, durch den ihr gerade geht, ist unendlich wertvoll: Ihr gewinnt Vertrauen zurück. Vertrauen gibt Kraft. Menschen, die nicht die Verantwortung übernehmen, verlieren Vertrauen, nicht nur das des Partners, auch das Vertrauen in sich selbst.

- Täterbrief: Schreib einen Brief an deinen Partner, in dem du die Verantwortung übernimmst für deine destruktiven Beziehungsmuster und um Verzeihung bittest. Und ein Versprechen abgibst, was du in Zukunft ändern willst.

Bei all dem taucht immer wieder das Gefühl der Scham auf: Ich schäme mich, weil ich so einen Mist gebaut habe. Ich will mich nicht schämen. Die Zauberformel zum Auflösen von Scham ist Akzeptanz: Obwohl ich solchen Mist gebaut habe, akzeptiere ich mich damit, so gehandelt zu haben, wie ich es getan habe. Das ist keine Entschuldigung. Es ist die Akzeptanz der Verantwortung für das eigene Handeln.

- Notier eine Situation aus der Vergangenheit, deretwegen du dich schämst oder die nicht optimal gelaufen ist. Frag dich, welche Ressourcen (Fähigkeiten, Eigenschaften, Werte, Erkenntnisse) du gebraucht hättest, um diese Situation zu meistern.
- Versetze dich noch einmal in die damalige Lage und stell

dir jetzt vor, dass du genau diese Eigenschaften hättest. Handel in deiner Vorstellung auf der Grundlage dieser Fähigkeiten. Schlüpf ganz in diese Rolle hinein. Stell dir also vor, du seiest in der Situation und hättest die Kraft, die Weisheit, den Mut, die du damals gebraucht hättest.

- Spüre, dass du heute in der Lage wärst, anders zu handeln. Erzähl deinem Partner davon.

Ich habe die Erfahrung gemacht, dass es Wunder wirkt, wenn wir uns ganz ehrlich und schonungslos fragen: *Was will ich nicht mehr in meinem Leben haben?* Es ist nicht danach gefragt, welche Menschen, Dinge, Ereignisse du nicht mehr in deinem Leben haben willst, sondern nach dir selbst als Gestalter deines Lebens und deiner Beziehung.

Mögliche Antworten: Ich will

- mich nicht mehr als Heuchler anderen Menschen, besonders meinem Partner, gegenüber verhalten;
- wenn ich verletzt werde, nicht mehr meditieren, statt deutliche Worte zu sagen;
- nicht mehr cholerisch herumbrüllen, ausrasten, Zerstörungsimpulse ausleben, meinem Partner keine Angst mehr mit meinem Verhalten machen;
- nicht mehr lustlos neben meiner Frau leben, ohne auf ihre Bedürfnisse einzugehen;
- mich selbst nicht mehr im Leben meines Mannes verlieren und dadurch meine eigene Kontur aufs Spiel setzen;
- nicht mehr meinen Partner durch beleidigtes Schmollen und Schweigen bestrafen.

- Schreib 10 Punkte auf, die sagen: Das will ich nicht mehr in meinem Leben haben, so will ich mich nicht mehr verhalten, so will ich nicht mehr sein.
- Und nun wende das Ganze ins Positive: So will ich mich verändern. So will ich sein.

Nehmen wir die Beispiele von vorhin: Ich will

- mich meinem Partner gegenüber ehrlich zeigen und ausdrücken mit meinen Sehnsüchten, Ängsten, Bedürfnissen und Grenzen, ich will mutig auch meine Schwächen zeigen;
- wenn mein Partner mich verletzt, ihm ein klares eindeutiges Feedback geben. Meditation hingegen will ich nutzen, um mich in meiner Mitte zu stärken;
- meine Wut nicht an meiner Partnerin ausleben, sondern die kräftige Energie nutzen, um das zu bewirken, was ich wirklich erreichen will;
- meine Konturen entwickeln und in meiner Beziehung zeigen, der Angst vor Ablehnung dabei standhalten.

Wichtig bei diesen Veränderungswünschen ist, dass sie realisierbar sind, sonst bleibt es beim Vorsatz, so wie viele Silvesterwünsche. Und dann ist die nächste Welle von Scham zu erwarten: Ich bin einer, der nicht schafft, was er sich vorgenommen hat.

Und nun:

◉ Welche Schritte wirst du konkret in Angriff nehmen, um dein Vorhaben in die Tat umzusetzen?

Ich muss jetzt auf deinen Schatten zu sprechen kommen. Der Schatten ist der weiße Fleck in unserer Persönlichkeit, den wir nicht sehen können, der aber für viel Unheil in unserem Leben sorgt. Wenn unser Partner uns unseren Schatten spiegelt, empfinden wir fast zwangsläufig Widerstand. Wir haben ja einen Teil von uns in den Schatten verbannt, weil er uns nicht gefällt. So wollen wir nicht sein, das wollen wir nicht fühlen.

Nehmen wir noch einmal die Schneiders zum besseren Verständnis. Frau Schneider ist eine warmherzige freundliche Person. Sie betont immer sehr, dass sie sich einen starken Partner wünscht und dass ihr Mann ihr zu schwach ist. Dass sie selbst ihn schwächt und demütigt, will sie nicht wahrhaben. Dass sie eine ängstliche, kontrollgetriebene Frau ist, kann sie gerade noch sehen. Dass sie selbst es aber ist, die erfüllende Sexualität verhindert, das weckt ihren massiven Widerstand.

Die Rückseite ihres Kontrollzwangs ist ihre riesige Sehnsucht nach Hingabe. Die Rückseite der Schwächung ihres Partners ist, dass er eine wirklich starke Persönlichkeit besitzt, die ihn sogar fähig macht, seine Verzweiflung über ihr Verhalten zu zeigen. Die Beschäftigung mit ihrer Angst vor einem starken Partner *und* ihrer Sehnsucht nach Hingabe setzte in ihr, in ihm und in der Beziehung riesige Kräfte frei. So ist es immer: Im verdrängten Schatten sitzen Angst und Sehnsucht. Im verdrängten Schatten sitzt Energie. Da hockt die Sonne und wartet nur darauf, scheinen zu dürfen.

Aber wie kommst du dahin? Hör deinem Partner zu, wenn er sich über etwas in eurer Partnerschaft beklagt, worunter er leidet. Was du überhaupt nicht verstehst. Was deinen Widerstand weckt. Was du abwehrst. Und nun spring über deinen Schatten! Frag nach, frag weiter, tiefer und tiefer, bis du dir selbst näherkommst. Heb den Schatz, der im Schatten liegt. Es ist immer Sehnsucht *und* Angst darin verborgen. Wenn du der Angst ins Auge schaust, kannst du die Sehnsucht erfüllen. Ich schwöre dir, das wird alles verändern! Dein ganzes Leben, deine Partnerschaft und auch deinen Partner, er / sie wird endlich aufatmen und wieder glänzende Augen bekommen.

Und nun kommen wir zur Verantwortung des Opfers. Ich weiß, dass ich mich gerade auf dünnes Eis begebe. Ich halte gar nichts davon, dem Opfer die Schuld daran zu geben, dass es verletzt wurde. Aber es ist von Bedeutung, dass nicht nur der Täter Verantwortung übernimmt, sondern auch das Opfer. Erst wenn ich aus dem Opfersein heraustrete, werde ich zum Gestalter meines Lebens.

Was bedeutet das? Es ist wichtig, die eigenen Grenzen zu akzeptieren und dem anderen deutlich zu machen. Nachträglich Grenzüberschreitungen zu beklagen, die geschehen sind und die wir nicht sofort entschieden zurückgewiesen haben, erfordert Kraft und Mut. Es ist ein wenig so, als würde ich einen Raum zurückfordern, den ich leichtfertig einem anderen Menschen überlassen habe und wo er sich schon ausgebreitet hat. Oder die Sache mit den zu nachsichtigen Lehrern, denen die Schüler auf der Nase herumtanzen: Nachträglich streng werden ist viel kraftzehrender, als von vornherein klare Grenzen zu setzen.

Viele Menschen haben während ihrer Kindheit erfahren, wie Eltern über ihre Grenzen, insbesondere über ihr Nein hinweggegangen sind. Waren diese Grenzüberschreitungen traumatisch, ziehen sie fast automatisch Partner ins Leben, die abermals die Grenzen missachten. Hinzu kommt, dass diese Menschen oft das Gefühl für die eigenen Grenzen verloren haben.

Oft liegen der Erlaubnis, Grenzverletzungen gegen die eigene Person zu richten, alte kindliche Glaubenssätze zugrunde wie: Wenn du dich gegen eine Grenzverletzung wehrst, wirst du bestraft, bist du böse, hysterisch, übertrieben, außerdem weißt du sowieso nicht, was gut für dich ist, oder: Deine Wahrnehmung ist komplett überzogen. Wie auch immer.

Um vom Opfer zum Gestalter zu werden, ist es unbedingt nötig, auch vergangene Grenzüberschreitungen zu revidieren und ganz besonders deutlich zu machen: Von nun an erwarte ich, dass du meine Grenzen respektierst!

Es ist wichtig, genau zu sein, wenn es um das brisante Thema der Grenzen geht. Die Liebe ist nämlich auch deshalb so wundervoll, weil sie uns die Chance gibt, unsere eigenen Grenzen zu überschreiten. Aber darunter ist etwas ganz anderes zu verstehen: Eine Grenzüberschreitung, Ausdehnung dieser Art, hilft uns, freier, glücklicher, kreativer, offener, lebendiger zu werden. Wenn andere Menschen aber unser Nein mißachten, unsere körperliche oder seelische Integrität beschädigen, hat dies genau das Gegenteil zur Folge. Die Persönlichkeit wird enger, verkrampfter, ängstlicher.

Die Thematik von Opfer und Täter zieht sich häufig durch das ganze Leben. Eine Beziehung nach der anderen geht schief, aber immer wieder ist der andere schuld. Kann das sein? Nein, natürlich nicht. Auch Menschen, die immer wieder von wechselnden Partnern verletzt, verraten, belogen, betrogen wurden, also Opfer sind, müssen in diesem Opfersein nicht verharren, sondern können es zum Anlass nehmen, sich intensiv damit zu beschäftigen, wie sie sich ändern wollen, um in ihrem Leben, ihrer Liebe, als Frau, als Mann glücklich zu sein. Die Beschäftigung mit den alten Glaubenssätzen, wie ich es zuvor beschrieben habe, ist da sehr von Nutzen.

- Beobachte deine Haltung, deine Stimme, deine Mimik, wenn du klitzekleine Grenzverletzungen erfährst.
- Und nun beobachte Menschen, die so ihre Grenzen zeigen, wie du es gerne können würdest, auch Schauspieler können als Modell dienen.
- Wähl ein Verhalten aus, das du in Zukunft an den Tag legen willst, um in deinen Grenzen respektiert zu werden.
- Übe es vor dem Spiegel.
- Übe unterschiedliche Situationen noch einmal, in denen du deine Grenzen nicht gezeigt hast. Spiel sie vor dem Spiegel nach. Oder triff dich mit einem Freund, einer Freundin, der es ähnlich oder komplett anders geht. Hol Feedback ein über deinen Gesichtsausdruck usw. Spielt miteinander.
- Schlüpf zuerst einmal in eine neue Rolle, als würdest du ein Theaterstück proben. Lass es dir dabei gutgehen! Lache, auch über dich selbst.

- Mach es viele Male, wie ein Schauspieler, der in eine neue Rolle schlüpft.
- Probier es in unverfänglichen Situationen aus, zum Beispiel wenn sich einer an der Kasse vordrängelt.
- Arbeite dich langsam vor, bis du dich den schwierigen Situationen stellst, wo es dir bislang kaum möglich schien, ein klares: So nicht mit mir! auszusprechen.

Nun ist alles gut vorbereitet, und wir können uns dem Verzeihen zuwenden!

Bevor du zur Rache schreitest, schaufle zwei Gräber

Verzeihen tut gut

Die Verantwortung für das zu übernehmen, was ich Übles angerichtet habe, ist sehr schwer. Verzeihen ist vielleicht noch schwerer. Beides fordert Wahrhaftigkeit. Wer nur so tut, als würde er verzeihen, belastet die Beziehung ebenso wie derjenige, der nur so tut, als würde er um Verzeihung bitten.

Das Verzeihen, Vergeben hat in den letzten Jahren viel Aufmerksamkeit erfahren in der psychologischen und esoterischen Literatur. Es wurde mit allerlei Ideologien befrachtet. Und manchmal entstand der Eindruck, als hätte der Mensch, der sich von einer Verletzung, einem Trauma schwer erholen und nicht gleich wieder in die »Normalität« zurückkehren kann, »selbst Schuld«. Das ist gefährlich. Jeder weiß, dass es sich viel leichter anfühlt, wenn man sich nicht ärgert, keine Rachegelüste hat, nicht traurig ist, keinen Schmerz empfindet. Selbstverständlich. Das sind alles sehr unangenehme Gefühle. Aber zu sagen: Vergib einfach! Ansonsten gibst du dem Menschen, der dich verletzt hat, zu viel Macht über dich. Oder gar: Verbitterte Menschen sehen auch so aus, also vergib endlich!, hat die gleiche Wirkung, als sagte ich zu einem depressiven Menschen: Sei spontan! Sei fröhlich!

Das ist Unfug! Der ganze Prozess des Verzeihens ist schwierig, braucht Zeit und Genauigkeit. Schauen wir also gemeinsam hin, ohne von vornherein zu sagen: Nun verzeih endlich!

Es gibt Menschen, die sagen, ich schaffe es nicht zu vergessen, wenn mich jemand gekränkt, verletzt hat. Andere sagen: Wer mir wehgetan hat, braucht mir nicht wieder zu kommen. Der ist für mich erledigt. Und andere wiederum sagen: Alles, was dir zugefügt wurde, hast du angezogen, in dein Leben geholt, du bist also selbst verantwortlich. Der andere hat dir nur eine Lehre erteilt, danke ihm für die Lektion, lern daraus und geh weiter. Jede dieser Positionen ist verständlich. Gleichzeitig hat jede etwas Starres und Unlebendiges an sich, das den Einzelnen, vor allem aber eine Liebesbeziehung überfordert.

Beginnen wir mit der Aussage: Ich kann einfach nicht vergessen, wenn mich jemand verletzt oder gekränkt oder mir Unrecht zugefügt hat. In diesem Fall ist es gut, sich zu fragen: Was genau geht bei mir so tief, dass ich es nicht vergessen kann? Jetzt ist es wohl an der Zeit, über Unrecht, also über »Gerechtigkeit«, in der Liebe zu sprechen.

Manche Menschen haben aufgrund ihrer Geschichte einen ausgeprägten Gerechtigkeitssinn. Oft ist ihnen in ihrer Kindheit etwas zugestoßen, das den tiefen kindlichen Sinn für Gerechtigkeit verletzt hat. Sie wurden zum Beispiel für etwas bestraft, das so nicht stattgefunden hatte. Oder sie wurden als Einzige bestraft, obwohl andere mit ihnen gemeinsam etwas ausgefressen hatten. Manchmal sind Gerechtigkeitsfanatiker auch in Familien aufgewachsen, in denen Gerechtigkeit ein ehernes Gesetz darstellte. Da wurden Süßigkeiten auf der Waage abgewogen, damit auch wirklich kein Kind benachteiligt wurde. In Nachkriegsfamilien kam so etwas, glaube ich, nicht selten vor.

Ich höre oft, dass ein Partner sagt: Dein Vorwurf ist ungerecht. Oder: Du tust mir Unrecht. Zum Beispiel gibt es Partner, die Entwicklungen, Veränderungen, Wachstum des anderen nicht beachten und sich immer noch über ein Verhalten beklagen, das längst überwunden ist. Das wird als »Unrecht« erlebt. Ungerechtfertigte Eifersucht, Misstrauen werden ebenfalls als Unrecht erlebt. Eine Aufteilung von Geld, bei der einer zu kurz kommt, wird als ungerecht erlebt. Freunde von mir haben ihr Leben so organisiert, dass der Mann hart arbeitet und außerdem seine körperlich schwächere Frau noch im Haushalt unterstützt. Sie ist Lehrerin und unternimmt in den Schulferien weite Reisen, während er arbeitet. Das findet er ungerecht.

Interessanterweise drücken in meiner Praxis eher Männer Verletztheit, Kränkung als »Ungerechtigkeit« aus. Sören ist ein Beispiel für viele: Er arbeitet hart, verdient viel Geld, und seine Frau betreibt ein teures Hobby, das er finanziert: Sie reitet. Er hat ihr ein Pferd gekauft. Sie reitet täglich, auch am Samstag. Dann steht sie früh auf und verschwindet den halben Tag, den er mit den drei Kindern verbringt. Als sie dann auch noch zu malen beginnt und erwartet, dass er ihr ein Atelier finanziert, sagt er: Ich bleibe auf der Strecke. Das ist ungerecht.

Das Dumme ist, dass der Partner sich meist gar nicht »im Unrecht« fühlt. Der Eifersüchtige findet seine Gründe im Verhalten des Partners, die Reiselustige sieht keinen Sinn darin, zu Hause zu hocken, während der Partner auf der Arbeit ist, die Frau, die immer für die Kinder da ist, findet es völlig angemessen, dass sie am Wochenende einmal etwas anderes unternimmt und der Mann bei den Kindern bleibt, derjenige, der das Geld verteilt, ist meist derjenige, der es auch verdient usw. In Gesprächen über solche Themen fallen oft Worte wie zickig, kleinlich, rechthaberisch.

Um etwas vergessen zu können, braucht es neue Erfahrungen. Die alten Bilder im Gehirn müssen durch neue, bessere ersetzt werden. Bei »Gerechtigkeit« ist das relativ einfach: Der zu kurz gekommene Sören hat Zeit und Energie investiert, um etwas zu finden, das ihm selbst außerhalb seiner harten Arbeit Freude und Befriedigung gibt. Der Freund, dessen Frau immer reist, will sich mit fünfzig pensionieren lassen und dann nur noch reisen. Das Paar, bei dem die Frau krankhaft eifersüchtig ist, ist in Therapie gegangen, um zu schauen, was wirklich passiert. Eine Frau, die sich bei der Geldverteilung ungerecht behandelt fühlt, hat ein Taschengeld ausgehandelt, das nur ihr gehört. Da kann also jeder für sich selbst tätig werden und Ausgleich schaffen.

Vorm Vergessen kommt das Verzeihen. Wer etwas »vergisst«, ohne es verziehen zu haben, erlebt meistens unangenehme Überraschungen, denn es wurde ja von beiden nichts bewältigt. Halten wir also fest: Bevor wir etwas, das wir als traumatisch erlebt haben, vergessen können, müssen wir verzeihen. Und neue Erfahrungen machen.

Was brauchen wir zum Verzeihen? Als Erstes ist *Anerkennung* erforderlich. Dein Partner braucht oft nicht einmal die Anerkennung, dass du ihm Unrecht zugefügt hast, aber die Anerkennung, dass er sich verletzt fühlt und du bereit bist, dich damit zu beschäftigen und dafür zu sorgen, dass ihm *Ausgleich* zukommt. In diesem Augenblick entspannt sich meistens schon der Verletzte, weil er sich wahrgenommen und respektiert fühlt. Was brauchst du, um dich besser zu fühlen? Was brauchst du, wenn du arbeitest und ich verreise? Was brauchst du, damit du dich bei der Geldverteilung nicht benachteiligt fühlst? Was brauchst du, um ungerechtfertigte Eifersucht verzeihen zu können?

- Wodurch fühltest du dich in deiner Kindheit ungerecht behandelt?
- Wodurch fühlst du dich in deiner Beziehung ungerecht behandelt?
- Gibt es da einen Zusammenhang?
- Wie bist du als Kind gegen die Ungerechtigkeit vorgegangen?
- Wie verhältst du dich heute?
- Kannst du dir ein konstruktiveres Verhalten vorstellen?
- Bist du zufrieden mit deinem Verhalten? Wie verhältst du dich, wenn dein Partner dir Ungerechtigkeit vorwirft?

- Die gleichen Fragen kannst du dir jetzt stellen zu:
  - Kränkung
  - Verletzung
  - Verrat
  - Betrug

Der Weg ist immer der Gleiche:
1. Anerkennen
2. um Verzeihung bitten
3. Ausgleich herstellen
4. Wiedergutmachen

Schauen wir uns als Nächstes die Schwierigkeit des *Loslassens* an. Es wird immer so leicht gesagt: Nur was du loslässt, kannst du behalten. Es klingt wie ein Widerspruch. Und das ist es ja auch. Beim Loslassen muss ich die Hand öffnen, beim Halten muss ich sie schließen. Sonst entgleitet es meinen Händen, und ich lasse vielleicht nicht nur los, sondern fallen. Und das zumindest ist etwas, das sich keiner wünscht: fallengelassen zu werden. Versuchen wir also, genau zu sein.

Es geht um Verzeihen. Um das Loslassen der Gekränktheit, Verletztheit, all der unangenehmen Gefühle, die damit verbunden sind. Keine Rachegelüste mehr, keine Wut, kein nagender Schmerz, keine Angst vor der Zukunft, die den Atem raubt wie eine auf der Brust liegende Bleiplatte. Alles weg! Ist das nicht wundervoll? Nur leider ist das Scheitern vorprogrammiert. Und auf die Kränkung des Selbstwertgefühls durch das Erleiden einer Verletzung folgt die nächste durch das Scheitern an sich selbst. Nein, alles braucht seine Zeit. Auf die Verletzung folgen Wut und Trauer und Rachelust und das Gefühl von Bodenlosigkeit. Wer sich das nicht erlaubt, verbietet sich das Menschsein. Trotzdem ist am Loslassen etwas dran, aber »mit Geduld und Spucke«, wie man in Hamburg sagt. Loslassen bedeutet als Erstes, sich in den Prozess der Veränderung zu begeben.

Du bist wütend, weil deine Partnerin dich ständig warten lässt. Richtig wütend. Nach der Wut kommt ein neues Gefühl. Vielleicht Ohnmacht. Wie oft hast du ihr schon gesagt, dass du darunter leidest, immer auf sie warten zu müssen, und sie hat jedes Mal versprochen, sich zu ändern. Doch nichts geschah. Nach der Ohnmacht kommt vielleicht ein klares entschiedenes Gefühl. Wenn sich das nicht ändert, wird eure Beziehung scheitern, weil dein Vertrauen in deine Partnerin schwindet. Du teilst es ihr also mit, entschieden, klar. Ich bin nicht länger bereit, so zu leben. Es ist ein Leben in der Warteschlange. Es zeigt mir, dass du nur sehr wenig Engagement auf unsere Beziehung verwendest, dass ich dir nicht wert bin, etwas zu verändern. Es macht mich wütend, traurig, ohnmächtig. Meine Geduld ist erschöpft. Ich will eine Bewegung sehen. Oder ich bin überzeugt davon, dass du unsere Beziehung eigentlich schon aufgegeben hast. Die Verantwortung liegt bei dir.

Nehmen wir den besten Fall an, sie wehrt nicht ab, macht keine Retourkutschen, leugnet nicht usw. Deine Partnerin übernimmt die Verantwortung, sie antwortet dir. Sie macht deutlich, dass es sich bei ihrer Unpünktlichkeit um eine sehr unangenehme Schwäche handelt, von der sie weiß, dass sie dich damit verletzt. Sie bittet dich um Verzeihung und um etwas mehr Geduld. In diesem Fall geht der Prozess weiter. Dein Gefühl, kurz vorm Abgrund zu stehen, wird vielleicht abgelöst von einer zaghaften Hoffnung.

Selbstverständlich wäre es dumm, jetzt zu vergessen, dass du aber- und abermals zu spät ins Theater gekommen bist, weil sie sich mit dem Nachhausekommen verspätet hat, die Erzieherin im Kindergarten dich mehrfach angerufen hat, weil deine Partnerin trotz eindeutiger Zusage euer Kind nicht rechtzeitig abgeholt hat. Ebenso dumm allerdings wäre es, die Wut, Verzweiflung, Ohnmacht festzuhalten und nicht zum nächsten Gefühl weiterzugehen.

Sie macht Versprechungen. Das hat sie schon zu häufig

getan. Diesmal willst du Taten sehen. Und du bist auch nicht bereit zu verzeihen. Du nimmst es ihr wirklich ernsthaft übel.

Also entwickelt ihr einen Maßnahmekatalog, einen Vertrag. Zum Beispiel verspricht sie, in Zukunft eine halbe Stunde vor irgendwelchen gemeinsamen Terminen dazusein. Und du verzeihst ihr, wenn sie sich eine Viertelstunde verspätet.

Die Geschichte kann unterschiedlich weitergehen. Entweder sie bricht ihr Versprechen, und der Zyklus der unangenehmen Gefühle beginnt erneut, bis ihr bei den nächsten Versprechungen angelangt seid, oder sie bricht ihr Versprechen, und du machst deine Ankündigung wahr und gehst, oder sie hält ihr Versprechen mit all der Disziplin, die eine Verhaltensveränderung verlangt. Du erkennst ihre Bemühung an, behältst aber noch deine Zweifel, ob es nicht nur für eine kurze Zeit sein wird. Du entspannst dich erst ganz allmählich in dem Maße, in dem es Teil eures Alltags wird, dass du dich auf sie verlassen kannst. Manchmal erinnerst du dich wahrscheinlich noch an die Zeit, als du dich wirklich sehr schlecht von ihr behandelt gefühlt hast, aber der Schmerz, der dann auftaucht, wird weniger und weniger werden, so wie die neue Erfahrung die alte ablöst.

Du wirst ihr verzeihen können. Und du wärst dumm und würdest sie sehr kränken, wenn du ihr immer wieder vorhalten würdest, wie unzuverlässig und unpünktlich sie damals gewesen ist. Du wirst loslassen und zu einer neuen Realität in eurer Beziehung, auch in deinen Gefühlen, weitergehen. Und wahrscheinlich wirst du dich irgendwann an ganz viele Begebenheiten nur noch verschwommen erinnern, vielleicht sogar mit ihr darüber lachen, wie absurd das Ganze damals gelaufen ist.

Danken für die Verletzung? Das klingt sehr biblisch: Wenn dich einer geschlagen hat, halte die andere Wange auch noch hin. Ich habe immer wieder Klienten, die an Familienaufstellungen teilgenommen haben und sagen, sie hätten nun verstanden, dass jede Verletzung, die ihnen jemals zugefügt wurde, eine wertvolle Lektion für sie gewesen sei.

Das hat aber seine Grenzen. Eine meiner Klientinnen wurde von ihrem Vater zehn Jahre lang auf eine entsetzlich sadistische Weise sexuell misshandelt. Diese Klientin hat riesige Schwierigkeiten in ihrem Leben im Vergleich zu Menschen, die geborgen oder auch nur einigermaßen unbeschadet aufwachsen konnten. Sie hat Zeit, Geld, Tränen, Kraft, Lebendigkeit dareinstecken müssen, Vertrauen zu Menschen zu entwickeln, Männer differenziert und nicht nur als bedrohlich zu erleben, geschweige denn eine Liebesbeziehung zu wagen. Sie hat den Kontakt zu ihrem Vater abgebrochen. Sie wird ihm nicht verzeihen. Trotzdem versucht sie, ihre Gefühle für ihn zu verändern, und das heißt nicht, dass sie ihn positiv sieht, sondern klaren Auges ohne Angst – denn heute ist sie erwachsen, und er kann ihr nichts mehr tun – und mit all der Entschiedenheit, die Selbstrespekt und Selbstschutz ihr erlauben. Auch ihr wurde vorgeschlagen, das Ganze als wertvolle Lektion zu betrachten und ihm zu danken. Dieser Vorschlag bedeutete für sie eine weitere Verletzung zu all denen, die ihr zugefügt worden waren.

Zu verzeihen, ohne dass es angebracht ist, beruht oft auf falschen Überzeugungen wie:

- Liebevoll sein bedeutet zu erlauben, dass der andere mir Energie raubt oder mich sogar erniedrigt.
- Ich habe kein Recht auf die Unantastbarkeit meines Körpers oder meiner Seele.
- Mein Überleben ist von dem Wohlwollen des andern abhängig.
- Ich bin der Aggression durch meinen Partner hilflos ausgeliefert.
- Ich muss den andern schonen, seine Vorstellungen akzeptieren, meine Aggression, Verletztheit unterdrücken.
- Beziehung bedeutet Erdulden und Leiden.

- Ich darf den Schmerz nicht spüren, den der andere in mir auslöst.
- Lieben heißt Selbstaufgabe.

All diese Überzeugungen sind ungesund und helfen gar nichts! Wenn du dich in einer dieser Haltungen wiedergefunden hast, setz dich damit intensiv auseinander, sie zu verändern. Keine Beziehung wird besser, weil einer von beiden auf der Grundlage mangelnden Selbstrespekts denkt und handelt. Auf dieser Grundlage zu verzeihen ist gefährlich, weil es dem andern einen Freifahrschein für weitere Verletzungen, Kränkungen, Gemeinheiten oder Ähnliches gibt.

Immer wenn ich daran denke, wie notwendig es ist, wirklich erst dann zu verzeihen, wenn der andere eindeutig gezeigt hat, dass er bereit zur Wiedergutmachung und zur Veränderung ist, denke ich an Sebastian und Susanne. Susanne ist gebildet, klug, geschmackvoll. Sie hat Humor, hat sich in ihrem Wohlstandsleben etwas Einfaches und Natürliches bewahrt. Sie ist eine fürsorgliche Mutter, die ihre Kinder auch loslassen kann. Sie ist eine gute Freundin, Gastgeberin, eine Tochter, die für ihre Eltern da ist, ohne sich im eigenen Leben einzuschränken. Sie ist eine attraktive Frau, die ihren Körper pflegt. Sie kann lachen und weinen. Sie ist beruflich aktiv und kreativ. Und erfolgreich. Sie ist finanziell unabhängig. Sie hat Werte, ohne moralinsauer zu sein. Sie hat Tiefgang, kann allein sein, klammert nicht, kann reden und zuhören. Kann Kritik äußern, schluckt nicht runter. Sie ist eine sinnliche Frau mit sexueller Energie.

Sebastian ist verlogen, gierig mit dem Charme desjenigen, der gefallen will. Er besitzt keinen inneren Halt durch irgendeinen Wert, der außerhalb der Durchsetzung seiner egoistischen Bedürfnisse liegt. Er nimmt sich, was er will. Er ist ohne Empathie für andere Menschen. Er redet nur über sich selbst, hat keine wirklichen Freunde, spricht nur über berufliche Dinge. Ist dort extrem erfolgreich, reich. Haus,

Jacht, Porsche, Oldtimer, Motorrad. Er sucht Kicks, auf welche Weise auch immer.

Die erste Verletzung, die er Susanne zugefügt hatte, war entsetzlich: Er betrog sie in der Hochzeitsnacht. Auch anschließend betrog er sie immer wieder. Ein Jahr lang hatte er eine Affäre mit der Frau eines guten Freundes von Susanne. Er hatte in jeder Stadt, wo er auf Geschäftsreise war, eine Frau, die ihn liebte.

An Susanne bemängelte er, dass sie sexuell so wenig aktiv und interessiert, nicht bereit zu »Schweinereien« sei. Außerdem sagte er, sie sei eigentlich nicht der Typ Frau, auf den er abfahre. Ihre Brüste seien zu klein, ihre Beine zu kurz.

Wieso bleibt diese Frau bei diesem Mann?, fragte ich mich. Sie hatte ihre sexuelle Lust bei ihm verloren, ihre viel raffinierteren sexuellen Phantasien als die seinen hatte sie ins Reich unlebbarer Sehnsüchte verbannt. Sie haderte mit ihrem Körper, fand ihre Oberschenkel zu dick und unförmig und wurde von ihm unablässig in ihrer Selbstablehnung bestätigt. Sie selbst mochte ihre kleinen Brüste nicht, die sich, Mitte vierzig, langsam etwas nach unten neigten.

Hat er sie so kleingemacht, dass sie den Weg von ihm weg nicht mehr findet?, fragte ich mich. Auf jeden Fall war sie trotz der verletzenden Episoden bei ihm geblieben, hatte ihm irgendwie, wortlos, ohne dass es jemals wirklich gut wurde, ohne dass eine Veränderung erkennbar war, vergeben. Ich fand das seltsam. Sie selbst auch. Und letztlich auch er.

Eines war mir aber von Anfang an völlig klar: Sebastian wollte diese Ehe, obwohl er alles tat, um sie zu gefährden. Und obwohl die Frage für jeden auf der Hand lag, warum er nicht zu einer der Frauen ging, die seinem Frauenbild entsprachen und bereit für »Schweinereien« waren, mit der er sich täglich hätte ausleben können. Er sagte, dass er Susanne liebe. Na gut, aber wer will schon so geliebt werden?

Der Weg, den die beiden gingen, war steinig. Susanne konfrontierte ihn mit allen Verletzungen, die er ihr zugefügt hatte, er drehte und wand sich und wollte seine Scham und Schuld nicht spüren. Er bekam Magenschmerzen, Herzbeschwerden und benutzte das, um weiterhin auf sich selbst bezogen zu bleiben. Die Stunde der Wahrheit war für beide hart: Er offenbarte sein Verhältnis mit der Frau von Susannes Freund. Susanne brach zusammen, aber dann kam Leben in sie, die sich bis dahin mit Bücherlesen, Freundinnentreffen, Kinderversorgung und Arbeiten gerettet hatte. Sie wurde wahnsinnig wütend. Sie empfand Hass. Sie entwickelte Rachephantasien. Sie beschimpfte Sebastian. Und sie hatte wieder Lust auf Sex. Das alles flachte natürlich wieder ab und wich einem tiefen Misstrauen.

Beide mussten sich mit ihrer eigenen Identität beschäftigen. Beiden fehlte etwas. Sebastian war in einer Familie groß geworden, in der Empathie und Ethik nicht vorgelebt worden waren. Seine Eltern waren vor allem auf ihr Vergnügen aus gewesen. Sie gingen viel aus, reisten, machten Ausflüge, hatten eine stürmische Paarbeziehung mit Alkohol, Sex, lautstarken Streits bis hin zu Handgreiflichkeiten. Die Kinder wurden alleingelassen, lebten in einer von egozentrischen Erwachsenen bestimmten Welt, in der der Vater nur eine Orientierung gab: Verdien viel Geld, amüsier dich, betrüg deine Frau, sei ihr Lebenszentrum!

Die Mutter, eine kreative, kluge Frau, war vollkommen auf ihren Mann fixiert, liebte ihn, hasste ihn, kreiste um ihn und war nicht in der Lage, ihren Söhnen Geborgenheit und Wärme zu geben. Sebastians Kindheitserinnerungen waren durch nächtliche Angst vor dem Alleinsein und vor den Streits der betrunken nach Hause kommenden Eltern geprägt. Er war früh auf sich allein gestellt, versagte in der Schule, brach sie ohne jeden Abschluss ab. In der Pubertät begannen die Kicks, die ihn Einsamkeit und Angst vergessen ließen: Sex, Autos, kleine kriminelle Delikte. Er hatte seine Lektion gelernt: Sei auf deinen eigenen Gewinn aus und amüsier dich, so gut du kannst.

Die Sehnsucht nach Geborgenheit und Wärme hatte er so tief in sich vergraben, dass er sie bewusst nicht mehr spürte. Dennoch war sie immer da. Er heiratete jung, war ein beruflicher Senkrechtstarter, verdiente viel Geld, hatte ein eigenes Haus, eine Yacht, schnelle Autos. Seine erste Frau entsprach seinem »Typ«. Sie war sexuell zu allem bereit. Dennoch betrog er sie und verließ sie wegen Susanne, mit der er zwei Kinder bekam.

Er sprach lachend von sich als »bad boy«, der immer schon auf Kicks aus gewesen war. Die Jämmerlichkeit dahinter, die Einsamkeit konnte er nicht spüren. Er weinte nicht. Aber er hatte immer wieder Magenschmerzen und Herzprobleme. Die Ärzte allerdings konnten nichts feststellen.

Hinter seiner vorgetäuschten Lockerheit saß eine entsetzliche Verkrampfung. Er tat alles, um seine innere Leere, die Einsamkeit und die Angst vorm Verlassensein nicht zu spüren. Mit ihm an Reifung und der Auflösung der Entfremdung von sich selbst und anderen Menschen zu arbeiten war schwer. Er machte Treueversprechen, aber ich hatte den Eindruck, dass er nun auch mich belügen würde. Ganz allmählich tastete er sich an ein Gefühl der Verantwortung für Susanne heran, für ihre seelische und körperliche Gesundheit, für ihre Integrität als Frau. Ganz allmählich bekam er ein Gefühl für seine Lebenswahrheit: Er war unbeliebt. Außer den Frauen, mit denen er Sex hatte, mochte ihn niemand. Die meisten Menschen fanden ihn egozentrisch und langweilten sich mit ihm, weil sie seine Oberflächlichkeit spürten. Und weil er nicht nur seine Partnerin, sondern auch andere Menschen emotional nicht nährte. Selbst beruflich war er nicht beliebt. Ein Einzelgänger, der sich Macht erobert hatte, aber auch dort immer wieder an seine menschlichen Grenzen stieß.

Was meine Arbeit mit ihm erleichterte, war der Umstand, dass er nicht bequem war, dass er arbeiten konnte, dass er sich eindeutig dieser Ehe verpflichtet hatte, auch wenn er die Verpflichtung nicht mit Liebe füllte. Schleppend ging es Schritt für Schritt voran.

Susanne hingegen, nachdem sie sich damit auseinandergesetzt hatte, wie sie groß geworden war, und begriffen hatte, dass sie es kannte, betrogen und nicht respektiert zu werden, blieb nicht bei der Erschütterung stehen, sondern strebte mit aller Entschiedenheit nach einem anderen Leben.

Sie hatte ihre Kindheit in einem Hotel mit Gasthaus verbracht. Es hatte keine Intimität für sie gegeben, Erziehungsfragen wurden im Gasthaus debattiert, sie musste früh kellnern, und es kam auch vor, dass ein Gast ihr an den Hintern griff. Die Anmachsprüche der »alten Knacker« ekelten sie, trotzdem musste sie freundlich sein. Respektvollen Umgang mit sich selbst hatte sie nicht kennengelernt. Ihre erste große Liebe war der Dorf-Don-Juan gewesen, der sie umgarnt und dann mit ihrer Cousine betrogen und fallengelassen hatte. Sie hatte sich zur Schule und später zur Universität gerettet. Als sie Sebastian kennenlernte, war sie auf dem Höhepunkt ihres Befreiungsweges von zu Hause angelangt. Eine angehende selbstbewusste Architektin mit langen blonden Haaren und einem hübschen schmalen Körper, die von ihrem Chef geschätzt und von vielen Männern gemocht wurde.

Sebastian wollte sie, und er bekam sie. Er war respektlos, aber er war in der Lage, Frauen das Gefühl zu geben, begehrenswert zu sein. Zumindest anfangs. Ein Eroberer, der viel zu egozentrisch war, eine Frau wirklich zu sehen, zu erkennen, zu lieben, der mit jeder Eroberung nur immer wieder sich selbst das Gefühl gab, ein »toller Hecht« zu sein.

Susanne begriff in der Therapie schmerzlich, dass sie in einer Beziehung lebte, in der sie nicht geliebt wurde. Sie begann, sich selbst zu respektieren. Auch ihren Körper. Sie begriff, dass sie nicht frigide war, sondern nur vollkommen verängstigt und zurückgezogen. Sie begann, ins Leben zu treten. Sie machte verrückte Dinge. Tanzte barfuß auf einer exklusiven Party. Kaufte sich unsinnig teure Dessous. Trat einem Tischtennisverein bei. Und als sie so weit war, warf sie Sebastian raus.

Erst da brach er zusammen. Da erst weinte er und konnte nicht aufhören. Da erst fühlte er, wie sehr er Susanne verletzt hatte. Da erst berührte ihn ihr Schmerz. Da erst merkte er, wie sehr er sich gefürchtet hatte, sie wirklich zu lieben.

Er hatte so viel getan, um seine Abhängigkeit nicht zu fühlen. Jetzt, wo er allein wohnte und jeden Tag mit einer anderen Frau hätte rummachen können, ödete ihn die Idee an. Er merkte erst jetzt, dass es nur Susanne war, die er wollte, und dass er Angst gehabt hatte, sie wirklich zu lieben, weil nach seinen Kindheitserfahrungen Liebe unerträglich verletzlich machte und die Einsamkeit, wenn man allein gelassen wurde, Todesangst verursachte. Er warb zart und liebevoll und beharrlich um sie. Anfangs wollte sie keinen Kontakt. Dann ein Telefonat einmal wöchentlich. Dann ein Treffen.

Das alles ist lange her. Manchmal habe ich noch Kontakt zu ihnen. Seit fünf Jahren leben sie wieder zusammen. Es ist verblüffend, wie sehr sie sich geändert haben und wie jung und verliebt beide – heute Mitte fünfzig – sind.

Während ich an diesem Kapitel schreibe, bin ich in den USA. Ein Land mitten in der Krise. Und alle sagen: Wir sind überrascht worden. Damit hat keiner gerechnet. Das erinnert mich an die vielen Leute, die verlassen werden, plötzlich in der Krise ihres Lebens landen und völlig überrascht sind. Aus heiterem Himmel gefallen. Wieso eigentlich?

In USA begann alles mit den Häusern. Und der Gier. Und es ist überhaupt nicht so, dass nicht rechtzeitig gewarnt wurde. Sogar Bücher wurden veröffentlicht, in denen gesagt wurde: Das Ganze wird in einem Desaster enden.

Es erinnert mich fatal an Liebesbeziehungen. Die Soziologin Eva Illouz hat in ihrem Buch »Der Konsum der Romantik« beschrieben, wie sich Kommerz und Gefühle im heutigen Kapitalismus gegenseitig durchdringen. Wie sollte es auch anders sein? Es sind ja die gleichen Menschen. Es ist diese Persönlichkeitsstruktur, diese Lebenshaltung, die die Welt in diese Wirtschaftskrise getrieben hat: Die Menschen sind verlogen, unreif, gierig. Und wenn ein Spielgewinn lockt, blenden sie die Realität aus, hoffen, sie kämen damit durch.

Wir erleben bei den Verantwortlichen für die Wirtschaftskrise das Gleiche wie in Partnerschaften: Sie bemitleiden sich selbst, versuchen, den Schaden für sich selbst zu begrenzen, noch so viel Gewinn wie möglich herauszuziehen. Wir können sicher sein, dass diese Menschen weiterhin einflussreiche, mächtige Personen sein werden. Was allerdings geschehen müsste, damit sich neues Vertrauen entwickelt – nämlich eine Übernahme der Verantwortung, ein Wiedergutmachen, eine Reifung der Persönlichkeit –, das findet nicht statt. Sie streichen ihre Abfindungen ein, die Existenznot trifft die Opfer.

Noch einmal zu der Frage: Was braucht das »Opfer«, um verzeihen zu können?

- Beide Partner, Opfer wie Täter, führen sich noch einmal die Erfahrung vor Augen, bei der so viel schiefgelaufen ist.
- Und nun erlebt jeder von beiden in der Vorstellung dieses Ereignis auf eine neue Weise, so dass sie keinen Schaden mehr anrichten würde.
- Anschließend teilt ihr euch eure Versionen mit.

So kann die Vergangenheit natürlich nicht geändert werden, aber etwas sehr Wichtiges wird eingeleitet, nämlich eine »Nachnährung«. Um verzeihen und wirklich loslassen zu können, müssen neue heilende Erfahrungen gemacht werden. Abgesehen davon, dass unser Unterbewusstsein die imaginierte Realität ebenso wahr erlebt wie die traumatische. Allein die Möglichkeit vor Augen zu haben, dass alles gut werden kann, wirkt schon lösend. Außerdem können wir unserem Unbewussten auf diese Weise ein Bild des erwünschten Handelns geben, wodurch zukünftiges Handeln vorprogrammiert ist.

Immer wieder erlebe ich, dass Partner, denen wehgetan wurde und die sich schon lange mit dem Schmerz quälen, ohne dass der Partner sich dessen wirklich angenommen hat, ziemlich genau wissen und spüren, was sie gebraucht hätten und was sie auch heute noch brauchen.

Es ist sehr, sehr unterschiedlich, was da zutage tritt, eine Regel aufzustellen wäre gefährlich. Eine meiner Klientinnen überraschte ihren Mann in flagranti mit einer anderen Frau. Was sie anschließend brauchte, um ihm wieder vertrauen zu können, war neben seinem Werben um sie als Frau, neben seiner Begeisterung und seinem Begehren für sie – das aber auch vorher da gewesen war –, etwas ganz anderes: Sie brauchte seine Bereitschaft, sich in seiner Karriere für sie zurückzunehmen. Beide waren Ärzte, aber sie war nach der Geburt ihres ersten Kindes zu Hause geblieben, immer in der Warteschlange, bis endlich seine Ausbildung zum Facharzt beendet war. Leider ging es so weiter. Seine Karriere stand für ihn im Zentrum seines Lebens. Sie brauchte es dringend, dass er mehr Verantwortung für die Kinder, für den Familienalltag übernahm, so dass sie die mühsamen ersten Schritte wieder zurück in ihren geliebten Beruf gehen konnte.

Herr Schneider brauchte die Auseinandersetzung seiner Frau mit ihrem Kontrollzwang, und außerdem brauchte er über längere Zeit viele Komplimente von ihr, um sich als Mann mit ihr wieder entspannen zu können.

Susanne brauchte Sebastians Werben, lange, ausdauernd, phantasievoll, um sich ihm wieder anvertrauen zu können. Sie brauchte die wiederholte Erfahrung, dass er sich anderen Frauen gegenüber eindeutig uninteressiert verhielt.

Maria brauchte es, in Ralfs Armen so lange weinen zu können, bis sie wusste, er griff nicht gleich nach etwas anderem, wenn es schwierig mit ihr wird. Sie brauchte eine Nachnährung durch seine Begeisterung für sie, seine Zuwendung, sein Werben, das nicht flüchtig war, sondern sie wirklich satt machte.

- Denk an die schwierige Zeit zurück.
- Erstell eine Liste der Verhaltensweisen deines Partners, die dir damals geholfen hätten. Sei dabei ganz konkret und berücksichtige auch scheinbar Belangloses.

Die Liste kann lang sein:

- Ich hätte gebraucht, dass du mich damals gestreichelt und zärtlich zu mir gewesen wärst, dass du zum Beispiel »Mein Süßer, du bist derjenige, den ich will«, gesagt hättest.
- Oder dass du mich eine ganze Nacht lang gestreichelt hättest.
- Oder dass du mich sexuell verwöhnt hättest, bis ich mich wieder hätte fallenlassen können.
- Oder dass du mir von deinem Begehren erzählt hättest. Oder dass du mich geduldig verführt hättest, bis ich endlich wieder in der Lage gewesen wäre, mich dir zu öffnen.
- Oder dass du die Schieflage an beruflicher Erfüllung in unserem Leben ausgeglichen hättest.
- Oder andere Schieflagen.
- Oder dass du dich telefonisch mehrmals täglich nach meiner Gesundheit erkundigt hättest und mir kleine Geschenke ans Bett gebracht hättest.
- Oder …

- Dein Partner liest diese Liste und teilt dir mit, wozu er in der Lage und bereit ist.
- Ihr vereinbart konkrete Zeiten, in denen er das geben kann. Nicht irgendwann. Nicht vielleicht. Nicht in drei Wochen. Sondern heute, morgen, heute Nacht, in einer Woche.

An dieser Übung zeigt sich, ob der Partner es wirklich ernst meint mit dem Wiedergutmachen. Die drei Proben, die häufig in Märchen abgelegt werden müssen, haben schon ihre tiefe Wahrheit. Wer diese Proben nicht besteht, bekommt schlimmstenfalls den Kopf abgeschlagen, auf jeden Fall gewinnt er nicht die Prinzessin. Wenn du es also ernst meinst mit der Bitte um Verzeihung, dann solltest du Zeit, Geduld und Konzentration aufbringen, um deinem verletzten Partner zu geben, was er braucht.

Manchmal entwickeln Traumata einen Sog, der obsessive Gedanken hervorruft. Selbstquälerische Gedanken an die andere Frau oder den anderen Mann zum Beispiel. Die Klientin, die ihren Mann in flagranti ertappt hat, schlief abends mit diesem Bild vor Augen ein und wachte morgens damit auf. Und manchmal wachte sie auch nachts auf und war in Panik, weil sie dachte, sie hätte nicht bei ihm bleiben dürfen und er würde das jederzeit wieder tun.

Du weißt natürlich, dass dir das schadet, weil es dir Kraft raubt und nichts besser macht, ganz im Gegenteil, es vertieft ständig deinen Schmerz. Aber du kannst es nicht stoppen. Zum einen ist es wichtig, deinem Partner davon zu erzählen, auch wenn du dich vielleicht schämst. Zum anderen macht es die Notwendigkeit für neue heilende Erfahrungen besonders deutlich. Ihr dürft dann nicht mehr warten.

Du hast aber auch die Möglichkeit, dir selbst Linderung zu verschaffen. Es kann hilfreich sein, täglich einige Übungen zu machen.

- Wenn die obsessiven Gedanken auftauchen, nimm sie einfach zur Kenntnis. Konzentrier dich dabei auf deinen Atem. Auf und ab. Ohne Anstrengung. Ohne dass du etwas ändern musst. Stell dir vor, du bist an einem Ort, wo du dich wohl und geborgen fühlst. Mal dir diesen Ort detailliert aus, benutz dabei alle Sinne. Wie sieht es dort aus, welche Farben erkennst du, wie riecht es, was kannst du tasten, fühlen, was hörst du? Und nun schau in den

Himmel und sieh die Gedanken, die wie Wolken vorüberziehen. Du greifst in nichts ein, du lässt die Gedanken auftauchen und weiterziehen.

- Oder du stellst dir vor, du stehst am Bahnsteig, und deine Gedanken sitzen im Zug. Du siehst sie fahren. Du steigst nicht ein. Du hast die Wahl. Du kannst dich entscheiden. Und genauso lässt du den nächsten Gedanken an das Ereignis vorbeifahren. Du stehst da und verlässt den Bahnhof irgendwann.
- Oder du schließt die Augen und lässt die Wolken vorüberziehen, ohne sie zu betrachten. Du weißt, sie sind da. Du könntest sie anschauen. Aber du hast selbst die Entscheidungsfreiheit, inwieweit du dich von vergangenen Ereignissen bestimmen lassen willst.
- Ebenso ist es eine gute Übung, die obsessiven Bilder zu stoppen, bevor sie den alten Verlauf nehmen. Du kannst dir vorstellen, sie wie ein Aikido-Kämpfer aus deinem eigenen Schutzkreis herauszuwerfen. Aikido-Kämpfer nutzen die Energie des Angreifers, sie selbst bleiben ganz entspannt. Sie packen ihn einfach am Arm, drehen sich in ihrem Schutzkreis und schleudern ihn hinaus. Schnell, sicher – und dann ist er fort.
- Oder je nachdem, woran du glaubst, kannst du sagen: Raus aus meinem Karma! Und vor deinem inneren Auge die Person sehen, die dich verletzt hat, oder das Ereignis, an das du immer wieder denken musst.

Um herauszufinden, was sich in Zukunft verändern muss, sind einige Fragen hilfreich.

- Hast du deinen Partner mit Absicht verletzt?
- War es Unachtsamkeit?
- Mangelnder Respekt?
- Gleichgültigkeit?
- Was stand dahinter?

Mach es dir nicht zu leicht, diese Fragen zu beantworten. Gib nicht die alten abgedroschenen Antworten, die einer kritischen Überprüfung nicht standhalten. Eine beliebte Antwort auf Lieblosigkeit, Gleichgültigkeit, Verweigerung von Zuwendung zum Beispiel lautet: Wenn du so schwierig, anstrengend, unfreundlich bist, kann ich mich dir nicht zuwenden. Meistens zieht sich die mangelnde Zuwendung aber über lange Zeit hin und verursacht erst Unfreundlichkeit, Distanz, Klagen beim andern. Das ist wieder das alte Muster: Ich hab nur, weil du hast. Wenn du dich dabei wieder ertappst, schlag dir schnell im Geiste auf die Finger!

Nun, am Ende dieses Kapitels, können wir die Frage stellen: *Ist es jetzt gut?* Kannst du auch wirklich verzeihen oder brauchst du mehr? Da ist Ehrlichkeit vonnöten.

- Ist die Sache es jetzt noch wert, dass du dich damit weiter beschäftigst?
- Wie müssen die Bedingungen sich jetzt noch verändern, damit du verzeihen kannst?

Jetzt bist du vielleicht so weit, zu spüren: Vergeben tut gut. Drück es auch aus! Sag deinem Partner: Ich bin so weit. Ich kann dir wirklich verzeihen. Ich erkenne deine Bemühung an, es wiedergutzumachen. Es hatte Erfolg. Ich brauche noch eine Weile, um wirklich an eine Veränderung zu glauben. Es wird noch dauern, bis ich es vergessen kann. Aber ich verzeihe dir jetzt von ganzem Herzen.

Zuletzt wollt ihr vielleicht die Rucksäcke, Briefe, Bilder auf einem großen Feuerhaufen verbrennen. Vielleicht aber auch nicht. Vielleicht war euch dieser ganze Prozess so wertvoll, dass ihr eine Form der Würdigung miteinander finden wollt: Wir haben viel miteinander erlebt. Wir haben viel dabei gelernt. Wir sind gestärkt daraus hervorgegangen.

Manche mögen lieber lieben lassen

Geben und Nehmen – kein Kinderspiel

Man könnte meinen, dass dieses Thema bereits am Anfang behandelt wurde, nämlich als es um Investition ging. Aber weit gefehlt. Eine Investition gebe ich in die Beziehung hinein, um etwas zu bewirken, eine Verbesserung, eine Ankurbelung, eine Bewegung, einen Prozess. Das Thema Geben und Nehmen bezieht sich auf den unablässigen Austausch zwischen Liebenden. Die Frage, wie viel bedeutet mir diese Beziehung eigentlich?, wird beantwortet, wenn du auf das schaust, was du gibst und was du nimmst.

Eine Freundin sagt über einen Liebespartner, mit dem sie inzwischen schon seit ein paar Jahren zusammen ist: Bei ihm bin ich als Frau vollkommen angekommen. Was er ihr gibt, ist offensichtlich. Er wohnt weit entfernt, sie sehen sich nicht einmal jedes Wochenende. Es ist nicht abzusehen, ob sie jemals zusammenziehen werden. Er gibt ihr keinen Alltag, kein Zuhause, aber er ist ein zuverlässiger Liebhaber. Er sucht regelmäßig ihren Kontakt. Er sucht das Gespräch, den intellektuellen Austausch, vor allem aber sucht er sie als Frau. Und sie fühlt sich von ihm als Frau gesehen und angenommen. Er ist völlig präsent, wenn er bei ihr ist. Ihren Alltag kann sie allein bewältigen, sie hat gute Freundinnen, eine liebevolle Tochter, einen erfüllenden Beruf. Dieser Liebespartner gibt ihr genau das, was sie von einem Mann braucht. Er begehrt das, was sie zu geben hat, und er hält nichts von dem zurück, was er als Mann zu geben hat.

Für Investitionen kann ich Absprachen treffen, für Geben und Nehmen gibt es keine festen Regeln. In einer Partnerschaft fühlt es sich immer dann gut an, wenn mein Partner das, was ich zu geben habe, als ein Geschenk empfindet. Und wenn er mir mühelos gibt, was ich mir wünsche. In diesem Fall ist der Kontakt im Fluss, wir fühlen uns in Harmonie, es ist leicht und schön miteinander. Wir sind jeweils die beste Antwort auf die existentiellen Fragen des andern.

Genau das passiert in der Phase der Verliebtheit. Wir strengen uns nicht an, wir *geben* nicht, wir *sind*. Und weil der andere das haben will, was wir sind, sind wir es im Übermaß. Wir geben nicht Zuwendung, wir sind zugewandt. Wir geben nicht Liebe, Geschenke, Aufmerksamkeit, Respekt, sondern wir lieben, wir sind so voll von Gefühlen, dass wir ihnen durch Geschenke, Gedichte, kleine phantasievolle Aufmerksamkeiten Ausdruck verleihen. Wir sind aufmerksam, weil wir aufmerken, und wir sind voller Respekt für den geliebten andern. Wir geben keine Küsse, keine Streicheleinheiten, keinen Sex, sondern wir sind begierig nach der Nähe des andern, wir küssen, berühren, begehren ihn, weil wir ihn wollen. Und nicht weil wir geben wollen. Genauso ist es mit dem Nehmen. In der Verliebtheit *nehmen* wir nicht, wir *sind*.

Wie kommt es nur, dass es anschließend mit dem Geben und Nehmen so schwierig wird? Und wie kommt es nur, dass eine Beziehung, die in eine Schieflage von Geben und Nehmen rutscht, sich kaum wieder ausbalanciert und fast unweigerlich in der Krise landet?

Ich schlage vier Etappen vor, um Geben und Nehmen wieder in Balance zu bringen:

1. Besinn dich auf das, was du bekommst, und trainiere Dankbarkeit!
2. Besinn dich auf das, was du wirklich brauchst, und überprüfe deine Partnerschaft darauf, ob du es in ihr bekommen kannst.

3. Besinn dich auf das, was dein Partner wirklich braucht, und überprüfe, was dich davon abhält, es ihm zu geben.
4. Besinn dich auf das, was du als Person in dir hast, und gib es freizügig.

Dankbarkeit trainieren

Beziehungen, in denen beide Dankbarkeit empfinden für das, was sie vom andern bekommen, sind weitaus krisenresistenter als diejenigen, in denen ein ständiges Gefühl von Mangel besteht. Wie aber kann man es bewerkstelligen, dankbar zu sein statt unzufrieden und nörgelig?

Aus der Glücksforschung weiß man, dass es einige Eigenschaften gibt, die entwickelt werden müssen, um ein glückliches Leben führen zu können. Sind diese Eigenschaften schwach oder gar nicht ausgeprägt, ist der betreffende Mensch gefährdet, immer wieder sein Leben – und seine Partnerschaften – so zu gestalten, dass er unglücklich wird. Dankbarkeit ist eine dieser Eigenschaften.

Bist du dankbar? Den meisten Menschen fällt es ziemlich schwer, dankbar zu sein. Da liegt auch der Schlüssel zu der Frage, warum in der Phase der Verliebtheit Geben und Nehmen harmonisch ausgewogen gelebt werden. Fromm sagt in seinem renommierten Buch »Die Kunst des Liebens« (S. 14 f.): »Wenn zwei Menschen, die einander fremd waren – wie wir es ja alle sind –, plötzlich die trennende Wand zwischen sich zusammenbrechen lassen, wenn sie sich eng verbunden, wenn sie sich eins fühlen, so ist dieser Augenblick des Einsseins eine der freudigsten, erregendsten Erfahrungen im Leben.« Er ernüchtert den Leser aber schnell, indem er ausführt, dass dieser Augenblick des Einsseins so besonders berührend und beglückend für Menschen ist, die bis zu diesem Augenblick des Verliebens ein isoliertes Leben geführt haben. Und dass dieses Gefühl des Wunders, den Menschen gefunden zu haben, der einem endlich das Gefühl der Ganzheit gibt, auch damit zusammenhängt, dass es eine sexuelle Attraktion zwischen beiden gibt. »Freilich ist diese Art Liebe ihrem Wesen nach nicht von Dauer«, schreibt Fromm sehr prosaisch. »Die beiden Menschen lernen einander immer besser kennen, und dabei verliert ihre Vertrautheit immer mehr den geheimnisvollen Charakter, bis ihr Streit, ihre Enttäuschungen, ihre gegenseitige Langeweile die anfängliche Begeisterung getötet haben.«

Wir alle hören das nicht gern, denn Verliebtsein ist so wundervoll, und wenn es vorbei ist, sehnen wir uns danach zurück. Fromm allerdings behauptet, dass nun erst die Aufgabe an jeden Einzelnen gestellt ist, die Kunst des Liebens zu lernen. Er sagt, wenn Menschen in der Phase der Verliebtheit meinen, es sei der Beweis für die Intensität ihrer Liebe, dass beide »verrückt« nacheinander sind, beweise es in Wirklichkeit nur, wie einsam sie vorher waren. Der Hintergrund fürs Verlieben ist nach Fromm also ein Mangel. Je entfremdeter einer lebt, je isolierter, enttäuschter, sehnsüchtiger nach Zweisamkeit, umso stärker ist das Gefühl des Glücks, wenn da ein Mensch ist, mit dem innige Nähe möglich ist. Das ist ein wahrer Glücksrausch. Wenn dieser Mensch dann allerdings Teil des eigenen Lebens wird, fordert das Lieben von uns viele Eigenschaften, die wir im isolierten Leben davor nicht entwickelt haben. Und leider hat das Verlieben auch nicht automatisch zu einer Reifung unserer Persönlichkeit geführt. Das alte Mangelgefühl stellt sich wieder ein. Jetzt sind wir zwar nicht mehr allein, aber der andere ist doch eher eine Last als eine Bereicherung.

Fromm fordert, dass wir uns mit dem Lieben ebenso intensiv beschäftigen sollten wie mit anderen Künsten auch, zum Beispiel wenn wir Musik, Malerei, das Tischlerhandwerk oder die Kunst der Medizin oder der Technik lernen wollen.

Wenn ich etwas lerne, brauche ich Disziplin und Übung. So auch beim Lieben. Auch wenn keiner das gerne hört. Dankbarkeit zu üben hat eine enorm positive Auswirkung auf unser ganzes Leben – und auf unsere Partnerschaft. Frag dich einmal, was dein Partner täglich in dein Leben bringt, wofür du dankbar bist. Zähl all die Kleinigkeiten von morgens bis abends auf. Nimm sie bewusst und ehrlich wahr. Und mach dir auch bewusst, dass es keine Selbstverständlichkeit ist. Dass dein Partner nicht wie eine ständig sprudelnde Quelle ist. Frage dich, welchen Beitrag du selbst leisten kannst, damit diese Quelle nicht versiegt.

- Wofür bist du in deinem Leben überhaupt dankbar?
- Welchem Menschen bist du dankbar und wofür?
- Was hat dein Partner in dein Leben gebracht, wofür du ihm dankst?
- Was bringt er heute in dein Leben?

Indem du dir bewusst machst, welche Bereicherung dein Partner in dein Leben bringt, wirst du unmittelbar zufriedener. Ein kleines Beispiel: Es ist für dich vielleicht selbstverständlich, morgens neben einem Menschen aufzuwachen, der atmet, auf eine vertraute Weise riecht und an den du dich anschmiegen kannst, wenn du das Bedürfnis danach hast. In manchen Großstädten gibt es 50 Prozent Singlehaushalte. Eine der größten Sehnsüchte, die Singles formulieren, ist, neben einem geliebten Menschen einschlafen und aufwachen zu können. Viele Menschen erkennen leider erst, wenn sie den Partner verloren haben, sei es durch Tod oder Trennung, was sie an ihm hatten. Trainier es lieber, solange dein Partner da ist.

Dankbarkeit, das Bewusstmachen, was wir alles bekommen, regt die Fähigkeit an, selbst zu geben: Mitgefühl, Fürsorge, Aufmerksamkeit. Auch das weiß man aus der Glücksforschung: Menschen, die fürsorglich für andere da sind, die

Liebe geben, sind glücklicher und gesünder als diejenigen, die nur auf den eigenen Vorteil aus sind.

- Bau Dankbarkeitsrituale in deinen Alltag ein. Wenn es dir noch unangenehm ist, zum Beispiel beim Einschlafen deinem Partner dafür zu danken, was er dir an diesem Tag gegeben hat, könntest du es ihm in Gedanken beim Autofahren, Treppensteigen oder auf einem kleinen Spaziergang sagen.
- Oder aber du erzählst dir selbst, wie dankbar du bist. Und wofür.
- Schreib deinem Partner einen Dankesbrief.

Sprache bewirkt viel! Benutze für den Ausdruck deiner Dankbarkeit eine möglichst anschauliche, abwechslungsreiche Sprache. Finde immer wieder neue, bunte Worte, um deine Dankbarkeit zu zeigen.

Es ist interessant zu erleben, dass es sofort glücklich macht, wenn du dankbar bist und Dank zeigst. Und außerdem hat es einen wundervollen Nebeneffekt: Der Mensch, dem du den Dank äußerst, ist in den meisten Fällen sofort bereit, davon noch mehr zu geben.

Vielleicht spürst du jetzt Widerstand. Mach dir diesen bitte so bewusst wie möglich: Ich will mich nicht auf das besinnen, was mein Partner mir Positives gibt.

- Nenne bitte mindestens fünf Gründe für deinen Widerstand!

In vielen Fällen wird der Widerstand durch die Angst genährt, der Partner könnte die Dankbarkeit ausnutzen und noch weniger geben. Der Hintergrund liegt in den preußischen Erziehungsprinzipien, die bis heute nachwirken: eine Erziehung mit Zuckerbrot und Peitsche. Mehr Peitsche als Zuckerbrot. Dahinter steht das Misstrauen, das Kind sei von

Natur aus faul, widersetzlich, egoistisch, unsozial. Aber jeder, der Kinder hat, weiß, dass das Unsinn ist. Kinder *wollen* lernen, und Kinder sind Wesen voller Liebe.

Sehr ähnlich sieht es in einer Liebesbeziehung aus. Eigentlich geht jeder hinein mit dem Wunsch, den geliebten Menschen glücklich zu machen. Mir ist noch niemand begegnet, der sagte, ich möchte heiraten, mit einem Menschen zusammenleben, eine Beziehung eingehen, um den anderen unglücklich zu machen.

Das Problem ist wohl, dass die meisten Menschen unglaublich sehnsüchtig danach sind, geliebt zu werden, und sehr ungeschickt oder blockiert darin sind zu lieben. Und dann beginnt das gegenseitige Gerangel nach mehr Liebe, mehr Anerkennung, mehr Zuwendung.

Ich höre jetzt Einspruch, und bedauerlicherweise kommt der meist von Frauen: Ich bin ziemlich gut im Lieben, und mein Partner ist sogar recht zufrieden in unserer Beziehung. Sein einziges Problem ist meine Unzufriedenheit. Wenn ich jetzt noch dankbar für das wenige bin, das er mir gibt, wird er komplett bequem werden und von meinen Bedürfnissen gar nichts mehr mitkriegen.

Ja, das ist ein ernst zu nehmendes Problem. Kommen wir also zum nächsten Punkt.

Besinnung auf das, was du wirklich brauchst

Unser Herz entbrennt leider oft aufgrund von Äußerlichkeiten. Irgendwelche Qualitäten ziehen uns an. Und oft sind es Qualitäten, die uns selbst aufwerten. Auf die eine oder andere Weise. Die Wahl des Liebesobjekts hängt zusammen mit dem unbewussten Wunsch, das eigene Selbstwertgefühl zu steigern. Uns selbst zu erhöhen. Das geschieht natürlich schon von ganz allein, weil wir uns von unserer strahlenden Vorderseite zeigen und der andere uns mit seinen Gefühlen und seiner Begeisterung darin bestätigt. Aber viele suchen sich Menschen, die sie darüber hinaus erhöhen.

Im Theaterstück »Fettes Schwein« wird gezeigt, dass ein Mann sich sehr wohl fühlt mit einer sehr dicken Frau. Er verliebt sich, sie lachen, reden, haben Sex, verstehen sich. Aber sie erhöht ihn nicht sozial, sondern sie erniedrigt ihn. Sein Tauschwert ist höher als das, was sie dem entgegenzusetzen hat. Also verlässt er sie. Nicht nur, dass er sie unglücklich macht, sondern er entscheidet sich nicht fürs Lieben, sondern für die oberflächliche Wahl einer schlanken hübschen Frau, die ihn aber gar nicht tief berührt.

Sehr schöne Frauen haben reiche Männer. Hast du schon einmal gelesen, dass ein berühmtes Model sich in einen Hartz-IV-Empfänger verliebt? Nein. Und ein sehr reicher Mann wählt keine Frau mit niedrigem Tauschwert.

Interessant daran ist, dass sich die Kriterien für den Tauschwert kulturell und historisch stark unterscheiden. Das hebelt auch schnell die Argumente aus, das Ganze sei biologisch bedingt. Schmale Taille, große Brüste und breite Hüften deuten auf Gebärfähigkeit hin, wird da behauptet, und deshalb wählen Männer Frauen mit diesen Maßen. Nein, liebe Leute, es hat etwas mit Mode, gesellschaftlichem Einfluss und dem Bedürfnis nach eigener Erhöhung zu tun. In anderen Kulturen sind besonders dicke Frauen begehrt. Dass Männer große Brüste reizvoll finden, wird ebenfalls biologisch erklärt. In Afrika aber finden sie dicke Hintern reizvoll, und Brüste erregen sie nicht besonders. Erhöhung hat mit Besonderheit zu tun. In Afrika liefen die Frauen traditionell mit nackten Brüsten herum. Jeder konnte sie sehen. In Indien zeigen die Frauen ihre Bäuche, ob sie dick oder dünn sind, aber ihre Brüste verhüllen sie. Nur der eine, der Erwählte, darf sie sehen. Dort sind Brüste von besonderem Reiz.

Die Sehnsucht danach, besonders und einzigartig für den Partner zu sein, führt aufgrund verstörender Kindheitserfahrungen leider manchmal zu einer fatalen Partnerwahl. Manche Frauen, die mit Gewalt groß wurden, suchen sich wieder gewalttätige Typen. Es erhöht ihr geschundenes Selbstwertgefühl, wenn er nur bei ihr weich wie Butter wird. Männer mit rechthaberischen, dominanten Müttern fühlen sich bei einer dominanten, rechthaberischen Frau endlich groß und wertvoll, wenn diese nur bei ihnen hingebungsvoll und weich wird. Welche Erhöhung!

Nur leider wird der gewalttätige Typ auch in dieser Beziehung bald Konflikte auf körperliche Weise lösen, so dass er seine Partnerin mundtot macht, und die rechthaberische, dominante Frau wird auch in dieser Beziehung dafür sorgen, dass sie alles unter Kontrolle hat. Und leider wird sich die Erhöhung in eine Erniedrigung verkehren, und der Himmel auf Erden wird immer mehr Verdrängung dessen brauchen, was sich eher wie Hölle anfühlt. Leider haben Partner in eine solche Beziehung dann so viel investiert, Leiden, Verdrängen, Bemühen, dass sie sich immer mehr nach den weichen schönen Zeiten verzehren und eine richtige Sucht entsteht. Da kann von Bedürfnisbefriedigung nicht mehr die Rede sein.

Insofern ist es notwendig, dir bewusst zu machen, was du wirklich von deinem Partner brauchst. Oft wissen wir das nicht in vollem Ausmaß. Viele Bedürfnisse entwickeln sich erst im Laufe der Zeit, und viele Bedürfnisse werden uns erst durch den Mangel an Befriedigung bewusst. Junge Menschen wählen zumeist sehr unbewusst einen Partner, durch den sie sich ein Gefühl von Ganzheit erhoffen. Erst im Laufe der Zeit, durch Erfahrung, auch durch Enttäuschung, wird das Unbewusste bewusst, entsteht Selbst-Bewusstsein, das sich auf Partnerschaft bezieht. Zur Entwicklung deines Selbst-Bewusstseins ist es förderlich, folgende Fragen zu beantworten:

- Erstell eine Liste deiner bisherigen Partner. Welche deiner Bedürfnisse haben sie jeweils befriedigt?

- Welche blieben unbefriedigt?
- Aus welchem Grund ging die Beziehung auseinander?
- Welche deiner Bedürfnisse waren so elementar und unbefriedigt, dass du gehen musstest?
- Welches der Bedürfnisse deines Partners ließest du so unbefriedigt, dass er gehen musste?
- Wie habt ihr euch über eure Bedürfnisse ausgetauscht?
- Zu deiner jetzigen Partnerschaft: Welche deiner Bedürfnisse wurden bis zur Krise befriedigt?
- Welches Bedürfnis blieb so elementar unbefriedigt, dass du dich entfremdetest?
- Welches Bedürfnis deines Partners blieb so elementar unbefriedigt, dass er sich entfremdete?
- Was sind deine zehn wichtigsten Bedürfnisse, die du in deiner Beziehung befriedigt haben möchtest?
- Welche davon befriedigt dein Partner nicht?

Und nun kannst du dich einmal fragen, ob deine Bedürfnisse unbedingt in deiner Beziehung befriedigt werden müssen. Nehmen wir die Philosophin, die mit einem Techniker verheiratet ist. Keine seltene Kombination. Seine Art, die Welt zu sehen und zu verstehen, unterscheidet sich stark von der ihren. Wenn sie das Bedürfnis hat, über die Welt, die Menschen und die Liebe zu philosophieren, wird er dieses Bedürfnis wahrscheinlich unbefriedigt lassen. Aber er befriedigt vielleicht so viele andere ihrer Bedürfnisse, dass es gute Gründe gibt, bei ihm zu bleiben. Welche Möglichkeiten hat sie also? Sie könnte einen philosophischen Zirkel besuchen. Sie könnte als Gasthörerin an die Uni gehen. Sie könnte mit Freundinnen oder Freunden philosophieren. Sie könnte regelmäßig an philosophischen Lesungen, Stammtischen, Gesprächen teilnehmen. Sie könnte es also akzeptieren, dass er ihr Bedürfnis nicht befriedigt.

Wenn sie sich hingegen sein Bemühen wünscht, sie zu verstehen und dass er ihre Sicht der Welt nicht als Unfug,

Scheißphilosophiererei, Quatsch abtut, kann niemand außer ihm dieses Bedürfnis befriedigen. Und er sollte sich damit auseinandersetzen, wenn ihm an der Beziehung liegt.

Wenn dein unbefriedigtes Bedürfnis an eine Partnerschaft gebunden ist, habt ihr ein ernst zu nehmendes Problem. Besonders wenn es sich um Sexualität handelt, ist es wichtig, kompromisslos ehrlich mit sich und dem Partner zu sein. Kannst du den Mangel an Befriedigung deines Bedürfnisses akzeptieren? Denn in den meisten Fällen zerstört es eine Beziehung, wenn sexuelle Bedürfnisse außerhalb der Beziehung befriedigt werden.

Nehmen wir, was oft zu Konflikten führt, die Häufigkeit des sexuellen Kontakts. Ich wünsche mir täglich Sex!, ist ein nicht selten von Männern geäußertes Bedürfnis. Manche Partnerin kann das nicht befriedigen und will es auch nicht. Ganz im Gegenteil blockiert es sie, so dass sie sich noch mehr zurückzieht, als es ohnehin ihrem Bedürfnis entspräche. Da ist die Frage wichtig: Was kann ich akzeptieren als nicht erfülltes Bedürfnis, und wo liegt meine Grenze? Es gibt Menschen, die werden unausstehlich, wenn sie zu lange sexuell unbefriedigt sind. Aber das Limit ist selten einmal täglich. Und es ist auch gut zu überprüfen, ob die Quantität der sexuellen Begegnung oben auf der Liste der dringlichen Bedürfnisse steht oder in Relation zu anderen Bedürfnissen eher unwichtiger ist.

- Welche deiner Bedürfnisse sind so elementar, dass du nicht darauf verzichten kannst? Erstell eine Liste mit mindestens fünf Antworten.
- Welche deiner Bedürfnisse sind in dieser Beziehung schmerzlich unbefriedigt, die dir vorher gar nicht so bewusst waren, weil dir ihre Befriedigung selbstverständlich war?
- Welche deiner Bedürfnisse haben sich erst während deiner jetzigen Beziehung entwickelt, weil du dich verändert hast,

weil du gewachsen bist, weil du heute andere Interessen, andere Wünsche hast? Gib bitte wieder mindestens fünf Antworten.

Mir fällt dazu eine Karikatur von Marie Marcks ein: Sie zeigt eine Frau mit fettigen Haaren, ungepflegtem Äußeren, heruntergerutschten Socken, hinter sich eine Menge Kinder wie Orgelpfeifen, die zu einer Freundin sagt: »Er hat gesagt, wir hätten uns auseinanderentwickelt.« Das ist natürlich bissig gegen männliche Verantwortungslosigkeit gerichtet. Es hat aber einen ernst zu nehmenden Hintergrund, der mir in der Praxis immer wieder begegnet. Paare kommen zusammen in einer bestimmten Phase ihrer Entwicklung. Dann passen sie zueinander, bestenfalls. Doch sie ändern sich. Einer von beiden weigert sich zu wachsen, bleibt stehen oder entwickelt sich in eine Richtung, in die der andere nicht mit will. Was dann?

Nehmen wir Susanne. Ihr Mann hatte sie verlassen, weil er sie angeblich nicht mehr liebte, stattdessen eine Mitarbeiterin. Sie sagte verzweifelt: Seit wir das Kind haben, ist unsere Ehe den Bach runtergegangen. Der vierjährige Sohn spürte offenbar auch, dass er der Stein des Anstoßes war, denn er kotete ständig ein.

Susanne war einerseits wütend auf ihren Mann Max, der sie im Stich ließ, ohne zum Beispiel mit ihr gemeinsam zur Paartherapie zu gehen, andererseits liebte sie ihn abgöttisch und wollte ihn unbedingt zurückhaben. Auf mein Nachfragen entstand folgendes Bild: Als sie sich kennenlernten, war sie mit einem zuverlässigen, aber etwas langweiligen Mann verheiratet gewesen. Max war damals ihr Kollege, und er bezauberte sie durch seine Leichtigkeit. Er war anregend, humorvoll, riss sie mit. Mit ihm fühlte sie sich leicht und unbeschwert. Also trennte sie sich von ihrem Mann. Max trug sie auf Händen. Es war wie in einem Märchen. Er lud sie in bezaubernde Hotels ein, wo sie romantische Wochenenden verbrachten. Er begehrte sie, machte ihr Komplimente, Geschenke, verwöhnte sie in jeder Hinsicht, auch sexuell. Unsere Sexualität war bis zuletzt großartig, sagte sie. Deshalb kann ich es ja auch gar nicht verstehen, warum er sagt, er liebe mich nicht mehr.

So verbrachten sie drei Jahre. Beide verdienten genug Geld, um ein unbeschwertes amüsantes Leben zu führen. Dann wurde ihr Kind geboren, ein Wunschkind. Susanne hörte auf zu arbeiten, Max übernahm eine verantwortungsvollere Position, war nun Alleinverdiener. Sie wechselten den Wohnsitz, wodurch Susanne ihr soziales Umfeld, ihr Sohn den Kindergarten verlor. Das Leben wurde härter. Sie mussten sich in der neuen Stadt eingewöhnen, das Kind begann einzukoten.

Von Unbeschwertheit und Leichtigkeit war nicht mehr viel übriggeblieben. Und was geschah? Max verliebte sich in seine Mitarbeiterin, so wie er sich vor acht Jahren in Susanne verliebt hatte. Und er machte mit dieser alles, was er anfangs mit Susanne gemacht hatte. Er fuhr mit ihr sogar ins gleiche Wellnesshotel, zum Karneval, gab eine Unmenge Geld aus, das gemeinsame Konto von Susanne und Max rutschte innerhalb von zwei Monaten um 12 000 Euro ins Minus.

Susanne war entsetzlich neidisch auf die Neue, und sie sehnte sich nach dem leichten, erotischen, verliebten, verwöhnenden Max vom Anfang zurück.

Es war eindeutig: Max war steckengeblieben. Er war nicht gewachsen mit den höheren Anforderungen an Verantwortung. Er hatte nach wie vor die gleichen Bedürfnisse wie vor acht Jahren: Leichtigkeit, Ungebundenheit, Zweisamkeit, Freiheit, Luxus. Bloß kein Druck!

In einer jungen Familie, wo die Rollen neu definiert werden müssen, wo Druck durch Verantwortung entsteht, wo die Leichtigkeit durch Schlaflosigkeit, Angespanntheit, Überforderung flöten geht, muss man wachsen, um dem standhalten zu können, oder man bricht aus.

Es ist nicht nur so, dass Männer ausbrechen, aber sie sind in der Mehrzahl. Junge Väter, die sich dem Druck durch die erhöhte Anforderung und Verantwortung stellen, reifen enorm. Väter, die dem nicht standhalten, wirken neben ihren Frauen, die allein schon durch Schwangerschaft und Geburt einen Reifungsprozess durchlaufen haben, oft wie ein zweites Kind. So treten sie auch nicht selten in Konkurrenz zu ihren Kindern, beklagen sich, weil sie zu wenig Zuwendung bekommen, und wachsen nicht in eine neue Rolle als Mann hinein. Die Bedürfnisse dieser Männer bleiben über Jahre hinweg unverändert die gleichen.

Es gibt auch Frauen, die steckenbleiben. Wenn sie einen sehr reifen, verantwortungsbewussten Mann haben, ist das sogar innerhalb einer Beziehung möglich. Das sind die Paare, wo der Mann alles macht: Geld verdienen, Kinder wickeln, die gestresste zarte Kindfrau hätscheln. Und vielleicht kann die Frau auf diese Weise sogar ganz langsam ins Muttersein, ins Erwachsensein hineingleiten.

Es gibt aber auch die Frauen, die ausbrechen. Die sich in einen jungen wilden Typen verlieben und nach Mallorca auswandern, wo sie Schmuck oder Gürtel herstellen oder in der Kneipe jobben. Die nicht im Geringsten und zu keiner Tages- oder Nachtzeit der Frau aus Marie Marcks Karikatur ähneln, nie wie eine gestresste Mutter aussehen. Sie bleiben die Partymaus, die leichte, freie, attraktive junge Frau. Ihre Bedürfnisse sind nicht gewachsen, es sind immer noch die gleichen wie vor Jahren.

Solche Paare brauchen Wachstumsunterstützung, sie brauchen therapeutische Hilfe, oder sie brechen auseinander. Das ist auch im Interesse der Kinder, denn Kinder von unreif gebliebenen Eltern haben es entsetzlich schwer.

Es gibt aber auch die andere Seite der Medaille. Partner, die sich mit wachsender Verantwortung nicht mehr erlauben, *egoistische* Bedürfnisse zu empfinden, geschweigen denn zu äußern.

- Welche deiner Bedürfnisse sind geblieben, sind vielleicht sogar riesig angewachsen, obwohl du es dir kaum erlaubst, sie in der gegenwärtigen Lebensphase zu empfinden?

Manchmal nämlich muss man nicht ausbrechen, muss man nicht gehen, nicht die Liebe verlieren. Man darf sagen: Ich brauche es, auch als junger Vater, als junge Mutter, von Zeit zu Zeit einen Abend, eine Nacht lang, ein Wochenende lang die ganze reife Verantwortung von mir abzuschütteln, einfach nur Frau sein, Mann sein, die volle Aufmerksamkeit für mich bekommen, begehrt sein, verrückt sein, lauter Komplimente hören, eine ganze Nacht lang tanzen, Liebe machen, lachen, ja, total unvernünftig sein. Danach reife ich dann wieder, Schritt für Schritt. Danach setze ich mich wieder verantwortungsbewusst mit meiner neuen Rolle auseinander und entwickle ganz langsam in ihr eine neue Leichtigkeit, neuen Übermut, ein neues Frausein, ein neues Mannsein, das sich weiter, freier, gelöster anfühlt als jemals zuvor.

Das gibt es nicht nur für junge Eltern. Auch Paare, die schon dreißig Jahre zusammen sind, brauchen es, sich auf die unmäßigen, frechen, geilen, gierigen, selbstbezogenen Bedürfnisse zu besinnen. Ich will eine ganze Nacht lang Liebe machen. Ich will, dass du mich eine ganze Nacht lang streichelst, mir Komplimente ins Ohr flüsterst, nicht müde wirst, unverschämte Sachen mit mir machst. Es ist wichtig, das vorm Lautsagen überhaupt erst zu fühlen. Dann nämlich braucht nicht ausgebrochen zu werden. Dann können neue Wege gefunden werden.

Besinnung auf das, was dein Partner von dir braucht

Sehr selten weigern sich Partner, die Bedürfnisse des andern zu erfüllen, wenn sie denn ausgesprochen werden. Aber es passiert.

- Liste die wichtigsten Bedürfnisse deines Partners auf: Nenn zehn Punkte.
- Welche dieser Bedürfnisse bist du bereit zu befriedigen?
- Von welchen Bedürfnissen weißt du, dass er sie hat und du ihn darben lässt?

Jetzt wird es doch interessant! Hier tauchen so viele Antworten auf. Da gibt es das Bedürfnis nach Ehrlichkeit und Aufrichtigkeit, das nicht erfüllt wird, natürlich heimlich und hintenrum, denn wer sagt schon zu seinem Partner: Du, es tut mir sehr leid, aber ich bin nun mal ein Lügner. Da gibt es den Wunsch nach Treue, der offen bleibt, und zwar nicht, weil irgendwann irgendetwas Unbeabsichtigtes geschieht, ein Unfall gewissermaßen, der anschließend bereut und so gut es geht wieder heil gemacht wird, sondern als innere Weigerung. Die natürlich nicht laut wird. Denn nur in sehr seltenen Fällen will derjenige, der nicht treu ist, dass auch der Partner untreu ist. Da gibt es die ganze lange Liste: den Wunsch nach mehr Zärtlichkeit. Den Wunsch nach Oralsex. Den Wunsch danach, dass das Handy nicht neben dem Bett liegt. Den Wunsch, dass berufliche Telefonate nicht während der gemeinsamen Zeit geführt werden. Den Wunsch nach leidenschaftlichem Küssen. Den Wunsch nach Gesprächen über Probleme in der Beziehung. Den Wunsch nach Gesprächen über berufliche Probleme. Den Wunsch nach mehr Unterstützung im Haushalt, mit den Kindern, beim Reisen, bei der Gartenarbeit. Und so weiter.

Selbstverständlich passiert es immer wieder, dass Bedürfnisse, Wünsche nicht klar genug ausgedrückt werden, aber hier und jetzt, wo wir unter uns sind, können wir ja ehrlich sein: Im Grunde weißt du doch genau, was sich dein Partner wünscht und was du ihm nicht gibst. Oder?

Natürlich wäre es interessant, das mit dem Partner abzugleichen, und das wird irgendwann auch geschehen, aber jetzt geht es nur um die nackte Ehrlichkeit, die du vor dir selbst zeigst. Also: Was verweigerst du? Denn darum geht es: um Widerstand, um Verweigerung, um Nichtwollen. Und wenn du das so ehrlich, wie es geht, aufgeschrieben hast, geh doch bitte noch einen Schritt weiter und frag dich:

- Was ist der Auslöser für deine Verweigerung, deinem Partner zu geben, was er sich wünscht?

Beantworte diese Frage zu jedem Bedürfnis, das du nicht erfüllst. Manchmal gibt es mehrere Auslöser. Sehr häufig ist es Scham. Sie wünscht sich Ehrlichkeit, aber ich bin nicht ehrlich. Denn ich glaube, wenn ich mich ehrlich zeige, wird sie mich verlassen. Und dann beginnt der Kreislauf wie beim Trinker im »Kleinen Prinzen«. Ich trinke, weil ich mich schäme. Ich schäme mich, weil ich trinke. Und die mangelnde Ehrlichkeit baut Mauern um Mauern, und irgendwann ist eine Beziehung entstanden, die nur noch aus Fassade besteht. Dahinter ist kein Haus mehr. Die Filmkulisse einer Beziehung, aber kein Leben mehr. »Angst fressen Seele auf«, heißt ein Film. Scham frisst Ehrlichkeit auf. Und das einzige Mittel gegen die Scham ist die Ehrlichkeit. Das gilt in allen Bereichen, ganz besonders in einer Partnerschaft.

Manchmal ist der Auslöser Trotz. Er gibt mir nicht, was ich mir wünsche, also … Das ist fatal. Denn es zieht das Nächste nach sich. Und irgendwann ist der Liebestopf leer.

Manchmal ist der Auslöser eine Blockade. Er wünscht sich Oralsex. Früher machte ich das gern, aber seit ich weiß, dass er sich das wünscht, krieg ich es nicht mehr hin, habe ich eine Sperre. Da ist es sehr wichtig, sich mit dieser Sperre auseinanderzusetzen. Wenn es früher leicht ging, aber seit das Bedürfnis bekannt ist, nicht und mit wachsendem Bedürfnis immer weniger, solltest du dich mit dem Thema des Machtmissbrauchs beschäftigen. Oder mit einer Wut, die du passiv auslebst. Vielleicht gefällt es dir irgendwie, ihn unbefriedigt zu lassen. Irgendwie fühlst du dich größer, wenn er klein und hilflos und bedürftig ist? Irgendwie findest du es prima, wenn er sich dreht und windet und nicht weiß wohin mit seinen Bedürfnissen?

Oder das Gegenteil ist der Hintergrund: Du machtest als Kind vielleicht die Erfahrung, dass ein dominantes Elternteil seine eigenen Bedürfnisse brutal gegen dich durchsetzte. Oder manipulativ, aber trotzdem brutal. Und dass diese Bedürfnisse die Integrität deiner Person in Frage stellten. Dann hast du wahrscheinlich unbewusst Angst davor, dein Partner könnte dich mit seinen Bedürfnissen dominieren, und kannst nur »freiwillig« geben, aber nicht Wünsche beantworten?

Auch das ist ein Machtthema. Wenn das bei dir so sein könnte, schau dir einmal deine vorigen Beziehungen an.

- Gab es so etwas immer schon in der einen oder anderen Form?
- Warst du selbst manchmal in der Situation des hilflos Darbenden und verhungertest am ausgestreckten Arm?
- Verletztest du Partner immer wieder, indem du auf formulierte Bedürfnisse mit Widerstand reagiertest?

Wenn du diese Fragen bejahst, hast du eine Affinität zu Machtkämpfen. Das ist weniger schlimm, als es klingt. Wichtig ist nur, dass du es dir bewusst machst. Und dann handelst. Denn das Fatale ist: Oben-unten-Kämpfe schlagen leicht um. Das ist der natürliche Lauf der Natur. Wenn du deine Partnerin zu lange am ausgestreckten Arm verhungern lässt, wird sie dich verlassen. Vielleicht mit einem anderen Mann, vielleicht im Herzen. Sie wird sich innerlich abwenden, und du wirst sie womöglich nie zurückgewinnen.

Manchmal wissen wir nur einfach nicht, wie es geht, die Bedürfnisse unseres Partners zu erfüllen. Wir haben es nie gelernt.

Die Frau wünscht sich Verständnis im Fall von emotionalen Ausschlägen wie Angst, Wut, Verzweiflung, Verlassensein. Der Mann, voller Liebe, bietet rationale Lösungsmöglichkeiten an. Sie hasst aber seine Rationalität und fühlt sich von ihm unverstanden. Der Hintergrund für seine Weigerung, sie in ihrer Emotionalität zu verstehen und Verständnis auszudrücken, mag seine Angst sein, selbst in heftigen Gefühlen unterzugehen. Es mag gelernt sein: Ein kluger Mann bleibt immer sachlich und kühl. Es mag familiäre Hintergründe haben. Wie auch immer. Es ist wichtig, sich das bewusst zu machen.

Und nun: Ändere etwas! Wage ein Abenteuer! Probier aus, was geschieht, wenn du deine Blockaden überwindest. Dehne deine Grenzen aus. Riskiere es, etwas falsch zu machen, zu versagen, dich komisch zu fühlen, riskiere es, ehrlich über deine Scham zu sprechen oder aber deutlich auszudrücken, worüber du wütend bist! Gib deiner Partnerin jetzt, heute, was sie sich wünscht. Und wenn sie aus allen Wolken fällt, mach einfach weiter. Beharrlichkeit ist ein wichtiger Glücksfaktor. Für alle Lebenslagen, insbesondere für die Liebe.

Besinnung auf deine Stärken und Training der Freigiebigkeit

Dies ist die Frage nach deinen Stärken. Ja, sie kommt absichtlich am Schluss. Viele Menschen geben routiniert immer weiter das, was sie gut können. Ohne zu schauen, ob es auch das ist, was der Partner sich wünscht. Dass dieses Verhalten nicht beziehungsförderlich ist, haben wir in den vorigen zwei Abschnitten geklärt. Aber es ist gut, und es gibt

Sicherheit zu wissen, ich habe da einen ganzen Strauß an Stärken, und dieses Füllhorn kippe ich freizügig über meinem Partner aus.

Es gibt Partner, die um das, was sie gut können und leicht geben können, ein großes Theater veranstalten. Ich kann gut und leicht Hemden bügeln. Also tu ich es. Wenn ich es allerdings gemacht habe, will ich wahnsinnig gelobt werden. Deshalb stöhne ich und zeige, wie wenig Zeit ich habe und wie schwer es ist zu bügeln.

Aber im Grunde genommen geht es nicht darum, dass etwas schwer sein muss, damit es ein Geschenk ist. Ganz im Gegenteil. Mit Leichtigkeit Gegebenes ist oft leichter anzunehmen als die betonten Opfer.

Wir alle kennen die Gastgeberin, der die Anstrengung mit Schweißperlen ins Gesicht geschrieben steht, wenn sie das Essen serviert. Da sind wir nicht lieber zu Besuch als dort, wo mit Leichtigkeit und Spaß für uns gekocht wurde, selbst wenn es weniger perfekt zugeht.

In dem Fall, wo du etwas gibst, was deinen Fähigkeiten entspricht, fällt es dir meistens leicht. Dann ist es nicht nötig, es wie ein Opfer zu geben. Dann kannst du es leicht und freudig tun. Einer meiner Klienten wäscht mit Begeisterung ab. Geschirrabwaschen entspannt ihn. Er tut das oft schon morgens, bevor er arbeiten geht. Das ist etwas, das er in die gemeinsame Alltagsbewältigung hineingibt. Er muss darüber nicht jammern. Seine Partnerin ist auch so dankbar.

Oft geben wir nicht das, was wir gut können, was uns leichtfällt, weil wir es selbst nicht schätzen und uns nicht vorstellen können, dass es für unseren Partner etwas bedeutet. Oft müssen wir es uns selbst irgendwie schwermachen, damit es nach Leistung schmeckt. Aber das beschwert unser Leben. Eine meiner Freundinnen spielt wundervoll Klavier. Sie spielt nie Klavier, wenn Freunde zu Besuch sind. Als ich sie darum bat, war sie vollkommen überrascht, dass sie mir damit eine Freude machen könnte.

- Was kannst du wirklich gut, was fällt dir leicht, was macht dir Spaß? Liste zehn Sachen auf!
- Was davon gibst du deinem Partner großzügig?
- Was hältst du zurück?
- Was willst du daran ändern?

Wenn dein Partner anerkennt, was du ihm mit Leichtigkeit gibst, erkennt er dich als Person an. Wenn ich selbst zum Beispiel in meine Beziehung meine Menschenkenntnis, mein psychologisches Wissen, meine Beziehungskompetenz einbringe, und mein Partner nimmt es an und würdigt es, fühle ich mich als Person geschätzt. Wenn er allerdings sagt: Immer dieser Psychologenscheiß, wertet er nicht nur ab, was ich ihm gebe, er wertet mich als Person ab.

Es gibt Männer, die wundervolle begehrliche Liebhaber sind. Sie haben Freude an einem nackten Frauenkörper, sie mögen Haut tasten, sie mögen das weibliche Geschlecht anschauen, erkunden. Sie mögen Frauenhaare, Frauenmünder, Frauenduft. Was manch anderem Mann eher schwer fällt, nämlich seiner Frau das Gefühl des Begehrtseins zu vermitteln, fällt diesen Männern ganz leicht. Immer wieder habe ich Paare in Therapie, wo die Frauen das als lästig empfinden und zurückweisen. Sie wollen nicht so viel geküsst, berührt, begehrt werden. Auf diese Weise verlieren die Männer das Gefühl für den Wert dieses wundervollen Geschenks. Sie gehen sogar in Therapie, um es »wegzumachen«. Das ist aber das Gleiche, als würde meine Freundin in Therapie gehen, um ihr Klavierspiel »wegzumachen«.

Was du als Geschenk zu geben hast, bleibt ein Geschenk, auch wenn dein Partner es nicht will. Wichtig ist, dass ihr für Klarheit sorgt. Denn manchmal ist nicht nur das Geben ein Problem für Menschen, sondern auch das Nehmen. Es gibt Menschen, Männer wie Frauen, die Angst davor haben, wenn ihnen etwas gegeben wird. Die aus ihrer Kindheit ein tiefes Misstrauen gegen Geschenke mitbringen. Die fürchten, sie könnten gekauft, bestochen, zu Dankbarkeit verpflichtet, schuldig gemacht werden.

Eine Klientin zum Beispiel, die das körperliche Verwöhntwerden durch ihren Partner nicht annehmen konnte, fühlte sich sofort verpflichtet, ihm das gleiche Begehren zurückzugeben. Sie konnte sich gar nicht vorstellen, dass er es ihr einfach und leicht gab, ohne dass er etwas dafür zurückverlangte. In dem Augenblick, in dem sie das verstanden hatte, konnte sie es auf eine für sie vorher vollkommen ungeahnte Weise genießen, einen solchen Liebhaber als Mann zu haben. Und mit einem Mal fiel es ihr auch leicht, seine Lust zu beantworten, ihm etwas zurückzugeben, nicht aus Schuld, sondern weil sie ihren Mann beglücken wollte.

- Nehmt eine Waage oder zwei Blätter Papier, die eine Waage simulieren, und wieder einen Haufen Münzen oder Ähnliches. Jeder legt auf seine Waagschale, was er dem anderen gibt. Immer, wenn der das gar nicht haben will, nimmt er es wieder weg.

Ich habe diese Übung mit einem Paar gemacht, nennen wir es Brigitte und Paul. Sie gibt ihm Fürsorge und Kümmern, wenn er Migräne hat. Er aber will dann in Ruhe gelassen werden. Also gibt sie ihm, was viel schwerer für sie ist, was er aber gar nicht wahrnimmt, nämlich dass sie ihn in Ruhe lässt. Er gibt ihr, dass er sich ganz still verhält, nahezu unsichtbar macht, wenn er krank ist. Sie will das aber gar nicht haben. Für sie ist diese Zeit, in der er für sie komplett unerreichbar ist, eine Zeit der Not, in der sie sich allein und ohne Kontakt zu ihm fühlt. Wenn er wieder gesund ist, stürzt er sich in Arbeit, und sie bleibt ausgehungert zurück. Er begibt sich möglichst unauffällig wieder in den normalen Familienalltag, wo sie für ihn kocht, es schön macht und für ihn da ist, wenn er nach Hause kommt. Er nimmt all das als selbstverständlich hin.

Sie legt also eine Münze auf die Waagschale und sagt: Ich habe für dich eine leckere Suppe gekocht, ich habe die Geschenke für deine Eltern schön eingepackt.

Er zögert. Man sieht ihm an, dass all das nicht nach Geben für ihn aussieht. Gut. Ich bin zur Arbeit gegangen. Ich habe das Geld verdient.

Sie schüttelt energisch den Kopf, lacht spöttisch. Nein, das tust du für dich. Du gibst mir nichts mit deiner Arbeit. Im Gegenteil.

Er nimmt seine Münze auch wieder weg.

Dann gibst du mir auch nichts mit deiner Suppe. Es macht dir schließlich Spaß zu kochen.

Hat sie dir geschmeckt oder nicht?

Ja. Lebst du von dem Geld, das ich verdiene oder nicht?

Ja, aber ich kann meinen Lebensunterhalt auch allein verdienen.

Ich kann meine Suppe auch selbst kochen.

Wie häufig erlebe ich solche Gespräche. Ob ich etwas als Geben des andern wahrnehme und es von Herzen annehmen kann, hat etwas mit meinen Bedürfnissen zu tun. Geben heißt, ich gebe dir etwas, wovon du profitierst. Oder wovon ich glaube, dass du davon profitierst. Der Ausdruck »dir zuliebe« heißt übersetzt: Ich tu es für dich, weil ich dich liebe.

Das betrifft sehr viele Seiten unserer Beziehung, die mit Bedürfnissen zu tun haben. Selbst in der Sexualität ist es in einer stimmigen Partnerschaft so, dass ich nicht alles nur tue, weil ich selbst Lust dazu habe, sondern vieles tue ich »dir zuliebe«. Wer nur Geschenke macht, die ihm selbst gefallen, wird oft keine Freude bereiten. Im Schenken drückt sich aus, wie viel Einfühlung, Verstehenwollen, Aufmerksamkeit für den Partner ich bringe. Schenke ich ein Geschenk? Oder schenke ich es »dir zuliebe«?

Mein Partner hat keinen Sinn für Schmuck. Ich aber liebe Schmuck, und vor allem liebe ich es, Schmuck geschenkt zu bekommen von dem Mann, der mich liebt, weil ich dann etwas von ihm an meinem Körper trage. »Mir zuliebe« ist er vor meinem letzten Geburtstag in einen Schmuckladen gegangen und hat mir eine Kette gekauft. Er hat das ausgesucht, was er sich an mir vorstellen konnte, was er an mir sehen wollte. Die Kette ist schön, am schönsten aber war für mich, dass er »mir zuliebe« über seinen Schatten gesprungen ist, einen Schmuckladen betreten und etwas getan hat, worin er sich nicht gut auskennt, wo er sich hilflos fühlt und zu mir hindenken und hinfühlen musste. Das war ein großes Geschenk für mich. Ich halte die Kette sehr in Ehren.

Nun kann man natürlich sagen: Warum so eine Übung mit Talern machen, wenn doch die Gefahr besteht, dass hinterher eine blöde Aufrechnerei dabei herauskommt? Es ist aber von einiger Wichtigkeit, sich manchen Erkenntnissen über die eigene Beziehung zu stellen, auch wenn es unangenehm ist.

Bei diesem Paar, Brigitte und Paul, wurde deutlich, dass beiden offenbar nicht klar ist, was sie einander jeweils geben können und auch was sie in dieser Beziehung vom anderen bekommen.

Brigitte beklagt sich zum Beispiel vehement, dass Paul nie für sie da ist, wenn es ihr schlecht geht. Er hingegen meint, für sie dazusein, wenn er sie vor Kindern und Haushaltsstress abschirmt. Also ein heilloses Kuddelmuddel.

Und es läuft wie bei vielen Paaren nach dem Prinzip ab: Er tut etwas »ihr zuliebe«, obwohl er anders handeln würde, wenn es nach seinem Bedürfnis ginge. Und sie äußert nicht, dass sie etwas ganz anderes wünscht, weil sie glaubt, dass sie in ihm dann etwas zerstört. »Ihm zuliebe« macht sie also mit. Welch Staunen füllt immer wieder meine Praxis, wenn beide endlich ehrlich über ihre Bedürfnisse sprechen!

Natürlich zeigt das kleine Experiment mit den Waagschalen keine unumstößliche Wahrheit, aber es macht anschaulich, wo ein Problem liegt. Der Abwertungsprozess:

Was du mir gibst, ist mir nichts wert, aber was ich dir gebe, würdigst du nicht, muss und kann gestoppt werden. In Partnerschaften ist es von großer Bedeutung, dass sich Geben und Nehmen in einem ständig ausbalancierenden Prozess befinden. Eine Waagschale, auf die etwas gelegt wird, ist in Bewegung. Erst wenn ein eindeutiges Ungleichgewicht besteht oder auch wenn ein Ausgleich erreicht ist und nichts mehr geschieht, eine eingefrorene Beziehung vorliegt, bleibt die Waage unbewegt. Eine lebendige Beziehung hingegen befindet sich in einem unablässigen lebendigen Austausch von Geben und Nehmen. Um einander aber wirklich »zuliebe« geben und nehmen zu können, müssen wir miteinander kommunizieren, denn ansonsten sind wir auf Erraten angewiesen, und das geht schief.

Ausgesprochen unausgesprochen – ahnt er, was ich fühle?

Wer Telepathie nicht beherrscht, muss sprechen

Keine Liebe ohne Kommunikation. Wir kommunizieren jedoch nicht nur mit Worten, sondern durch unsere Körper, unsere Gestik, Mimik, durch Taten, durch Geschenke. Nicht umsonst heißt es: Lasst Blumen sprechen. Ob wir unserem Partner zu seinem Geburtstag ein einziges Geschenk machen, das wir jedem hätten schenken können, oder etwas, das nur für ihn gewählt oder selbst hergestellt wurde, drückt etwas aus über unsere Nähe. Ob wir geizig schenken, wenig Zeit, Mühe, Geld investieren, oder das Füllhorn über dem Geburtstagskind ausschütten, all das drückt etwas aus, enthält eine Botschaft an den andern. Und nicht selten korreliert die Freigiebigkeit oder der Geiz im Schenken damit, wie ich meinen Partner auch emotional nähre.

Worte dienen einer Klärung, einer Abstimmung, einem Kennenlernen der unterschiedlichen Erlebniswelten. Worte müssen gewechselt werden, um nicht in heillose Missverständnisse zu geraten. Dazu gehören die Formulierung eigener Bedürfnisse, das Austragen von Konflikten, die Offenbarung von Gefühlen und die Spiegelung des anderen, das Feedback.

Wir alle kennen die Situation: Im Café oder im Restaurant sitzt dieses Paar. Wir müssen sie immer wieder anschauen. Sie schweigen. Ihre Blicke irren umher in unterschiedliche Richtungen, und zumindest einer von beiden wirkt immer erstarrter, als müssten die Tränen oder die Wut oder ein verzweifelter Aufschrei unterdrückt werden. Sie haben einander nichts mehr zu sagen, wird landläufig kommentiert. O doch, sie hätten einander sehr viel zu sagen! Sie könnten einander von der Leere im Kopf erzählen oder den sich überschlagenden Gedanken, von der Angst, den andern zu langweilen oder zu verletzen oder von der bedrängenden Langeweile im Leben, in der Beziehung. Aber sie tun es nicht. Sie halten sich voreinander bedeckt wie Boxer, die nicht ausgeknockt werden wollen. Sie ziehen ihrer Seele nicht die Socken aus, verhalten sich wie Geschäftsleute, die erst dann einander etwas mitteilen, wenn es »spruchreif« ist, oder wie Kriegsgegner, die strategisch vorrücken oder in Deckung gehen.

Jetzt soll bitte keiner sagen: Man muss auch miteinander schweigen können! Wer miteinander schweigen will, geht zusammen ins Kino, sieht gemeinsam fern, sitzt auf dem Sofa und liest, liegt nebeneinander auf der Wiese und blickt in die Wolken oder kuschelt sich im Bett aneinander. Der geht nicht zu zweit ins Restaurant oder Café. Partner, die in so ein beklemmendes Schweigen fallen, fürchten sich davor, Gedanken und Gefühle preiszugeben.

»Manchmal finde ich ihn so Scheiße, und dann hab ich Angst, dass das nicht wieder vorübergeht«, sagte meine Schwägerin einmal über meinen Bruder. Das war vor mehr als fünfundzwanzig Jahren. Vielleicht sind die beiden immer noch miteinander verheiratet, weil sie die manchmal sehr unbequeme Angewohnheit hat, ihre Gefühle ehrlich mitzuteilen. Und weil mein Bruder in der Lage ist, sich damit auseinanderzusetzen.

Ich habe nie erlebt, dass ein Paar sich getrennt hat, das über alles miteinander sprechen konnte. Wer im Gespräch bleibt, findet meistens zur Nähe zurück. Nicht selten kommen Paare zu mir, von denen einer sagt: Ich liebe dich nicht mehr. Doch wenn er oder sie dann mit seinen Gedanken und Gefühlen wirklich ernst genommen wird, sprechen darf über all die großen und kleinen Verletzungen und Enttäuschungen, über die unbefriedigten Bedürfnisse, die Ängste und Sehnsüchte, wenn er dann wirklich ein offenes Ohr und Herz findet, kehrt oft die Liebe zurück. Außer es gibt schon einen anderen Menschen, an den die Sehnsucht sich neu gebunden hat. Doch selbst dann wiegen Vertrautheit, gemeinsame Erfahrungen und das ganze im Laufe der Zeit gewobene Lebensnetz oft schwerer.

Natürlich meine ich diese besonderen Gespräche. Diese Gespräche, die man nur führen kann, wenn man die Maske ablegt, ebenso wie die Rüstung. Diejenigen allerdings, die wie römische Legionäre gepanzert durchs Leben laufen, sind es nicht gewohnt, die Seele nackt zu zeigen, und finden solche Gespräche geradezu pervers, auf jeden Fall entsetzlich lästig und anstrengend.

Gefühle äußern

Klingt, als wäre es einfach. Ich stelle allerdings immer wieder fest, dass viele Menschen und leider gerade viele Männer erstaunt reagieren, wenn ich frage: Was fühlen Sie gerade? Ich fühl mich gut, oder: Ich fühl mich schlecht, lautet häufig die Antwort. Und wenn ich das »gut« oder »schlecht« genauer beschrieben bekommen möchte, stottern sie. Es gibt aber ein ganzes Spektrum an Gefühlen, und es ist gut und sorgt nicht nur für Nähe zum Partner, sondern auch zu dir selbst, wenn du dir die Mühe machst, deine Gefühle genauer zu beschreiben. Natürlich ist es schon wunderbar nähestiftend, kleine Sachen zu sagen: Ich fühl mich so wohl, wenn du in meinem Arm liegst, oder: Du riechst so gut! Das ist aber das absolute Minimum.

Nun sollte man meinen, es sei leichter, positive Gefühle zu äußern, aber so ist es in unseren Breitengraden nicht. Leider gibt es viel zu viele Menschen, die ihren negativen Gefühlen vehement und dauernd Ausdruck verleihen, sich aber mit der Formulierung positiver Gefühle äußerst schwertun.

Gefühle sind wie eine Farbpalette: Es gibt viele Grundtöne, und man kann sie mannigfaltig mischen.

◉ Taste dich einmal an deinen Gefühlsreichtum heran:

- Ich fühle mich gut mit dir, wenn …
- Ich fühle mich schlecht mir dir, wenn …
- Ich fühle mich glücklich, wenn …
- Es macht mich unglücklich, wenn …
- Ich fühle mich geliebt, wenn …
- Ich fühle mich ungeliebt, wenn …
- Ich liebe es, wenn du …
- Ich hasse es, wenn du …
- Benenne zwanzig unterschiedliche Gefühlslagen.
- Wann hattest du diese Gefühle?
- Welches sind die zehn Gefühle, die du am häufigsten empfindest?
- Welche sind die zehn Gefühle, die du in deiner Partnerschaft am häufigsten empfindest?
- Welche zehn Gefühle würdest du gern empfinden?
- Was steht dem im Wege?
- Was kannst du tun, um es zu ändern?
- Was wirst du heute, in einer Woche, einem Monat, einem Jahr tun, um es langfristig zu ändern?

Eine der wesentlichsten Ursachen dafür, dass Paare in eine Krise schlittern, ist das chronische Vom-Tisch-Wischen der Themen, über die ein Partner sprechen möchte. Wenn es sich um Gefühle handelt, ist das mörderisch.

Ich bin traurig, weil … Aber Schatz, das musst du doch nicht! Ich habe ein Problem damit, dass … Darüber sprechen wir später. Ich sehne mich danach, dass du … Darüber muss ich erst mal nachdenken. Und so weiter. All das würgt ein Gespräch ab. Das Gefühl soll vom Tisch, der andere soll bloß keine Mühe machen, vor allem soll er einen nicht dort berühren, wo man sich selbst taub gestellt hat.

- Setzt euch voreinander hin und schaut euch in die Augen, fünfzehn Minuten lang. Dann bleibt so sitzen, schließt die Augen und seht den anderen vor euch. Wieder fünfzehn Minuten lang.
- Setzt euch für eine halbe Stunde hin und schreibt eurem Partner einen Brief, in dem ihr ehrlich mitteilt, was ihr in der vergangenen halben Stunde gefühlt und erlebt habt. Lest euch die Briefe gegenseitig vor.
- Sprecht nicht darüber. Legt euch nebeneinander auf den Teppich und haltet eure Hände. Macht einen Spaziergang. Schweigt.
- Sprecht erst am nächsten Tag darüber, was das mit euch gemacht hat.

Bedürfnisse formulieren

Schon im vorigen Kapitel ging es um Bedürfnisse. Ob wir mit unserem Partner glücklich sind, hat etwas damit zu tun, wie er uns »beantwortet«. Wir tragen Vorstellungen, Erwartungen, Wünsche, Sehnsüchte in uns. Damit unser Partner uns kennenlernen kann, müssen wir ausdrücken, was wir uns wünschen. Damit ist allerdings das ganze bunte Bündel an »Wie wünsche ich es« noch verschnürt.

Ich wünsche mir zum Beispiel Sex. Okay. Viele Menschen wünschen sich Sex und zumeist mit dem Partner. Nur selten ist ein Partner nicht bereit, dieses Bedürfnis zu beantworten. Im Allgemeinen sind Männer wie Frauen daran interessiert, den Partner sexuell zu befriedigen. Doch dann praktizieren sie Sex auf die Weise, wie jeder von beiden es gewohnt ist. Es passiert sogar, dass es nicht mal den Bedürfnissen von einem von beiden entspricht, weil beide glauben zu wissen, was der andere wünscht. Es ist »ausgesprochen unausgesprochen«.

Gut, Sexualität ist besonders heikel. Nehmen wir Reisen.

Beide wollen reisen, aber wollen sie es auch auf die gleiche Weise? Macht einer von beiden es vielleicht so, wie er schon immer getan hat, und bemerkt überhaupt nicht, dass der andere ganz andere Sehnsüchte hat? Zieht sein Programm durch, und bekommt gar nicht mit, dass der Partner sich zunehmend unwohler fühlt?

Solche Paare müssen kein Problem bekommen. Aber es ist sehr wahrscheinlich. Erstens, wenn die unterschiedlichen Bedürfnisse nicht klar formuliert werden. Und zweitens, wenn einer der beiden zu kurz kommt. Wenn immer nur getan wird, was einer wünscht.

Das betrifft auch die Tagesrhythmen. Wenn sie abends vorm Einschlafen zum Beispiel noch ein wenig körperliche Nähe wünscht, leises Sprechen über das was am Tag miteinander gewesen ist, kuscheln, streicheln, vielleicht Sex, und er aber einschläft, egal wie früh es ist. Wenn es nicht formuliert wird, es keine Möglichkeit in der Beziehung gibt, dass Bedürfnisse ausgesprochen (und gehört!) werden, bleibt ganz gewiss einer von beiden in der Befriedigung seiner Bedürfnisse auf der Strecke.

Immer wieder erlebe ich in meiner Praxis, dass Frauen sagen: Aber das muss er doch wissen / spüren / erfühlen. In diesem Fall entgegne ich: Wenn er telepathische Fähigkeiten besäße, könnte er sogar die Lottozahlen voraussehen.

Und selbst die telepathische Kommunikation verlangt zwei: einen Sender, der sehr viel Energie dareinsetzt, seine gedanklichen Inhalte zu übermitteln, und einen Empfänger, der sich voll darauf konzentriert, die Bilder zu empfangen. Wenn nämlich einer wie verrückt sendet: Ich möchte jetzt gern einen romantischen Augenblick intensiv mit dir erleben, der andere aber gerade dabei ist, den Sonnenuntergang zu fotografieren, strengt sich der Sender unnötig an, und der Effekt wird trotzdem mager ausfallen.

Diese Art der Bedürfnisformulierung ist also ziemlich unsicher. Was können wir stattdessen tun? Am besten stehen wir in einem ständigen Austausch von Bedürfnissen. Wir haben nämlich ständig welche. Über elementare Bedürfnisse, die existentielle Fragen betreffen wie Wohnen, Reisen, Liebemachen, Geldverteilung, sollte man sich unbedingt verständigen, bevor man zur Tat schreitet.

Aber es gibt auch die alltäglichen Wünsche: Du willst im Museum möglichst alle Räume aufsuchen, während ich gern vor einigen wenigen ausgewählten Bildern verweile. Du willst die Werke allein anschauen, vielleicht manchmal neben mir gehen, um ein paar Worte zu wechseln, während ich gern gemeinsam von Bild zu Bild gehe und mich mit dir austausche. Es ist viel leichter, mit solchen unterschiedlichen Bedürfnissen umzugehen, wenn sich beide auf der existentiellen Ebene wahrgenommen, beantwortet und befriedigt fühlen.

Wenige Paare harmonieren in jeder Hinsicht in ihren Bedürfnissen. Er hat Vorlieben, sie hat Vorlieben. Er hat eine Geschichte, in der dies oder das schon auf diese oder jene Weise geschah, und das erscheint ihm als die beste Weise. Genauso geht es ihr.

Als Regel kann aufgestellt werden:

- Damit dein Partner dein Bedürfnis erfährt, musst du es ausdrücken.
- Wenn dein Partner ein Bedürfnis äußert, musst du wissen, dass er sich damit verletzlich macht: Abgewiesen werden, wenn man bedürftig ist, tut weh.
- Jedes Bedürfnis, so absurd, so ungewöhnlich es auch immer scheinen mag, hat seine Daseinsberechtigung.
- Wenn dein Partner ein Bedürfnis äußert, bist du nicht verpflichtet, es zu befriedigen, aber du bist verpflichtet, dich damit zu beschäftigen.

So weit, so gut. Nun beginnen die Probleme. Manche Bedürfnisse sind uns gar nicht bewusst, bevor wir merken, dass etwas dagegen läuft. Entsprechend dem Satz: Was ich will, weiß ich nicht, ich weiß nur, was ich nicht will.

Manche Menschen wissen sehr genau, was sie wollen, und sie setzen es auch durch. Manche Menschen wissen nicht so genau, was sie wollen, sie passen sich gerne an. Nun könnte man meinen, dass Durchsetzer und Anpasser sich gut ergänzen, und in der Tat finden sie sich ja häufig als Paar. Das heißt aber nicht, dass dann keine Probleme auftreten. Ganz im Gegenteil. Auf die Dauer merkt der Anpasser nämlich, was er alles nicht will, und wird bockig oder vorwurfsvoll oder verweigert sich. Und auf die Dauer vermisst der Durchsetzer ein Gegenüber, das ihm Impulse, Energie gibt. Allerdings wünscht er keinen Widerstand. So nimmt das Unheil seinen Lauf. Der Anpasser fühlt sich allmählich unterdrückt, und der Durchsetzer findet den Anpasser in seinem Widerstand zickig, bockig, unangemessen.

Um in einer Partnerschaft wirklich »Partner« zu sein, müssen wir beides können: uns durchsetzen, wissen, was wir wollen und es auch formulieren, Grenzen setzen, die unser Partner zu respektieren hat, und auch anpassen, mitfühlen, mitschwingen, uns berühren lassen von den Gefühlen, Gedanken, Wünschen des andern.

Ich gehe davon aus, dass sich in eurer Partnerschaft schon viel bewegt hat, seit ihr mit diesem Buch arbeitet. Wenn alles gut gelaufen ist, habt ihr ein Gefühl von Nähe wiedergefunden und seid euren destruktiven Verhaltensweisen gegenüber aufmerksamer geworden. Also können wir uns jetzt möglichst entspannt der Konfliktarbeit zuwenden.

Konflikte

Ich bin an der äußersten Südspitze Indiens angelangt. Hier gibt es eine kleine Insel, wo der große indische Weise Vivekananda meditiert hat. Auf einem großen Plakat stehen kluge Sprüche. Einer lautet sinngemäß: Geh mit dem, was du sagst, bewusst um. Ein Wort kann schneiden wie ein Messer, stechen wie ein Schwert, tödlich sein wie der Biss einer Schlange. Ein gesagtes Wort kannst du nicht zurücknehmen.

Steht das nicht im Widerspruch zu der Aufforderung: Sprecht über alles, sprecht alles aus? Nein, steht es nicht. Ja, sprecht es aus. Aber bevor ihr sprecht, achtet auf euren Blick, und wenn ihr sprecht, achtet auf euren Ton.

Dein Ton im Konfliktfall sollte von Respekt geprägt sein. Jetzt denken viele bestimmt – so wie ich – an dieses Paar, das aufgrund zahlreicher Kommunikationsregeln auf gestelzte gekünstelte Weise miteinander spricht und so garantiert Nähe vermeidet. Zum Konflikt gehört auch Streit. Zum Streit gehören auch Wut und auch mal ein lautes Wort. Absichtliches Verletzen der seelischen oder körperlichen Integrität des andern gehört aber nicht in eine Liebesbeziehung. Beleidigungen, Beschimpfungen, Unterstellungen, körperliche Angriffe, all das bewirkt das Aus für eine Partnerschaft. Menschen, die sich selbst achten, ziehen eine Grenze zu einem Menschen, der sie nicht respektiert.

Das also betrifft den Ton: Respekt, Wahrung beiderseitiger Integrität.

Das zweite, weniger Selbstverständliche, aber ungemein Wichtige für eine gelingende Beziehung ist der Blick. Liebende blicken einander liebend an. Und Liebende bewahren diesen Blick füreinander. Sie tun etwas dafür, vom kalten Blick des Streits so schnell wie möglich wieder zum Blick der Wärme und der Liebe zurückzukommen. Viele Konflikte wären vermieden, wenn der liebende Blick zum Alltag des Paares gehörte.

Vor zwanzig Jahren während meiner Paartherapieausbildung nahmen mein Mann und ich an einer Übung teil, wo wir einander anschauen und vor unseren Augen den andern altern lassen sollten, vielleicht gebrechlich werden, hilfsbedürftig. Mit Tränen in den Augen sagte mein Mann damals: Du wirst nie alt werden, du bekommst vielleicht weiße Haare und Falten, aber du wirst immer diese lebendigen Augen und diese junge Ausstrahlung behalten. Damit machte er mir ein großes Geschenk, das des liebenden Blicks.

Es gibt das Gegenteil. Den abwertenden, kritischen Blick, der auf Mängel aus ist. Nicht selten ist es der Blick, den wir auf uns selbst richten. Die sinkenden Brüste, der dicker werdende Bauch, die grauen Haare, das Doppelkinn. Oder die angeborenen Defekte: die gespaltene Brustwarze, die Birnenform des Körpers, die zu lange Nase.

Partner, die uns lieben, lieben gerade diese »Makel« an uns. Sie machen uns nämlich unverwechselbar. Und besonders verletzlich. Und besonders berührbar.

Wie häufig kommen bildschöne Frauen zu mir in die Praxis und erzählen mir von ihren vielen Makeln. Genau diesen kritischen Blick richten wir auf unseren Partner, wenn wir von ihm verletzt, enttäuscht, gekränkt sind und es nicht wiedergutgemacht wurde. Kurz, wenn wir in eine Krise gerutscht sind. Oft allerdings sind wir in eine Krise gerutscht, weil wir den kritischen Blick trainiert haben und nicht den liebenden. Weil wir auf den Makel aus sind und nicht aufs Geschenk, auf die Besonderheit und Einmaligkeit des andern.

Es ist, als wollten wir uns schon im vorhinein vor dem Schmerz schützen, diese Liebe zu verlieren. Wenn ich meinen Partner anschaue und mich auf all das fokussiere, was mir an ihm gefällt, werde ich weich, und wenn ich weich werde, werde ich verletzlich. Ich spüre, dass dieser Mensch für mich ganz besonders und unersetzlich ist. Also schau ich weg von seinen schönen Augen, seinen geliebten Händen, seinem süßen Hintern zu seiner kahlen Stelle auf dem Kopf, dem beginnenden Bierbauch, dem Doppelkinn. Und er macht natürlich das Gleiche mit mir. Eine Spirale der gegenseitigen Abwertung beginnt.

Manche Menschen schützen sich auf diese Weise von vornherein vor der Gefahr der Abhängigkeit in der Liebe. Unnötig zu sagen, dass das genau diejenigen sind, die sich verzweifelt nach Nähe sehnen.

Jan kam zu mir, weil er an seinem Verhältnis zu Frauen »arbeiten« wollte. Vierzig Jahre alt, hatte er noch nie mit einer Frau zusammengelebt. Die Aufarbeitung seiner Geschichte war einfach. Seine Mutter, verheiratet mit einem Alkoholiker, hatte ihre Enttäuschung auf alle Männer übertragen. Sie war fordernd und kontrollierend. Sein Vater war schwach und konnte ihm keine Orientierung bieten. Jans Gefühle für seine Mutter waren, so lange er denken konnte, extrem ambivalent. Einerseits bemühte er sich, ihre Anerkennung zu erringen, andererseits hasste er sie geradezu. Früh im Krankenhaus gewesen, von der Mutter weg, war er dort zwar der Liebling einer Krankenschwester gewesen, aber von der Mutter entfremdet. Als er nach Hause kam, litt seine Mutter darunter, dass er bei ihr fremdelte.

Jan hatte also ganz früh schon zweimal die Erfahrung gemacht, einen geliebten Menschen zu verlieren. Und er hatte zweimal schon ambivalente Beziehungen gehabt: Die Krankenschwester war lieb und nah, aber sie war nicht die Richtige, die Mutter war zwar bemüht, aber sie war zum richtigen Zeitpunkt nicht da gewesen, also eine Enttäuschung.

In Jans Fall kam leider eine Erfahrung hinzu, die seine Ambivalenz Frauen gegenüber verstärkte: Ungefähr mit zehn Jahren sah er einen Pornofilm, in dem eine Frau gewalttätig mit einem Stock penetriert wurde. Eine starke Ambivalenz beim Anschauen dieses Films erinnerte er: einerseits Ekel, andererseits Faszination.

Die meisten Menschen haben nicht so viele negative Erfahrungen gemacht und haben trotzdem riesige Angst vor der Abhängigkeit in der Liebe. So nähren sie ständig ihre Ambivalenz. Jan nährte seine Ambivalenz durch immer die gleichen Erfahrungen: Er konsumierte Pornofilme, die ihn einerseits anzogen, andererseits ekelten. Er fühlte sich immer wieder von Frauen extrem körperlich angezogen, die ihn gleichzeitig extrem abstießen. Sie waren einerseits, wie er es beschrieb, ganz »süß« und weich, konnten aber im Nu umschwenken zu unfreundlich bis unverschämt, kontrollierend und fordernd. Nach einer solchen Frau war er verrückt, gleichzeitig hasste er sie.

Ihm wurde im Laufe unserer Arbeit und seiner Erfahrungen bewusster und bewusster, dass er sich auf diese Weise schützte vor einer Beziehung, nach der er sich gleichzeitig sehnte, in der er sich nämlich, wie er es nannte, »geborgen und zu Hause« fühlen konnte. Er verband sich nicht mit einer Frau, er war verbunden mit der Ambivalenz.

Überdeutlich wurde das, als er sich von einer warmherzigen Frau angezogen fühlte und sehr phantasievoll um sie warb. Als sie auf sein Werben einging, sich ihm auch sexuell hingab, brachte er einen Sack voller Abwertung der Frau zum nächsten Therapietermin mit, so dass ich ganz erschrocken war: Die Art, wie sie sich kleide, gefalle ihm doch nicht, sie sei zu konventionell, und obwohl ihre langen roten Haare ihn anfangs fasziniert hatten, habe er jetzt doch festgestellt, dass er Dunkelhaarige bevorzuge. Er verweigerte ihr also komplett einen liebenden Blick, und je verliebter sie in ihn war, umso abwertender sprach er über sie.

In der Folge häuften sich solche Begegnungen. Jans Frauenverachtung schälte sich immer deutlicher heraus. Er bemerkte, wie stark seine Freunde, die in festen Beziehungen lebten und Kinder hatten, unter der Fuchtel ihrer Frauen standen. Und dann sagte sein ältester »Kumpel«, er würde keine Pornos mehr gucken, weil das seine Frau verletze. Jan war entsetzt und sprach eine Therapiestunde lang darüber, dass er sich überlegt habe, eigentlich doch keine feste Beziehung zu wollen.

Es wurde immer klarer: Je liebenswerter und liebender eine Frau wirklich war, umso größer wurde Jans Angst, sie zu enttäuschen und von ihr verlassen zu werden. Der Frau als Mann nicht standhalten zu können. Um dieser Gefahr zu entgehen, baute er sich immer perfekter auf. Er wurde ein perfekter Tänzer. Er ging fünfmal die Woche zum Fitnesstraining und fuhr dreimal mit dem Rennrad. Er fand, er wäre ein toller Kerl und beschäftigte sich viel mit seiner Potenz.

Als ich mit Jan den liebenden Blick probte, fand er das lächerlich und überflüssig. Als ich sagte, ein liebender Blick verschließe nicht die Augen vor den Schwächen, sei nicht auf Perfektion aus und nicht darauf, den Angeschauten auf einen Sockel zu heben (da oben ist die Luft dünn), sondern das Liebenswerte zu erkennen, sich aufs Liebenswerte zu fokussieren, ohne die Schwächen auszublenden, stellte er fest, dass er diese Art liebenden Blicks auch für sich selbst nicht übrighatte.

Er trainierte den liebenden Blick. Er erlaubte sich selbst, Schwächen zu haben und zu zeigen. Und er entdeckte das Liebenswerte in den Schwächen von Frauen. Als Ergebnis wurden Frauen insgesamt netter zu ihm. Es war, als besäße sein Blick, der sich darauf richtete, das Anziehende und Liebenswerte in seinem Gegenüber zu sehen – und es oft auch zu spiegeln und zu formulieren –, die magische Wirkung, dass auch er von Frauen wohlwollender, freundlicher angeschaut wurde. Jan hatte noch einen langen Weg zu gehen, bevor er sich von seiner ihn vor Verlust bewahrenden Ambivalenz verabschieden konnte, der liebende Blick aber war ein wichtiger Meilenstein.

- Wie oft urteilst du in Gedanken negativ über deinen Partner, wertest ihn ab, kritisierst ihn?
- Zähl einmal die kritischen Bemerkungen oder rügenden Gesten, die du täglich deinem Partner gegenüber machst.

Selbstverständlich ist es notwendig, unserem Partner auch ein kritisches Feedback zu geben. Aber das Verhältnis von positiver zu negativer Rückmeldung sollte 5 : 1 betragen. Um dafür eine Bewusstheit zu entwickeln, ist es hilfreich, eine Weile stur zu zählen.

Jan ist ein gutes Beispiel dafür, wie eine männerverachtende Mutter einen frauenverachtenden Sohn hervorbringt. Achte einmal darauf, was du alles tust, sagst, vermeidest, ausdrückst, das frauen- oder männerverachtende Züge trägt.

- Setzt euch voreinander hin und richtet eure Aufmerksamkeit auf alles, was euch am andern gefällt.
- Nun nehmt euch eine halbe Stunde Zeit, um euch gegenseitig einen Liebesbrief zu schreiben, in dem ihr das ausdrückt.
- Setzt euch wieder voreinander und lest abwechselnd die Briefe vor.

Kommen wir noch einmal zu den Konflikten in eurer Beziehung zurück. Was ist eigentlich ein Konflikt? Im Fremdwörterduden steht: Zusammenstoß, Streit, Widerstand. Es gibt kleine und große. Vom Streit im Auto über den richtigen Weg zu einem Ziel bis zur großen Traurigkeit über das Gefühl von Alleinsein mit dem Partner oder die Unmöglichkeit, sich über einen gemeinsamen Wohnort beim Arbeitsplatzwechsel zu einigen. In den seltensten Fällen sind sie nicht zu bewältigen. Was es aber nahezu unmöglich macht, einen in einer Partnerschaft schwelenden Konflikt zu bewältigen, ist die Weigerung oder Unmöglichkeit, darüber zu sprechen.

Viele Paare schließen am Anfang wortlose Verträge. Es sind Verträge, über die Einverständnis vorausgesetzt wird. Oft allerdings gibt es kein beidseitiges Einverständnis. Der Song »Das große Erwachen« von Annett Louisan drückt das sehr präzise aus: Sie besingt, wie sie sich beim Kennenlernen verstellt hat, wenig sprach, ihm zuhörte, Interesse an dem heuchelte, was er erzählte, dabei kaum etwas verstand, nicht laut lachte, weil es ihn vielleicht stören könnte, ihn verführte, als hätte sie Lust, dabei ganz bewusst vorging und aufpasste, dass es nicht zu selbstbewusst wirkte:

ich hab mich verrenkt unter deinem Zelt
und hab so getan, als ob's mir gefällt
und jetzt möchte ich, dass du mich liebst
ganz genau so, wie ich wirklich bin
und mir all meine albernen Macken vergibst
meine Fehler, jetzt, verdammt, nimm sie hin!

Dafür gibt es unzählige Beispiele: Er ist jemand, der sich für humorvoll hält und viele Witze macht. Sie lacht perlend, aber nicht, weil sie ihn so komisch findet, sondern weil sie dem Mann gefallen will. Er geht davon aus, dass sein Humor für Leichtigkeit und Lachen in der Beziehung sorgen wird, dass er so ein Mittel zur Hand hat, sie aufzuheitern, wenn sie traurig oder wütend ist. Er weiß durchaus, dass er Schwächen hat, die für Schwierigkeiten sorgen werden, aber seinen Humor hält er für eine Stärke. Sie hingegen findet Männer scheußlich, die »humorvoll« versuchen, sie aufzuheitern, wenn sie traurig ist. Und so weiter. Es ist klar: Sie wird den unausgesprochenen Vertrag brechen.

Oder: Er ist in der Werbephase ein leidenschaftlicher Küsser, und sie liebt es, geküsst zu werden. Für sie ist Küssen ein wichtiger Bestandteil einer Liebesbeziehung, ohne leidenschaftliches Küssen in der Sexualität fehlt ihr etwas Elementares. Er hört aber mit der Küsserei auf, sobald die Beziehung ihm sicher ist. Das Gleiche gilt für Streicheln, bestimmte sexuelle Praktiken, die zuerst selbstverständlich zu sein scheinen und dann einfach wegfallen.

Die witzige Hochzeitsglückwunschkarte »Your last blowjob« spricht von der Enttäuschung über einen häufig vorkommenden Vertragsbruch. Wenn die Frau verliebt ist, gefallen will, zeigt sie Lust auf Sex und äußerst sich begeistert über seinen Phallus, weil sie weiß, dass ihm das gefällt. Wenn es allerdings fest ist, möchte sie ein Buch lesen, über Probleme sprechen oder ist zu müde für Sex.

Es ist deshalb sinnvoll, kleine Verträge auszuhandeln,

schriftlich. Ich liebe die Passage in Isabel Allendes Roman »Paula« (S. 449), wo sie beschreibt, wie sie ihren Willie kennengelernt hat, einen Rechtsanwalt. Nachdem sie sich verliebt hat und wieder von Kalifornien nach Lateinamerika zurückgekehrt ist, schickt sie ihm einen langen Vertrag, in dem alles steht, wozu er sich verpflichten soll und wozu sie sich verpflichtet. »… schickte ich ihm per Kurier einen in zwei Spalten geteilten Vertrag, in der einen standen genau aufgeführt meine Forderungen und in der anderen das, was ich bereit war, im Verhältnis dazu anzubieten. Die erste war ein Endchen länger als die zweite und enthielt einige Schlüsselpunkte wie etwa Treue – denn die Erfahrung hat mich gelehrt, dass das Gegenteil die Liebe zerstört und sehr ermüdend ist – und andere eher anekdotische wie zum Beispiel, mir das Recht einzuräumen, unser Haus nach meinem Geschmack einzurichten.«

Dieser Vertrag wurde nicht vor einem Notar unterschrieben, er gründete sich auf Treu und Glauben. Aber sie vertraute darauf, dass keiner von beiden absichtlich etwas tun würde, was den andern verletzte. Ihr Willie war übrigens so amüsiert von diesem Vertrag, dass er seine Anwaltsvorsicht vergaß und seine Unterschrift unter das Papier setzte, bevor er es an sie zurückschickte.

Sie hat sich zu Treue verpflichtet, weil sie die verheerende Wirkung der Untreue erfahren hat. So ist es: Manches müssen wir erst erlebt haben, um in voller Schärfe zu wissen, wie wichtig uns etwas ist. Insofern verändern sich Liebesverträge ständig.

Wenn man etwas für selbstverständlich hält, wird man es nicht in einem Vertrag erwähnen. Wenn jemand immer in Beziehungen war, in denen Küssen selbstverständlicher Bestandteil des Liebens war, wird er es keiner Erwähnung wert halten. Erst wenn er unter etwas gelitten hat, weiß er, dass er das garantiert nicht wieder erleben will.

- Wenn ich mit dir am Anfang einen Vertrag geschlossen hätte, was hätte ich da hineingeschrieben?
- Formulier den Vertrag Wort für Wort.
- Wenn ich heute einen Vertrag aufsetzen würde, was käme von meiner Seite aus hinein?
- Wo bin ich bereit, mich auf einen Vergleich einzulassen? Wo nicht?

Zum Abschluss noch einmal kurz zu den großen und kleinen Konflikten: Manche Paare streiten regelmäßig über Kleinigkeiten, z. B. wer die Spülmaschine ausräumt, weil sie große Angst davor haben, die großen Konflikte zur Sprache zu bringen. Denn die großen Konflikte können eine Beziehung sprengen. Wenn wir uns auf keine gemeinsame Lebensform einigen können, einer immer unzufrieden bleibt, ist das auf Dauer nicht auszuhalten, das betrifft alle existentiellen Bedürfnisse. Wenn ihr so ein Paar seid, das sich in »kleinen« Konflikten verbeißt, fragt euch: Worum geht es wirklich? Und dann springt ins kalte Wasser und sprecht darüber!

Feedback geben

Feedback ist ein Geschenk. Feedback heißt wörtlich übersetzt »zurückfüttern«. Im Deutschen haben wir es mit Rückmeldung übersetzt. Das zeigt nicht in vollem Ausmaß, wie wichtig Feedback für unsere Nährung in der Liebe ist.

Ein Feedback ist eine Antwort auf uns. Je direkter wir beantwortet werden, umso stärker fühlen wir uns gesehen. Mit verzögertem Feedback können wir schlecht umgehen. Wenn wir auf unsere Handlung zunächst keine Antwort bekommen, nehmen wir an, die Handlung habe keinen Effekt gehabt. Wir probieren dann vielleicht etwas Gegenteiliges aus. Wenn dies auch nichts bringt, tun wir wieder das Gegenteil oder gar nichts. Auf jeden Fall kommen so wir selbst und auch die ganze Beziehung durcheinander.

Wenn wir aber auf unsere Handlungen ein unmittelbares Feedback erhalten, dann spüren wir sofort, was uns in die gewünschte Richtung bringt. Wir haben eine sofortige Erfolgskontrolle.

Es gibt Menschen, die intuitiv Tätigkeiten wählen, die direktes Feedback geben: Musizieren – ich tue etwas und höre es sofort. Zeichnen, Malen – ich trage eine Farbe auf und sehe sie sofort. Alles am Computer, besonders Spiele – ich bewege meine Hand, und die Bilder reagieren sofort. Kochen – ich würze und kann sofort schmecken. Gartenarbeit – ich pflanze, grabe, schneide und sehe sofort das Ergebnis.

Einem Partner das Feedback vorzuenthalten kann eine sehr subtile Form von Machtausübung sein: Ich lasse dich strampeln, so viel ich will, ich lasse dich ins Leere laufen, ich lasse dich hängen, von mir kriegst du keine Reaktion.

Und noch einmal zum Feedback. Wenn du deinem Partner Feedback verweigerst, höhlst du eure Beziehung langsam aus. Ich gebrauche das Bild vom Stein, der ins Wasser fällt. Wenn anschließend keine Wellen da sind, fehlt etwas. Wenn ich meinem Partner etwas über meine Gefühle und Gedanken erzähle und er reagiert nicht, steht einfach auf und sagt: Wollen wir frühstücken?, oder: Ich muss mal, und nicht zurückkommt, oder einfach schweigt und das Ganze unter den Tisch fallen lässt, als hätte ich gar nichts gesagt, entsteht bei mir der Eindruck, dass es ihm vollkommen egal ist, was ich denke und fühle. Menschen reagieren in diesen Situationen unterschiedlich. Manche toben und schreien und streiten, andere werden still, andere weinen, andere wenden sich heimlich einem Dritten zu. Alle aber verlieren das Vertrauen, dass sie wirklich von Bedeutung für den andern sind. Wenn dir also an deinem Partner etwas liegt, solltest du trainieren, ihn nie ins Leere laufenzulassen, sondern immer, wirklich immer zu reagieren. Wenn nicht sofort Zeit da ist, dann eben zeitversetzt, indem du später auf Gesagtes, Getanes zurückkommst.

Vor einiger Zeit hatte ich eine sehr traurige Sitzung mit einem Paar. Die Frau ist seit einem Jahr bei mir in Therapie, der Mann war vor einem Jahr mitgekommen und nun wieder. Vor einem Jahr beklagte er sich sehr über seine Frau. Sie sei zänkisch, würde immer meckern, er könne ihr sowieso nichts recht machen, sie sei auch immer so traurig, wahrscheinlich sei sie krank, depressiv. Ich solle es richten.

Die Klientin hat in diesem Jahr ganz allmählich all die Energie, die sie vorher in die Beziehung gesteckt hatte, auf ihre eigene Entwicklung gerichtet. Sie hat sich nicht mehr mit Süßem und Alkohol für den Mangel an Feedback, seelischer Nähe und Zärtlichkeit getröstet, sondern sie hat begonnen, Sport zu treiben, ist zum Tanzen gegangen, hat kreative Interessen entwickelt, Freundschaften gepflegt und ist allein verreist. Vor einem halben Jahr etwa hat sie eine Liebesbeziehung zu einem Mann begonnen, der ihr unmittelbares Feedback auf sie gab: als Frau, in ihren Bedürfnissen, Sehnsüchten, Ängsten. Sie wurde schlank, sexuell aktiv und zufrieden.

In jener Sitzung nun wollte sie ihrem Mann mitteilen, dass sie ihn verlassen wolle. Sie hat es ihm im Verlauf der letzten Monate immer wieder gesagt: Unsere Beziehung ist in einer Krise, wir müssen etwas ändern. Ich bin in unserer Beziehung nicht glücklich, wenn wir eine Zukunft haben wollen, muss sich ganz viel ändern. Ich will ausziehen.

Sie hat es gesagt, und er hat reagiert wie immer. Er hat abgewehrt, wurde kurz zornig, zog sich zurück. Keine Antwort. Keine Fragen. Nichts. Sie hat nicht mehr gestritten, nicht mehr gekämpft, nicht gemeckert. Sie hat resigniert. Nun sagte er, dass er ihre Beziehung im letzten halben Jahr viel schöner fand. Seine Frau sei viel entspannter gewesen, hätte nicht mehr gemeckert, er musste keine scheußlichen Beziehungsgespräche mehr führen.

Ich habe vor ihm gesessen und konnte es nicht fassen. Er hatte gar nicht gemerkt, dass es keine Nähe, keine Intimität, keine seelische Berührung zwischen ihnen gegeben hatte. Er war zufrieden gewesen! Ich möchte betonen: Der Mann ist sympathisch. Ich glaube, er liebt seine Frau. Er möchte mit ihr weitere zehn Jahre zusammenbleiben. Aber er hat es sich bequem gemacht. Beruflich setzt er sich ein, wenn etwas schwierig wird. Da wendet er Energie auf, da wirbt er, kämpft er, gibt er alles. Bei seiner Frau hält er alles zurück: keine Frage, keine Antwort, keine Nährung, keine Berührung, kein Trost, keine Begeisterung, kein Feuer, kein Werben, kein Feedback.

Seine Frau drückte in meinem Beisein aus – er konnte nicht weglaufen –, dass sie der Beziehung keine Zukunft gebe. Ihm blieb die Luft weg. Irgendwann sagte er mit belegter Stimme: Ich glaube, ich brauche Hilfe. Ich habe meine Ehe nicht absichtlich gegen die Wand gefahren. Aber ich habe mich immer so hilflos gefühlt.

Und wie reagieren Sie, wenn Sie sich hilflos fühlen?, fragte ich.

Dann ziehe ich mich zurück.

Aber allein, im stillen Kämmerlein gibt es keine Hilfe für Wachstum, Lernen, Weiterentwickeln. Da gibt es keine Antwort auf all die Fragen.

Die Macht des Zuhörens

Dieser Mann hat sehr eindrücklich gezeigt, wie wichtig es ist, *da*zubleiben, zuzuhören und zu fragen. Auch wenn es wehtut.

Interessiertes Zuhören kann unterschiedlich ausfallen:

1. Du konzentrierst dich nur auf dich und filterst ständig: Was bedeutet das Gesagte für mich?
2. Du hörst aktiv zu, d. h., der andere steht im Mittelpunkt. Für den Moment konzentrierst du dich nur auf den spre-

chenden Partner. Durch aktives, konzentriertes Zuhören kommt die Botschaft, die dein Partner vermitteln möchte, bei dir an. Du hörst nämlich heraus, was dein Partner wirklich will. Du hörst die Werte und Wünsche. Du nimmst die Gefühle auf. Wenn du deinen Partner bittest, dir seine Gefühle mitzuteilen, und du wirklich zuhörst, entwickelt sich große Nähe.

3. Intuitives Zuhören hebt das Zuhören auf eine andere Ebene. Du empfängst die gesendeten Botschaften nicht nur mit allen Sinnen, sondern lässt auch deine Intuition einfließen.

Zu wissen, wie ihr euch zuhören könnt, ist von unschätzbarem Wert. Effektives Zuhören schafft Vertrauen. Dabei geht es um gegenseitigen Respekt. Gute Beziehungen gründen auf dem Bewusstsein, wie wertvoll es ist, sich gegenseitig Zeit und Raum zu geben, um Träume und Absichten und Bedürfnisse und Gefühle zu formulieren. Denn wenn jemand Zeit hat, um das zu sagen, was er sagen möchte, und der andere es wirklich wissen will, wenn er weder unterbrochen, gestoppt, noch verurteilt oder ausgelacht wird, dann entwickelt sich tiefes Vertrauen, und das Wagnis der Offenbarung wird immer wieder und tiefer eingegangen. So erfüllen sich Sehnsüchte. So werden Paare glücklich.

Es geht also um Zuhören und um Feedback. Zum Feedback gehören auch Fragen. Fragen sind Einladungen. Sie laden dazu ein, sich genauer zu erklären, sich freier zu zeigen, näherzukommen. Wenn ich frage, zeige ich meinem Partner, dass ich mich wirklich für das interessiere, was er sagt, dass ich neugierig auf ihn bin.

Ein Gespräch über euch führt dazu, dass du innehältst und über dein Tun nachdenkst. Wieso handelst du so, wie du handelst? Wie reagierst du auf die Art und Weise, wie dein Partner handelt? Vielleicht hast du es immer so gemacht. Vielleicht hast du es von deinen Eltern übernommen.

Es ist nicht nur für deine Partnerschaft von Vorteil, aktiv zuhören zu können, wichtige Fragen zu stellen und direktes Feedback zu geben, es hilft dir in sämtlichen Lebensbereichen.

Es gibt unterschiedliche Arten von Fragen: Die Art der Frage und die Art und Weise, wie du sie stellst, kann eine Unterhaltung in Gang setzen oder auch beenden. Offene Fragen sind hervorragend dazu geeignet, eine Unterhaltung zu beginnen. Geschlossene Fragen hingegen haben ein Ja oder Nein als Antwort zum Ziel. Sie sind sehr effizient, wenn es darum geht, sich rückzuversichern oder Entscheidungen bestätigen zu lassen, aber nicht, wenn es darum geht, dem Partner Raum und Zeit zu geben, sich dir mit seinen Gedanken und Gefühlen zu offenbaren. Eine geschlossene Frage ist zum Beispiel: Willst du, dass wir sexuell etwas Neues ausprobieren? Eine offene Frage wäre: Was schwebt dir denn vor, wenn du davon sprichst, Neues ausprobieren zu wollen?

Es gibt auch motivierende Fragen, die von der Annahme ausgehen, dass etwas auf jeden Fall sinnvoll ist. Zum Beispiel: Wann wollen wir uns ganz viel Zeit für unsere Sexualität nehmen? Hier wird vorausgesetzt, dass beide Interesse an ihrer sexuellen Beziehung haben, dass beide der Meinung sind, dass Sexualität Zeit braucht, und dass beide wirklich aktiv werden wollen. Solche Fragen sind am Ende eines Gesprächs über Bedürfnisse, Sehnsüchte, Änderungswünsche sehr angebracht.

In diesem Zusammenhang ist es wichtig, noch einmal auf die Gefühle von Unsicherheit, Angst, Zweifel einzugehen. Wenn mein Partner mir von etwas erzählt, das ihn ängstigt, traurig macht, das er ändern möchte, reagiere ich leicht mit Hilflosigkeit oder Angst oder auch mit Traurigkeit. In einer Kommunikation, in der ich auf den anderen konzentriert bin und nicht sofort darauf achte, was das mit mir macht, höre ich erst einmal weiter zu, frage nach, versuche, meinen Partner wirklich zu verstehen. Dann erst kann ich meine

Aufmerksamkeit darauf richten, was es mit mir macht und das auch formulieren. Zum Beispiel: Das macht mich hilflos. Ich werde ganz traurig mit dir.

Meistens ist es aber so, dass wir uns zuerst einmal von der Offenheit und Verletzlichkeit und vom Vertrauen unseres Partners berührt fühlen, wenn wir uns ganz auf ihn eingestellt haben. Die Berührung durch das Vertrauen des andern, der sich uns offenbart, ist ein großes Geschenk. Das sollten wir spüren und formulieren.

Viele Menschen haben aktives Zuhören nie gelernt. Sie hören kurz zu, überprüfen, was es mit ihnen macht und suchen nach einer Lösung. Dieses Verhalten mag beruflich von Wert ein. In einer Liebesbeziehung – wie auch in anderen menschlichen Beziehungen zu Kindern, Freunden usw. – würgt es den andern ab.

Eine meine Klientinnen ist schier wahnsinnig davon geworden, dass ihr – sehr gutwilliger – Mann sofort, sobald sie irgendein negatives Gefühl äußerte, einen Lösungsvorschlag machte, der dieses Gefühl überflüssig machen sollte. Es wirkte aber nicht wie eine Lösung, sondern eher wie ein Totschlagen ihrer Gefühle. Außerdem war sie durchaus in der Lage, selbst nach Lösungen zu suchen oder ihn um Hilfe zu bitten, wenn sie diese Hilfe brauchte, sie wollte aber zuerst einmal nichts als Akzeptanz und Verständnis.

Zu welchem Kommunikationstyp gehörst du in deiner Liebesbeziehung:

- Ich offenbare mich mit meinen Gedanken und Gefühlen offen und vertraue meinem Partner, dass er mit meiner Verletzlichkeit gut umgeht.
- Ich mache alles mit mir selbst aus und teile meinem Partner hieb- und stichfeste Ergebnisse mit, wenn überhaupt.
- Ich achte ständig darauf, was das mit mir macht, bei mir auslöst, in mir wachruft, wenn mein Partner mir etwas über seine Gedanken und Gefühle erzählt.

- Ich beurteile meinen Partner schnell. Ob ich es richtig oder falsch finde, was er sagt. Gut oder schlecht. Konstruktiv oder destruktiv.
- Ich sehe erst mal von mir ab und wende mich ganz meinem Partner zu, wenn er mir etwas von sich offenbart. Ich frage nach, bis ich ihn verstanden habe.
- Ich bin sehr neugierig auf meinen Partner, auf seine Art zu denken und zu fühlen.
- Gefühlsäußerungen meines Partners machen mich schnell unruhig und unsicher.
- Ich bin sehr lösungsorientiert. Wenn mein Partner »negative« Gefühle äußert, versuche ich schnell, eine Lösung zu finden, damit die verschwinden.
- Ich habe mich im Laufe unserer Beziehung ganz allmählich immer mehr zurückgezogen und erzähle meinem Partner nur noch wenig von meinen Gefühlen, weil ich nicht den Eindruck habe, dass er es wissen will.
- Ich vertraue meinem Partner nicht – nicht mehr –, dass er wirklich an mir interessiert ist.
- Ich glaube, mein Partner will vor allem nicht behelligt werden; faule Harmonie ist ihm lieber, als von meiner Unzufriedenheit zu hören.
- Ich habe mich damit abgefunden, dass unsere Beziehung nicht diese Intimität bekommt, die entsteht, wenn man sich schutzlos offenbart.
- Ich habe mich verändert, seit ich mit diesem Partner zusammen bin, ich bin viel verschlossener geworden, halte oft den Mund. Es hat ja doch keinen Sinn, etwas von mir zu erzählen.

Ich brauche nicht zu sagen: Wenn du soundso häufig bei der und der Frage ja oder nein angekreuzt hast, gibt es einen ganz dringenden Veränderungsbedarf in deiner Beziehung. Das weißt du selbst.

Ich habe das Thema »Kommunikation« nicht ohne Grund

erst so spät in diesem Buch behandelt. Ich bin nämlich davon ausgegangen, dass all diese Fragen am Anfang ein niederschmetterndes Ergebnis gezeigt hätten. Und ich gehe davon aus, dass sich in eurer Kommunikation im Laufe der Arbeit an diesem Buch vieles verändert hat. Wenn die Antworten jetzt noch niederschmetternd ausfallen, ist die Zeit für sehr, sehr klare Worte gekommen. Denn eine Beziehung, in der du dich nicht gesehen, nicht gehört, nicht genährt (Feedback) fühlst, ist auf die Dauer nicht gesund.

Das nächste Kapitel widmet sich der Sexualität. Wenn ich mich nicht öffnen kann, weil mein Partner mir keinen Raum und keine Zeit einräumt, weil er nicht wirklich etwas von mir wissen will, und ich leer und unbeantwortet zurückbleibe, wenn ich mich offenbare, ist die Verletzung vorprogrammiert, wenn ich über Sexualität spreche. Das muss also geklärt sein! Klärt es! Sprecht unangenehme Wahrheiten offen aus. Und sprecht angenehme Wahrheiten offen aus. Versucht, die 5-zu-1-Regel einzuhalten. Aber letztlich geht es nicht um Regeln. Es geht um Vertrauen.

Also zum Abschluss noch einmal: Wichtig ist, dass ihr euch aktiv zuhört.

- Stellt Fragen, die eurem besseren Verständnis dienen, keine Fragen, die das Gesagte in Frage stellen!
- Konzentriert euch darauf, was euch wirklich wichtig ist!
- Schiebt nichts auf – wenn ihr zu einem gemeinsamen Ergebnis gekommen seid, setzt es sofort in die Tat um!
- Macht Pläne und werdet aktiv!
- Verliert das Beschlossene nicht aus den Augen, fragt nach, ob euer Partner jetzt zufriedener ist!
- Versichert euch!
- Zeigt euch, dass ihr euch seht, hört, versteht, liebt! »Nährt euch zurück!«

Vive l'amour! Faire l'amour lässt Liebe leben

Sexualität – ein heißes Thema!

Hier treffen sich alle Widersprüche der Liebe im Extremen. Tiefste Gefühle und flachste Fühllosigkeit, heißeste Sehnsucht und bohrendste Angst, stärkstes Verlangen und gröbste Abwehr, verspielteste Kreativität und ödeste Langeweile, innigste Verschmelzung und befremdendste Abgrenzung.

Sexuelle Attraktion führt Paare zusammen, sexueller Frust treibt Paare auseinander. Eine neue statistische Untersuchung ergab, dass in Deutschland 70 Prozent der Frauen beim Sex nur selten einen Orgasmus bekommen. Und das heute nach der sogenannten sexuellen Revolution. Alles scheint doch bekannt: Die verschiedenen Arten von Orgasmusmöglichkeiten bis hin zum multiplen Orgasmus der Frau, ausgelöst in der Vagina, an der Klitoris oder am G-Punkt.

Die sexuelle Revolution hat mit allen Tabus gebrochen. Seltsamerweise gibt es aber heute geradezu eine Inflation sexueller Störungen, die speziell Männer betreffen. Es scheint, als wirke sich die Veränderung der Männerrolle ganz besonders in der Sexualität als Unsicherheit aus, die Blockaden oder Störungen bewirkt.

Doch auch die Definition einer sexuellen Störung ist in ständiger Veränderung begriffen. Gesellschaft und Kirche wirkten und wirken da unterschiedlich ein. Nehmen wir allein den als klinische sexuelle Störung definierten Exhibitionismus: Die Möglichkeit, Menschen mit Nacktheit zu erschrecken und vor Gericht zu landen, hängt auch von der Kleiderordnung einer Gesellschaft ab. Es ist noch nicht sehr lange her, dass ein Mann in Spanien vor Gericht geführt wurde, wenn er in der Stadt kurze Hosen trug. In vielen Ländern gilt eine Frau auch heute noch als Hure, die sich oben ohne an den Strand legt. Ein anderes Beispiel für die Einwirkung gesellschaftlicher Normen auf die Definition einer Störung ist die Homosexualität. Es ist noch nicht so lange her, dass Homosexualität in Deutschland als kriminelle Perversion galt.

Im Verständnis heutiger Sexualpsychologie wird eine sexuelle Störung als Stehen- oder Steckenbleiben an einem bestimmten Punkt der sexuellen Annäherung oder Abgrenzung verstanden. Viele Frauen, die im Liebesspiel ein hohes Maß an Erregung erleben, stoppen sich selbst vor dem Orgasmus, ebenso wie viele Männer mit verzögertem oder vorzeitigem Samenerguss, Erektionsstörung oder Anorgasmie sich selbst im freien Ausdruck ihrer Lust hemmen und kontrollieren. Eine sexuelle Störung ist keine Krankheit, sondern eine Entwicklungshemmung.

Eine Hemmung im natürlichen Prozess der Entwicklung gibt es in anderen Bereichen ebenso, nehmen wir den Messie, der im Zustand des Habenwollens, Festhaltens steckenbleibt und nicht zur nächsten Stufe des Loslassens, Strukturierens weitergeht. In sämtlichen Süchten zeigt sich so etwas. Nehmen wir die weibliche Magersucht, wo im Zustand des Mädchens steckengeblieben und nicht der Reifeschritt zur Frau vollzogen wird.

Die Glücksforschung hat gelehrt, Sexualität noch einmal aus einer ganz anderen Perspektive zu betrachten. Menschen mit einem hohem Glückslevel leben körperliche Berührungen, Zärtlichkeit, Nähe und Sexualität in lang andauernden vertrauten Partnerschaften, und sie tun es aktiv und gestaltend. In der Sexualität fühlt sich ein Paar eins, und auch der einzelne Mensch fühlt sich eins mit sich selbst. Entfremdung von sich selbst und vom andern wird aufgehoben. Das macht glücklich.

Da fragt man sich: Warum nutzen viele Paare diese Möglichkeit zum Glück so wenig? Sie brauchen dafür kein Vermögen, kein Haus, kein großes Auto, sie brauchen nur einander.

Probleme, die ein Mensch oder ein Paar hat, zeigen sich seismographisch in der Sexualität. Wie die Flucht bestimmter Tiere ein bevorstehendes Erdbeben ankündigt, so weist eine sexuelle Störung in der Partnerschaft darauf hin: Hier grummelt es im Untergrund.

Sexualität, so schwer fassbar!

Auch ich muss bei diesem Thema »die Hosen runterlassen«. Ich muss meine Haltung zur Sexualität, meine Werte, mein Frauen- und Männerbild offenlegen. Denn wahr ist doch: Es macht einen riesigen Unterschied, ob ich mit einem sexuellen Problem zu einer katholischen Paarberatung oder zu einer Therapeutin gehe, für die Sexualität ein lästiges Übel ist, oder zu einem Therapeuten, der über die neuesten sexologischen Forschungsergebnisse bestens informiert ist, aber als Single und vor allem für seine Arbeit lebt, oder zu einer Therapeutin wie mir, die sich intensiv mit ekstatischen Zuständen, Trancetanz, Tantra-Yoga und Schulung der Sinnlichkeit beschäftigt hat und für die eine erfüllende Sexualität einen wichtigen Bereich ihrer Lebensqualität ausmacht.

Genauso wie Partner ihre Haltung zur Sexualität offenlegen müssen, damit ein Dialog überhaupt möglich ist, muss ich das tun, weil nur auf der Basis von Vertrauen und Offenheit Entwicklung möglich ist.

Meine Position zur Sexualität ist folgende:

- Liebe und Sexualität gehören zwar nicht zwingend zusammen, aber eine lebendige erfüllende Sexualität gehört in den meisten Fällen zu einer glücklichen Partnerschaft dazu.
- In der Sexualität können Partner gemeinsam ihre Kreativität entwickeln und ausleben.
- In der Sexualität fallen gesellschaftliche Masken weg, und

Frau und Mann begegnen sich nackt und verbunden mit ihrer Natur.
- Menschliche Sexualität wie Sexualität in der Partnerschaft ist in ständiger Veränderung begriffen.
- Ich persönlich würde in einer Beziehung ohne lebendige kreative Sexualität eingehen wie eine Hortensie ohne Wasser.

In allen vorigen Kapiteln wurde bereits deutlich, dass Sexualität überall enthalten und alles in Sexualität enthalten ist. Gehen wir deshalb noch einmal gemeinsam die einzelnen Schritte den ganzen Weg raus aus der Krise hin zu einer starken Partnerschaft und konzentrieren uns dabei auf die Sexualität.

Stagnation, Krise, Not

Eine krisenhafte Situation wirkt sich immer auf die Sexualität aus. Manche Paare vermeiden jede Berührung, weil diese auch den Schmerz über die Verletzung, Enttäuschung, Schuld und Scham oder all die anderen scheußlichen Gefühle weckt. Manche Paare stürzen sich geradezu in Abständen aufeinander, fallen wie Verhungernde übereinander her, um in der sexuellen Vereinigung zu vergessen, was zwischen ihnen steht. Im Sex wird der Konflikt ausgeblendet, ähnlich wie durch Alkohol, Internetsex, Shoppen usw. Das Problem ist, dass die Abstürze tiefer werden wie bei jeder anderen Droge auch und die Dosis erhöht werden muss. In Beziehungen, in denen es Gewalttätigkeit gibt, Frauen zum Beispiel geschlagen werden, gibt es fast immer diese exzessiven Zeiten sexueller Ekstase, weil zum einen Angst und Aggressivität für starke Gefühle sorgen, zum andern beide auf diese Weise alles ausblenden und sich für einen gewissen Moment in Sicherheit wiegen können.

In der Krise dient oft die Argumentation, sexuelle Attraktion würde im Laufe der Zeit weniger werden, als Leugnung des eigentlichen Problems. Gegen diese Behauptung sprechen sogar neueste statistische Daten. In einer Erhebung, die 2009 mit 13 000 Probanden durchgeführt wurde, antworteten auf die Frage, wann der Reiz des Neuen am Partner vorbei sei, 64 Prozent mit »nie«. Nur 6 Prozent zum Beispiel antworteten: »nach 7 Jahren«. 9 Prozent aber: »nach einem Jahr«, ebenso wie 9 Prozent bereits »nach einem halben Jahr« angaben. (Oder sogar jeweils 1 Prozent »nach einer Nacht«, »nach einer Woche«.) Hier zeigt sich, dass der Reiz, den ein Partner auf mich ausübt, mit wachsender Liebe und vertieftem Vertrauen stärker wird, Beziehungen hingegen, die nach ein bis zwei Jahren stagnieren, wo die Verliebtheit nicht zur Liebe wächst, die ersten Krisen nicht überwunden werden, auch den sexuellen Reiz verlieren.

Bei Paaren, die in meine Praxis kommen, liegt die Ursache für die Störung der Sexualität nie in der Dauer der Beziehung. Ganz im Gegenteil berichten die meisten Paare im Laufe der Therapie, wenn die Beziehung heiler wird, von einer Vertiefung ihres sexuellen Erlebens, von einer bislang noch nie erlebten Leidenschaft und Sinnlichkeit. Sämtliche Untersuchungen zu weiblicher Sexualität zeigen, dass die weibliche Orgasmusfähigkeit, d.h. die Fähigkeit zu tiefem Fühlen, zu Hingabe und Fallenlassen, mit dem Selbstvertrauen ebenso wie mit dem Vertrauen in den Partner steigt. So ist zu erklären, dass die oben genannte statistische Erhebung ergeben hat, dass 67 Prozent aller Frauen ab fünfundfünfzig Jahren zufrieden mit ihrer Orgasmusintensität sind. Diese Frauen befinden sich größtenteils in langjährigen festen Beziehungen.

Die Behauptung, dass Männer den Kick des Neuen bräuchten, grenzt an eine Diffamierung männlicher Sexualität. Die Reduzierung auf die Eroberung ist eine Störung, der sogenannte Donjuanismus tritt bei Männern auf, die auf einer bestimmten Stufe ihrer sexueller Reifung stehengeblieben sind.

Sexualität durchläuft ebenso Zyklen wie die ganze Beziehung. Und ebenso wie ein Paar sich den zyklischen Anforderungen stellen muss, um zusammenbleiben zu können, bleibt ihm nichts anderes übrig, als sich den zyklischen Veränderungen in der Sexualität zu stellen. Doch hier fällt es den meisten besonders schwer, darüber zu sprechen und die eigenen Gefühle offenzulegen.

Dabei bietet Sexualität eine riesige Chance und auch Anforderung, als Persönlichkeit zu wachsen. Nach der ersten Phase der Verliebtheit und Symbiose schlägt es immer ins Gegenteil um. Dann enttäuschen Partner einander. Oft bricht einer aus, geht fremd, flüchtet sich in Phantasien. Und setzt die Spirale in Gang: Der andere tröstet sich in den Armen eines andern. Oder streitet. Machtkämpfe beginnen. Wenn es dann nicht zur Trennung kommt, kann, von Rückfällen begleitet, das Umdenken und Umlernen in der Sexualität beginnen, das in eine erfüllende Integration von Liebe und Sexualität, von Verantwortung für den Partner, Ausleben des kreativen Potentials und vertiefter Ekstase führen kann.

In der Sexualität zeigt sich, ob ein Paar gemeinsam gewachsen oder in seiner Entwicklung steckengeblieben ist. Alle Paare, die ich in der Praxis habe und die miteinander wachsen, vertiefen ihre Sexualität. Viele Frauen vertrauen sich ihren Partnern stärker an, viele Männer entwickeln ein ganz neues männliches Selbstwertgefühl, mehr Kraft und auch mehr Potenz.

- Was empfinde ich (es geht hier wirklich nur um das Gefühl, die eigene Wahrnehmung, nicht um die Wahrheit) als unheil an unserer Sexualität?
- Wie hat sich unsere Krise auf unsere Sexualität ausgewirkt?

- Was stört mich, mich meinem Partner vertrauensvoll hinzugeben?
- Was stört mich, auf meinen Partner aktiv und lustvoll zuzugehen?

Investition

Sexualität reagiert dankbar auf Investition. Investitionen setzen relativ schnell etwas in Bewegung. Sexualität braucht Zeit, Raum, Aufmerksamkeit, Konzentration, kreative Gestaltung – ja, und auch Disziplin. Gerade wenn Berührung vermieden wurde, um den Schmerz nicht zu fühlen, hat sich eine hohe Mauer aufgebaut. Diese abzutragen verlangt, all die Gefühle auszuhalten, die dann aufwallen, all die Tränen, all das, was zumindest einem von beiden die Seele verstopft und was an Gefühlsausdruck vorher nicht erlaubt war.

Und es verlangt auch, die Investition an Bemühung zu wiederholen, wenn es nicht sofort »erfolgreich« war. Da ist Beharrlichkeit gefragt.

Bei vielen Paaren wünschen sich beide mehr Sex. Aber irgendwie finden sie nicht zueinander. Sie schieben alle möglichen Gründe vor, um sich vor Aktivität zu drücken: Alltag, Biorhythmus, der eine kann morgens, der andere abends, Müdigkeit, Arbeitsstress usw. Aber bei der Sexualität nicht den Stier bei den Hörnern zu packen ist gefährlich. Eine Sache ist, eine Weile auf Kinobesuche zu verzichten, die andere auf Sex. Das können die wenigsten akzeptieren. Also legen sich Frauen oder Männer eine tickende Zeitbombe ins Bett, weil sie bequem sind und risikoscheu, Angst davor haben, abgewiesen oder mit einem aufwallenden Gefühl des Partners konfrontiert zu werden.

Als Rezept gilt: Investier bewusst in Freiräume. Und dann konzentrier dich nur auf deinen Partner. Konzentration ist die wichtigste Voraussetzung! Selbst wenn dann kein »geiler

Sex« dabei herauskommt, hast du, das schwöre ich, in deine Beziehung etwas sehr Wichtiges investiert.

Überhaupt noch kurz zum »geilen Sex«. Immer wieder höre ich: Einer kommt so schnell, dass der andere nichts davon hat. Der eine braucht so lange, dass der andere die Lust verliert. Wenn ihr euch aufeinander konzentriert, habt ihr viele Möglichkeiten, Spaß miteinander zu haben. Die Sache mit dem großen gemeinsamen Orgasmus ist ein wundervolles gemeinsames Erlebnis, aber dieser Gleichklang kann nicht immer hergestellt werden.

Viele Partner, ob Männer oder Frauen, sagen: Ich kann nicht abschalten, mir gehen tausend Sachen durch den Kopf. Da ist es höchste Zeit für eine wichtige Investition:

1. Ändere etwas an deiner Berufs- oder sonstigen Belastung.
2. Akzeptier einfach den schwirrenden Kopf, stell dir vor, dass die Gedanken Züge sind. Lass sie abfahren. Es ist auch möglich, die Sache mit Humor anzugehen: Erzähl deinem Partner, an was für verrückte Sachen du gerade denken musstest.

Wenn es zum Sex kommt, denkst du an all die Dinge, die du insgeheim phantasierst und nicht an das, was tatsächlich vor sich geht? Vielleicht stauen sich in dir unausgesprochene Wünsche? Dann investier Mut zum Risiko und erzähl deinem Partner davon.

Sexuelle Phantasien beim Geschlechtsverkehr können aber auch durchaus dazugehören. Nancy Friday fand in ihrem bemerkenswerten Buch »Die sexuellen Phantasien der Frauen« in vielen Interviews heraus, dass Frauen die abenteuerlichsten Phantasien beim Sex haben. Diese Phantasien wollen sie auf keinen Fall in die Realität umsetzen, sie helfen ihnen aber, sich fallenzulassen.

In jedem Fall ist es angeraten, als kleine Investition den Mund aufzumachen. Damit gibst du deinem Partner die Chance, dir nahzukommen.

Wenn einer von euch beiden oder ihr beide nie wirkliche Befriedigung beim sexuellen Kontakt findet, sind auch einige Investitionen angesagt: Wirf unrealistische Erwartungen in den Mülleimer. Die ständige Superekstase kann kein Paar leben. Und noch einmal: Mach den Mund auf: Vielleicht kennt dein Partner nicht den besten Weg, um dich zu erregen. Vielleicht ist er auch zu schnell und lässt sich mit dem Vorspiel nicht genug Zeit. Vielleicht brauchst du etwas, das er nicht weiß. Investiere ein paar Worte und sei konkret.

Gib dir und deinem Partner die Erlaubnis, Sexualität etwas tiefer zu hängen. Ja, du hast richtig gehört: Macht nicht so etwas umwerfend Riesiges daraus. Baut sie in euren Alltag ein. Nehmt sie als eine ganz normale, Glücksgefühle mobilisierende Tätigkeit. Mal lang, mal kurz, mal auf diese Weise, mal auf jene, mal mit Orgasmus, mal ohne, mal mit multiplen Orgasmen und mal einfach nur zum Nähespüren.

Die animalische Leidenschaft gibt es natürlich auch in langfristigen Beziehungen immer mal wieder. Aber sie ist erstens keine Grundlage für eine dauerhafte Beziehung, und zweitens unterscheiden wir uns auch in der Sexualität vom Tier. Wir haben neben Trieb und Instinkt etwas Kultur, Raffinesse und Know-how entwickelt. Um im Bild zu bleiben: Auch wenn uns das Paarungsverhalten der Hasen vielleicht am vertrautesten ist, sind wir doch in der Lage, es auf die Art der Löwen zu erproben und was es da sonst noch alles gibt.

Doch wir sind Menschen mit Instinkt und Trieb, das ist wichtig zu akzeptieren. Und es ist wichtig, dafür zu sorgen, dass wir auch sexuell satt werden. Ebenso wie es wichtig ist, gesund zu essen, genug zu trinken usw.

Nun schlagen bestimmt manche Leser aus mehreren Gründen die Hände über dem Kopf zusammen. Sexualität muss doch spontan kommen!, rufen sie empört. Tut mir leid, das ist Unsinn. In einer Beziehung, in der Alltag, Kindererziehung, Arbeit miteinander gelebt werden, braucht Sexualität besondere Aufmerksamkeit. Die bekommt sie übrigens beim One-Night-Stand, bei der sexuellen Begegnung in der Eroberungs- oder Verliebtheitsphase, sogar beim Seitensprung ebenfalls. All das wird mit viel Aufmerksamkeit und Konzentration vorbereitet: Man macht sich schön, fokussiert sich auf Erotik, bereitet den eigenen Körper vor, nimmt sich Zeit, trifft sich mit kompletter Bereitschaft für Sex. Aber da schreit keiner: Das ist doch nicht spontan! All das gilt es mit Aufmerksamkeit und Zeit in einer längeren Beziehung herzustellen. Wie soll denn sonst eine sexuelle Spannung entstehen?

Andere fühlen sich gnadenlos überfordert. Es gibt einfach Männer und Frauen, die keine Sexfans sind. So wie es Menschen gibt, die nicht gern tanzen. Es gibt Menschen, für die ist Sex nicht die schönste Nebensache der Welt, sondern nur eine Nebensache. Es widerstrebt ihnen nicht unbedingt, aber es muss auch nicht unbedingt sein.

In einer Beziehung, in der einer eine geringe Libido hat und der andere nicht, ist Letzterer unterversorgt. Für ihn ist es sehr wichtig, die sexuelle Appetitlosigkeit des Partners nicht als Abwertung der eigenen Attraktivität zu sehen. Auch hier sind Investitionen nötig: zuerst einmal die Akzeptanz der Bedürfnisse des andern. Und dann sollte der Sexmuffel für den Partner aktiver werden. Dem anderen zuliebe. Denn unbefriedigte Sexualität kann ebenso weh tun wie Hunger und Durst. Und oft stellt der Uninteressiertere fest, dass auch für die Sexualität gilt: Der Appetit kommt beim Essen.

Du wünschst dir etwas ganz Bestimmtes von deinem Partner, bringst es jedoch nicht über die Lippen? Hier ist die Investition der Ehrlichkeit verlangt und die Investition des Risikos. Du fürchtest vielleicht, dass dein Bedürfnis ein schlechtes Licht auf dich wirft oder für den andern eine Beleidigung sein könnte. Aber der Wunsch ist dir wichtig. Nun kannst du dich natürlich ehrlich fragen: Wie wichtig ist er wirklich? Manchmal sind wir gerade von sogenannten »verbotenen« sexuellen Praktiken besessen, obwohl weder die Sache selbst noch die Überwindung, die damit verbunden ist, noch ein eventueller Schaden, der daraus entsteht, es wert sind. Aber wenn es dir wirklich wichtig ist, mach ein kleines spielerisches Experiment:

- Frag deinen Partner, ob er bereit ist, neue Sexpraktiken mit dir auszuprobieren, über die ihr noch nie geredet habt. Es gibt nur sehr wenige Partner, die sich da sperren.
- Jeder von euch schreibt drei Dinge auf, egal wie verrückt oder »verboten« sie euch scheinen, die ihr zumindest einmal ausprobieren wollt. Dann tauscht die Zettel aus und jeder willigt in einen Wunsch des andern ein.
- Anschließend redet darüber, was ihr angesichts der zwei jetzt nicht erfüllten Phantasien für Gefühle habt.
- Sprecht über die Wünsche, die denen deines Partners vergleichbar sind oder zumindest in deren Nähe kommen. Gibt es Gemeinsamkeiten?

Was für ein Paar seid ihr, und wie viele Seiten von euch liegen noch brach? Auch die Sexualität braucht eine Bestandsaufnahme: Wer sind wir eigentlich als Sexualpartner?

- Berührt ihr euch gerne gegenseitig und fasst ihr euch bewusst oft an?
- Gehören so elementare Dinge wie Küssen, Umarmen, Streicheln, Händchenhalten, Nackenkraulen, einem eine Hand aufs Bein legen und alle anderen Berührungen, die sich in einer engen Beziehung abspielen, zu eurem Beziehungsalltag?
- Wenn nicht, was hindert dich?
- Genießt du die körperliche Nähe deines Partners, auch wenn er nur deine Hand hält?
- Wünschst du dir, dass er dich häufiger berührt?
- Hast du es ihm schon gesagt?

Jeder weiß, dass Prostituierte nicht küssen. Warum tun sie das nicht? Weil ein Kuss etwas unendlich Zärtliches und Intimes zwischen zwei Menschen ist. Partner, die sich nur noch wie Freunde küssen, vermeiden Intimität. Wie und wo Paare einander leidenschaftlich küssen, zeigt immer, wie viel Mann-Frau-Beziehung sie miteinander leben. Das Liebespaar küsst sich an der roten Ampel, bei der Begrüßung am Flughafen, beim Spaziergang und natürlich beim Sex. Bei den allermeisten Paaren gehört Küssen zur Sexualität hinzu, ansonsten aber begnügen sie sich mit Kinderküssen. Wieso? Nicht nur, dass Küssen Glückshormone und krankheitsabwehrende Kräfte weckt, es bietet euch die Möglichkeit, ohne viel Aufwand, Zeit, Mühe dem andern zu sagen: Hey, ich sehe dich, ich fühle dich, du ziehst mich an, ich suche deine Nähe. Ich will dein Mann sein, deine Frau sein. Du gefällst mir.

- Wie küsst ihr euch?
- Gehört Küssen zu eurem sexuellen Annäherungsprozess dazu?
- Wann küsst ihr euch sonst noch?
- Magst du deinen Partner küssen?
- Hat sich da etwas geändert im Verlauf eurer Beziehung?
- Sprichst du darüber offen mit deinem Partner?
- Wenn nicht, was hindert dich?

Viele Paare haben von zwei Seiten Mauern hochgezogen. Jeder von beiden weicht ständig weiter vom Partner zurück, während jeder darauf wartet, dass der andere den ersten Schritt tut – sei es mit Worten oder einer Geste. Seid ihr so ein Paar? Dann gesteht es euch jetzt sofort ein. Ihr beraubt euch nämlich eines wertvollen Werkzeuges, um eure Beziehung durch schwierige Zeiten zu steuern. Eine Beziehung von zwei Menschen, die sich nicht gegenseitig berühren, ist wie ein ungeschütztes Haus, es kann leicht darin eingebrochen werden.

Viele Paare haben zwar noch Sex, aber er ist langweilig, routiniert, ohne wirkliche Intimität. Nicht selten kommen Paare zu mir, deren Sexualität mehr oder weniger unbefriedigend ist, aber sie wollen zusammenbleiben, sie spüren, dass sie zueinandergehören. Manche erzählen dann von vorigen Beziehungen, in denen nichts stimmte, wo aber die Sexualität ekstatisch war.

Welche eigenartigen Widersprüche! Wenn das bei dir der Fall ist, du dich also entweder in unbefriedigenden Beziehungen mit toller Sexualität oder in befriedigenden Beziehungen ohne sexuelle Erfüllung wiederfindest, solltest du dich mit dem Thema Ambivalenz beschäftigen, mit Angst vor Abhängigkeit und wirklicher Nähe.

Manche Leute bleiben auch in Beziehungen, die sich allgemein unstimmig und scheußlich anfühlen, nur weil der Sex »irgendwie geil« ist. Sex gleicht eine Menge schlimmer Dinge aus. Etwa so, wie man an einem scheußlichen Wohnort in einem hässlichen Haus bleibt, nur weil es einen schönen Kamin hat.

Ich vermute, dass zu diesem Zeitpunkt eurer Arbeit mit diesem Buch bereits viele Probleme mit Sexualität gelöst sind. Die meisten Probleme mit Sexualität lösen sich fast von allein, wenn andere Beziehungskonflikte aufgearbeitet werden. Sexuelle Probleme sind oft ein Nebeneffekt der »Mauer aus Schweigen« – in den meisten Fällen zeigt es sich, dass Paare einfach nicht genug und nicht offen genug miteinander reden. Aber auch Abwertung oder die Vernachlässigung der jeweiligen Bedürfnisse des Partners haben negative Auswirkungen auf das Liebesleben.

Vielleicht habt ihr aber schon alles versucht, um eine beglückende Sexualität wiederzufinden, und es ist immer noch kein Land in Sicht? Dann fühlt ihr euch wahrscheinlich gelähmt und hilflos. Immer wieder kommen Menschen zu mir, die glauben, sie seien depressiv. Sie weisen auch die gleichen

Symptome auf: Sie haben eine negative Einstellung zu sich selbst und ihrem Körper, sie glauben nicht an sich und ihre Anziehungskraft oder Potenz, trauen sich nichts zu und spüren unterschwellig Verbitterung und tiefen Ärger. Aber sie sind nicht depressiv, sie sind einfach als Mann oder Frau in ihrer Liebesbeziehung vor die Hunde gegangen. Dann gilt es zuerst einmal, sich das Problem zu zweit anzuschauen und zu fragen: Wer sind wir eigentlich als Sexualpartner?

Immer wieder höre ich:

- Unser Sexleben ist tot, dabei streiten wir uns nicht einmal oder haben auch sonst keinen Stress.
- Über unsere Sexualität mag ich gar nicht nachdenken.
- Ich fühle mich so unbegehrt, wenn ich an unseren Sex denke.
- Ich glaube, ich will zu viel, mein Partner sagt, ich denke nur an das eine, aber ich bin furchtbar unbefriedigt.
- Wir hatten mal richtig guten Sex, jetzt ist das komplett vorbei.
- Mein Partner will das meiste, was ich mir von ihm wünsche und was für mich sexuell befriedigend wäre, einfach nicht tun.
- Wenn mein Partner wüsste, was ich mir wünsche, würde er mich verachten.

Es gibt zwei elementare Grundlagen, ohne die sich die Sexualität überhaupt nicht weiterentwickeln kann:

- Du fühlst dich in der Sexualität nicht erniedrigt.
- Du empfindest beim Sex keine Angst.

Wenn das nicht erfüllt ist, brauchst du, braucht ihr unbedingt therapeutische Hilfe.

In den Bereich »normaler« Probleme in der Sexualität fällt:

- Ihr habt zeitweilig wenig Sex, auch zu wenig für einen oder für beide.
- Ihr empfindet manchmal wenig Intensität und Leidenschaft.

- Ihr praktiziert seit einiger Zeit immer denselben Ablauf.
- Es gibt Zeiten, wo einer den andern nicht besonders attraktiv findet.
- Der Sexualakt ist zu kurz.
- Einer von beiden oder beide haben Mühe, zum Orgasmus zu kommen.

All das passiert Paaren, denen zum sexuellen Glück miteinander an sich nichts fehlt. Sie müssen nur aufpassen, aus der Talsohle wieder herauszukommen. Nicht selten habe ich Paare in Therapie, bei denen es wie ein leichter Winterschlaf begann, sich dann aber zur Totenstarre entwickelte. Wehret den Anfängen, kann ich nur sagen.

Es ist einfach notwendig, den Mund aufzumachen. Immer wieder erlebe ich Paare, die seit mehr als zehn Jahren zusammenleben, und in einer Sitzung bei mir verkündet die Frau zum ersten Mal ihrem Mann: Ich habe mit dir noch nie einen Orgasmus bekommen. Dann bleibt immer wieder nicht nur den Männern die Luft weg, sondern auch mir. Immer wieder bin ich überrascht davon, wie sensibel und selbstkritisch die Männer damit umgehen. Noch keiner war beleidigt, hat sich über ihre Lügerei beschwert, alle waren bestürzt über die eigene mangelnde Sensibilität und Ignoranz. Wenn die Frauen sich dann ein Herz fassten und sagten: Ich brauche eine Stimulierung meiner Klitoris beim Sex, um einen Orgasmus zu bekommen, oder: Ich brauche im Vorspiel Oralsex, oder: Ich brauche es, dass du mich länger streichelst oder küsst, oder oder oder, habe ich in meiner Praxis noch kein einziges Mal erlebt, dass die Männer nicht dankbar waren über die Ehrlichkeit und es nicht aufgriffen. Ich habe auch noch kein einziges Mal erlebt, dass die Frauen danach nicht mit leuchtenden Augen und einer neuen Begeisterung für ihre Beziehung in die Therapie kamen, weil sie nämlich aufregende neue Erfahrungen gemacht hatten.

Schlimm sind die Geheimnisse – sie töten die Intimität:

- Ich habe eine sexuelle Vorliebe, die ich dem Partner nicht erzählen mag, weil er sie nicht teilt.
- Ich befriedige mich lieber selbst, das ist weniger anstrengend als Sex.
- Ich träume von jemand anderem, wenn ich mit meinem Partner Sex habe.
- Ich möchte passiv sein, aber dann passiert gar nichts, also bin ich aktiv und sehne mich heimlich nach Passivität.

All das und mehr gibt es. Sprecht es aus, macht den Mund auf!

Es gibt einen großen Unterschied zwischen elementaren sexuellen Bedürfnissen und Beiwerk.

- Mach eine Liste von mindestens fünf deiner elementaren Bedürfnisse, auf die du nicht bereit bist zu verzichten: z. B. Streicheln, Küssen, Oralsex, Penetration, Brüste berühren, manuelle Stimulierung usw.
- Und dann gibt es die Kür. Schreib eine Liste von zehn deiner Bedürfnisse, auf die du auch verzichten kannst, die dir aber gut gefallen: Gefesseltwerden, Sex im Fahrstuhl oder auf dem Tisch oder an Orten, wo man überrascht werden könnte, Analsex, Sex mit Aphrodisiaka, Ölen, Gegenständen, mit Ritualen zum Beispiel.

Dies sind die Fragen nach deiner Lebensqualität. Sexualität steht auf gleicher Stufe wie wohnen, essen, materiell sorgenfrei leben.

Vorige Partner haben oft Maßstäbe gesetzt, über die man nicht weggehen sollte. Wenn man beim Sex an den vorigen Partner denkt, sollte man sich fragen, was fehlt, sollte es thematisieren und in die Sexualität möglichst integrieren.

Ich bin mit einem Paar befreundet, das seit zwanzig Jahren verheiratet ist, zwei Kinder hat und wo beide arbeiten. Sie haben also nicht unbedingt ein Übermaß an Zeit. Er braucht mindestens zwei- bis dreimal die Woche Sex, sonst bekommt er schlechte Laune. Sie selbst braucht es nicht so häufig, und manchmal wird es ihr zu viel, aber sie liebt ihn auch wegen seiner vitalen Libido. Sie fühlt sich von ihm seit zwanzig Jahren als Frau begehrt und bestätigt.

- Wie ist dein sexueller Fingerabdruck, das heißt, welche Sexualität gehört einfach zu dir, unabhängig von einem Partner?
- Wie häufig brauchst du Sex, um dich wohlzufühlen?
- Wann und wo bevorzugst du Sex?
- Wie und von wem bist du sexuell geprägt?
- Welches Frauen- bzw. Männerbild hast du, und wie wirkt es sich auf deine Sexualität aus?
- Welche Rollen spielst du in der Sexualität?
- Wie lebst du in deinem Körper, wie pflegst du ihn?
- Wie vital bist du?
- Wie erfahren bist du sexuell?
- Welche Erfahrungen willst du noch unbedingt machen, bevor du stirbst?
- Und nun zur Besonderheit deines jetzigen Partners: Was macht deinen jetzigen Partner in der körperlichen Liebe einmalig und besonders für dich?

Deine Libido trägst du immer bei dir wie einen Daumenabdruck. Dein Partner allerdings kommt dazu und sollte in seiner Einzigartigkeit auch gesehen werden. Außer er ist für dich austauschbar, das wäre für ihn nicht schön. Dann solltest du dich fragen, ob du ihn vielleicht nur benutzt.

Welche Sexualität willst du leben?

Auch Sexualität braucht eine Vision. Wie möchte ich Sexualität leben? Was wünsche ich mir?

- Gib deinem Partner einen intimen Wegführer zu dir und deiner Sexualität. Schreib zu jedem Punkt so viel, wie dir einfällt. Lass es einfach fließen, auch wenn es dir albern vorkommt:
  - Das Wichtigste, was du über mich beim Sex wissen musst, ist ...
  - Was ich mir von dir öfter wünsche ...
  - Was ich nicht so gerne mag ...
  - Was du mich öfter machen lassen könntest ...
  - Wie du mir zeigen könntest, dass du mich begehrst ...
  - Wo ich am liebsten mit dir Sex hätte ...
  - Was mir an dir als Liebhaber/Geliebte am besten gefällt ...
- Schreib deinem Partner einen Brief über deine sexuelle Idealvorstellung: Wie würde ein sexuell erfüllter Tag, eine Woche, ein Monat, ein Jahr für dich aussehen?

Es gibt zwei Hauptängste, die einer Zielentwicklung in der Sexualität im Wege stehen. Erstens fürchten sich viele davor, den anderen zu kritisieren. Nicht unbedingt, weil sie nicht verletzen wollen, denn sie verletzen nicht selten in viel zu hohem Maße, sondern weil sie Angst vor der Reaktion haben. Dem Partner ehrlich zu sagen, worunter wir leiden, was uns nicht gefällt, macht extrem angreifbar und verletzlich.

Die zweite große Angst ist, Neues auszuprobieren. Auch damit macht man sich extrem verletzlich. Man hat keine Routine, fühlt sich nicht sicher, nicht erfahren, macht sich vielleicht lächerlich, zeigt Schwächen.

Stell dir noch einmal die gleichen Fragen, die im Kapitel Zielsetzung standen:

- Welche Stolperfallen hindern dich, dein sexuelles Leben so erfüllend und glücklich zu gestalten, wie du es dir wünschst?

- Was willst du in deinem sexuellen Leben nicht mehr haben?
- Was willst du in deinem sexuellen Leben haben?
- Was wirst du tun, um das zu verwirklichen?
- Was unternimmst du gleich heute?
- Welche sexuelle Identität willst du in einem Jahr entwickelt haben?

Masters und Johnson fanden als Erste heraus, dass sich sexuelle Störungen von ganz allein durch neues Erproben und Erkunden bessern. Inzwischen wissen wir durch alle möglichen Forschungen von Neurologie bis zum Glück: Es ist in der Sexualität wie bei allem andern – neue Erfahrungen müssen an die Stelle der alten treten, und nicht nur einmal, sondern wieder und wieder, dann heilt, was krank war.

Macht und Ohnmacht

Beides spielt eine wichtige Rolle in der Sexualität. Gerade da zeigt sich, wie Partner einander stärken oder schwächen. Nicht selten werden Machtkämpfe über die Sexualität ausgetragen: Wer bestimmt, wann welcher Sex gemacht wird, wer hat Kontrolle über das Geschehen? Oder es gibt Kämpfe um die Realitätswahrnehmung. Einer sagt, wie er etwas erlebt hat, und der andere sagt: Stimmt nicht. Bestreitet die Wahrnehmung des andern, macht sie lächerlich, reagiert nicht darauf. Das sind die Machtkämpfe, die Partner zerstören.

Der gesunde und stärkende Umgang mit Macht in der Sexualität sieht anders aus: Wenn ich dir Macht über mich verleihe und meine Macht über dich genieße, entsteht automatisch eine körperliche Erregung. Das ist aufregend und spannend. Es bewirkt ein Kribbeln, es hat mit Überwältigung und Hingabe zu tun. Damit, ob ich dich überrasche und mich von dir überraschen lasse. Es hat mit dem Eros zu tun, der zwischen Mann und Frau leben kann.

Vor fünfzehn Jahren, als ich einen Vortrag auf dem Kongress »Atem und Sexualität« halten sollte, habe ich mich intensiv mit dem Buch »Der verdrängte Eros« von Rollo May beschäftigt. Er sagt, dass die erotische Beziehung zwischen Mann und Frau ein riesiges Abenteuer ist, das viel Angst macht. In der erotischen Begegnung lasse ich die Masken fallen, ich zeige mich nackt, und zwar nicht nur meinen Körper, sondern meine Seele, mein ganzes Sein, meine Natur. Ich lasse den anderen wirklich an mich ran und in mich rein, er kann mich erkennen. Das ist das größte Risiko, das wir miteinander eingehen können. Denn wenn der andere mich dann fallenlässt, verurteilt, abwertet, verrät, betrifft mich das ganz und gar. Davon erholt sich ein Mensch nur schwer.

Rollo May beschreibt schlüssig, wie die sogenannte sexuelle Revolution diese erotische Begegnung zwischen Mann und Frau verdrängt hat. So allerdings war sie nicht angetreten. Sie wollte die Prüderie, die einengenden Normen, die sexuelle Unterdrückung der Frau abschaffen und stattdessen sexuell befreite Menschen ermöglichen. Nur leider ist auch diese Revolution, wie so viele andere, in ihr Gegenteil verkehrt worden. Die sexuelle Revolution hat zu einer Konsumkultur der Sexualität geführt. Sie wurde vermarktet. Und so verkam sie zu einer banalen Tätigkeit, die etwas zu tun hat mit Spannungsabbau, Kicks, Ablenkung, Süchten und so weiter. Das Extrembeispiel sind Internetsexsüchtige: Sie reduzieren die sexuelle Spannung auf den visuellen Reiz und die Erregung des »Geheimen«. Es findet keine Berührung statt, weder seelisch noch körperlich, sie haben keinerlei wirkliche Macht, und sie selbst zeigen sich überhaupt nicht. Es ist die risikoloseste Form von Sexualität geworden, die man sich nur denken kann. Die einzige Berührung, die noch erfolgt, ist die der Maus und des eigenen Geschlechts. All dies ist ein Ausdruck der Armut unserer sexuellen Kultur und zeigt, dass die Vermarktung der Sexualität menschenfressende Blüten getrieben hat.

Rollo May beschreibt eindringlich, dass die Banalisierung der Sexualität eine gesellschaftliche Funktion hat. In der erotischen Begegnung liegt ein gefährlicher Sprengsatz. Frauen und Männer, die einander Macht verleihen, kräftigen einander. Frauen und Männer, die voreinander die Masken fallen lassen und sich wirklich nackt zeigen und berühren, entwickeln eine Vitalität und Stärke, die resistent ist gegen Manipulation vieler Art. Sie sind kritischere Konsumenten. Sie fühlen sich als Gestalter ihres Lebens und nicht als Objekt. Ich behaupte, dass sexuell erfüllte Frauen nicht so leicht kaufsüchtig werden. Eine Frau, die auf diese Weise von ihrem Mann geliebt ist, lässt sich nicht von Mode zu Mode hetzen und manipulieren, weil ihr Busen zu klein, zu groß, die Beine zu lang, zu kurz, zu dünn, zu weich sind. Und ein Mann, der in einer vitalen Liebesbeziehung lebt, braucht keinen Porsche als Selbsterhöhung. Er ist auch durch viele Werbebilder nicht mehr ansprechbar, weil er die Hohlheit durchschaut und reizlos findet.

Erfüllende Sexualität macht Menschen gesünder, freier, rebellischer. Sexuell erfüllte Frauen werden nicht zu Furien, Hexen, Zicken. Sexuell erfüllte Männer werden nicht zu Gockeln, Mackertypen, Duckmäusern. Paare, die einander auf diese Weise lieben, verlieren die erotische Spannung nicht. Wenn ich mich wirklich nackt berühren lasse, wenn ich mich als Frau diesem Mann öffne und hingebe, wenn ich als Mann diese Frau mit meiner männlichen Kraft öffne und in Besitz nehme, wird das nie langweilig. Es ist immer aufregend, riskant, immer neu. Denn der andere Mensch wird immer tiefer ergründet, ich durchdringe immer mehr Zwiebelschichten, und ich selbst lasse mich immer tiefer durchdringen und erkenne mich tiefer selbst. Abenteuer und Romantik bleiben erhalten, werden eher größer als kleiner.

Immer wieder bin ich sehr berührt davon, wie Paare

sich entwickeln, wenn sie das Vertrauen zu sich selbst, zum Partner und zu ihrer körperlichen Lust vertiefen. Sie bekommen ein neues Strahlen. In Paargruppen kann ich es oft gar nicht fassen, wie verändert die Teilnehmer bereits nach einem Wochenende sind. Selbst die Haut ist glatter, die Augen leuchten, die Haltung ist aufrechter. So oft wundere ich mich am Schluss eines Workshops, aber auch im Verlauf einer Einzel- oder Paartherapie, wie Frauen und Männer attraktiv und schön werden. Anfangs kann ich die Schönheit manchmal nicht erkennen hinter der Fassade einer vertrockneten oder bitteren Meckermaus oder eines muffelnden oder defensiven Skeptikers.

Interessanterweise geschieht das Abenteuer der nackten Begegnung von Mann und Frau in oberflächlichen sexuellen Kontakten nicht. Auch nicht in den ersten aufregenden sexuellen Vereinigungen. Die wenigsten Frauen bekommen einen Orgasmus, geben sich einem Mann hin, wenn noch kein tiefes Vertrauen da ist. Das wächst erst im Laufe der Zeit. Die wenigsten Männer zeigen sich seelisch nackt, lassen sich tief berühren, wenn sie eine Frau noch nicht kennen, auch dazu gehört Vertrauen.

Altlasten in der Sexualität

Hier gibt es natürlich einen Rucksack für sich. All die im Laufe des Lebens erfahrenen Verletzungen, die gegen das körperliche Selbstwertgefühl gerichtet waren, all die Glaubenssätze, die uns eingeimpft haben, dass unsere Sinnlichkeit, unsere Lust, unsere Weiblichkeit, unsere Männlichkeit irgendwie von Übel sind.

- Welche Werteinstellungen prägen deine Sexualität?
- Welche sexuellen Normen hast du durch Erziehung mitbekommen?

- Welche Normen hast du über Bord geworfen?
- Gibt es in dir Scham über Fehltritte oder Verletzungen der sexuellen Identität deines Partners?
- Empfindest du Verzweiflung darüber, wie dein Partner dich als Frau, als Mann behandelt?
- Magst du deinen Körper?
- Magst du den Körper deines Partners?
- Wenn nicht, warum? Ist es begründet oder liegen dem nur überholte Glaubenssätze zugrunde?
- Was hindert dich, ein positiveres Verhältnis zu deinem Körper oder zum Körper deines Partners zu entwickeln?

Störungen aus anderen Partnerschaften blockieren und beeinträchtigen uns oft bis heute. Partner, die uns verletzt haben, kleingemacht, die uns herausgelockt haben, wo wir uns nackt gezeigt haben und dann fallengelassen wurden. All die kleinen und großen Verletzungen, die wir an und in unserem Körper mit uns herumtragen.

Und dann die Altlast aus unserer jetzigen Beziehung: Fallengelassen werden, wenn wir uns fallenließen. Verraten werden, wenn wir unser tiefstes Inneres offenbarten. Gefühllosigkeit und Rohheit. Gleichgültigkeit, wenn wir Sehnsüchte äußerten. Ohne Antwort gelassen, ohnmächtig gemacht werden, wenn wir uns zeigten. Aggression, Abwehr, Kälte.

Frauen spüren sehr deutlich, ob sie benutzt werden oder geliebt. Sie tragen eine Wunde im Gepäck, wenn sie benutzt wurden. Und leider passiert es nicht selten, dass sie sich selbst benutzen, um von einem Mann Anerkennung oder Liebe zu bekommen.

- Setz dich nackt vor den Spiegel und betrachte deinen Körper: Welche Verletzungen trägt er an und in sich? Wie gebeugt ist dein Frausein, deine Männlichkeit schon von all den Lasten? Wie blass bist du schon geworden, weil du so lange nicht in deinem Strahlen gespiegelt wurdest?

Wie faltig bist du von all der ungenährten austrocknenden Zeit? Schreib deinem Körper einen Brief, in dem du ihm versprichst, was du tun wirst, um ihm zu helfen, heiler, saftiger, aufrechter zu werden.
- Mal ein Bild oder mach eine Collage oder nimm ein weißes Hemd und bemale oder appliziere darauf alle Verletzungen, die dir als Frau, als Mann jemals zugefügt wurden.

Beispiele:
- Das sinnliche Kind, dem auf die Hand geschlagen wurde, wenn es Essen mit Händen und Nase und Mund erkunden wollte.
- Das rundliche Kind, zu dem »Dicke« gesagt wurde.
- Das Mädchen, das mit dem Nachbarsjungen ganz unbefangen erprobt hat, wie Mädchen und Jungen unterschiedlich pinkeln. Das von der Nachbarin gesehen und an die Mutter verpetzt wurde, die es dem Vater sagte, der dann eine Tracht Prügel verabreichte.
- Die Pubertäre, die aus der Gruppe ausgegrenzt wurde, weil sie nicht cool genug war.
- Die Pubertäre, die keinen Freund abbekam, weil sie noch keine Brüste hatte.
- Der Pubertäre, der sich wegen seiner Pickel so schämte, dass er so tat, als interessiere er sich nicht für Mädchen.

Dies sind nur ein paar Beispiele. Es gibt kaum Menschen, denen so etwas oder Ähnliches nicht zugefügt wurde. Oft hat es verheerende Wirkung auf das weitere Leben gehabt.

Zeigt eurem Partner euer Werk und sprecht darüber, wie sich diese alten Verletzungen bis heute auf eure Beziehung auswirken. Entwickelt ein neues Verständnis füreinander. Tröstet euch gegenseitig. Bestätigt euch darin, dass dieser »alte Scheiß« heute nicht mehr gilt.

Vielleicht habt ihr in der Arbeit zu den Altlasten noch nicht den Mut gehabt, eurem Partner von denen zu berichten, die ihr als Frau, als Mann in eurer Beziehung mit euch herumtragt. Dann tut es jetzt! Auch wenn es nur um mögliche Einbildung geht: Ich habe immer das Gefühl, dass du eigentlich Frauen mit großen Brüsten magst, und ich hab kleine – oder umgekehrt. Ich fühle mich mit meinen Brüsten von dir nicht geliebt. Zum Beispiel.

Ihr seid jetzt schon so weit, dass ihr euch damit nicht gegenseitig abwehren müsst. Dass ihr zuhören, nachfragen, auf den andern eingehen könnt. Wenn das Problem nur auf Einbildung beruht, liegt dem ja oft eine Altlast aus der Lebensgeschichte zugrunde. Dann nehmt euch die Zeit, macht euch die Mühe, euch diesem Problem intensiv zuzuwenden. In diesem Fall: Lasst die Brüste neue Erfahrungen machen, damit sich die Angst auflöst.

- Mach eine Liste von mindestens zehn Altlasten, die du innerhalb der nächsten Zeit abwerfen willst.
- Wie willst du das tun?
- Bitte deinen Partner um Unterstützung!

Ejaculatio präcox, Orgasmusprobleme, Selbstwertprobleme und Hemmungen wegen eines zu kleinen Schwanzes, zu kleinen oder großen Busens oder Ähnlichem ist eine Altlast für den Menschen, der darunter leidet. Das braucht Zuwendung und Liebe.

Sich allerdings um diese Probleme des Partners nicht kümmern, sie vom Tisch wischen, seine Ruhe haben wollen, sich keine Mühe machen wollen, keinen Trost, keine Zuwendung geben, das alles sind destruktive Verhaltensweisen, die der alten Wunde eine neue zufügen.

Opfer – Täter

Besonders in der sexuellen, der erotischen Begegnung gibt es die Notwendigkeit, sich mit destruktivem Handeln selbstkritisch auseinanderzusetzen. In keinem Bereich unseres Liebeslebens sind wir so verletzlich wie da. In keinem so mächtig. In keinem so ohnmächtig. In keinem Bereich können wir unseren Partner so stark machen, so gesunden lassen, so den Rücken stärken, und in keinem Bereich können wir unseren Partner so schwächen, so kränken, so in den Rücken fallen wie in der Erotik, wie in der sexuellen Liebe.

Manche Menschen denken, sie würden ihren Partner nicht verletzen, wenn der nicht mitbekommt, was sie heimlich sexuell tun. Aber wenn wir einen Menschen lieben, spüren wir, ob er einen Teil der eigenen Person aus der Beziehung abspaltet, und selbst wenn wir es nicht spüren, werden wir um Selbstbestimmung betrogen, denn wir können nicht frei entscheiden, ob wir mit diesem Menschen wirklich Liebe machen wollen, denn wir kennen ihn ja gar nicht.

Früher versteckten sich homosexuelle Männer in Ehen mit Frauen und zeugten Kinder. Das war eine schwere Kränkung für die Frau, außer sie hatte ihre Einwilligung zu dem Arrangement gegeben. Ansonsten war es im wahrsten Sinne des Wortes Diebstahl: Sie wurde ihres Frauenlebens beraubt.

Ich habe manchmal mit Männern zu tun, die in »guten« Beziehungen mit »lieben« Frauen leben und heimlich zur Domina gehen oder in Sadomaso-Clubs oder auf der Suche sind nach einer passenden Nebenbeziehung. Das ist schlimmer als Betrug, das ist Verrat, Diebstahl, Kränkung. Das ist das Schlimmste, was man einem Menschen antun kann, der sich einem liebend verbindet. Es ist Raub an Leben.

Und dann gibt es noch eine Täterschaft, die auf den ersten Blick nicht so aussieht. Für manch einen Menschen ist Geschlechtsverkehr mit Orgasmus der einzige Kanal, seine zurückgehaltenen Gefühle ausbrechen zu lassen und Nähe zu finden. Diese Menschen wollen viel Sex. Dennoch hinterlässt es beim Partner einen fahlen Nachgeschmack, weil er sich eher benutzt als geliebt fühlt. Das sind kontrollierende Menschen, die emotional schwer zu erreichen und berühren sind. Hinter der sexuellen Begegnung liegt seelische Ummauerung. Das ist für den Partner verwirrend und verletzend. Denn wenn er sich in der Sexualität geöffnet hat, hat der Partner sich schon wieder verschlossen. Der Sex ist vorbei und die Nähe auch.

Die »Paarsynthese« unterteilt Menschen in Partnertypen. Da gibt es den planend Kontrollierten, den intuitiv Fluktuierenden, den Durchsetzer und den Anpasser. Planend kontrollierte Menschen sind emotional ummauert. Sie finden oft nur in der Sexualität ein Loch aus der Ummauerung. Auch andere eruptive Gefühle, insbesondere Wut, bilden Ventile für den Stau an Gefühlen, der hinter der Mauer entstanden ist. Wenn das gleichzeitig Durchsetzer sind, entsteht ein Partnerschaftsbild, wie ich es beim Machtmenschen gezeichnet habe: Entweder treffen sich zwei Machtmenschen, und ein Kampf auf Leben und Tod bricht aus, oder der Partner unterwirft sich, passt sich an und lässt sich benutzen. Das kann krank machen.

Es gibt viele Frauen, die von dieser Art Männer richtig traumatisiert werden. Sie sind geöffnet, weich, verletzlich, liebend, und der Mann schläft ein, hüpft aus dem Bett, um eine Zigarette zu rauchen, oder flieht in den Alltag. Die Nähe wird mit dem Ende der sexuellen Begegnung abrupt abgebrochen, und die Frau bleibt allein und verwirrt zurück.

Für diese Menschen – es gibt auch Frauen, die spröde, kontrolliert und kontrollierend sind und nur in der Sexualität kurz die Mauern fallen lassen, zumeist sind es aber Männer – kann es wichtig sein, eher eine Weile auf Sexualität zu verzichten und stattdessen mehr den zärtlichen, emotionalen Austausch zu suchen. Wenn du dich in dieser Beschreibung wiederfindest, stell dir doch bitte ein paar Fragen:

- Ist dein Körper im Allgemeinen angespannt, und findest du im Orgasmus die Entspannung?
- Hast du dir tägliches oder regelmäßiges Entspannen durch Orgasmus angewöhnt?

- Nimmt Masturbation einen größeren Raum in deiner Sexualität ein als Intimität mit deinem Partner?
- Ist dir Streicheln, Küssen, der Austausch zärtlicher Worte nach dem Sex eher lästig?
- Findest du es eher anstrengend, auf die Bedürfnisse deines Partners einzugehen, und ziehst dich deshalb oft einfach von ihm zurück?
- Kontrollierst du die Zeiten, in denen Kontakt zum Partner da ist, indem du manchmal in der Versenkung verschwindest und dann wieder intensiven Kontakt verlangst?
- Empfindest du dich in der Sexualität als anderen Menschen, als du sonst bist?

Wenn du dich in dem wiedergefunden hast, solltest du dich mit deiner Angst davor, Schwächen zu spüren und zu zeigen, auseinandersetzen. Mit deiner Angst vor Abhängigkeit. Mit deiner Sehnsucht nach Nähe und tiefen Gefühlen und mit deiner Angst davor. Meine Erfahrung ist nämlich, dass gerade diese Menschen mit den eingesperrten Gefühlen in ihrem Wesen oft sehr emotional sind. Wenn du also deine Gefühle aus dem Gefängnis holst, wirst du einen Schatz entdecken.

Das Verzeihen

Der Bereich körperlich-seelischer Nähe zeigt ganz besonders, dass vor dem Verzeihen die Heilung stehen muss. Wenn mein Partner mich betrogen und danach als Frau nicht ausreichend berührt, nicht begehrt hat, bin ich in meinem Frausein krank geworden. Wahrscheinlich habe ich ihn genau aus diesem Grund nicht verlassen: Ich war so geschwächt, dass ich keinen für mich selbst gesundenden Schritt mehr gehen konnte. Wenn ein Partner wirklich Interesse an seiner Frau hat, muss er alles dafür tun, damit sie als Frau wieder heil und gesund wird. Ansonsten hat er ihre Hingabefähigkeit auf dem Gewissen, denn sie wird so verängstigt sein, dass sie sich überhaupt nicht mehr fallenlassen kann.

Was kann er tun? Oder im anderen Fall, was kann sie tun? Am besten ist es, den Menschen, der um Verzeihung gebeten wird, zu fragen, was er braucht. Und das dann einlösen.

In diesem Fall wäre eine sättigende Nachnährung erforderlich. Verletztes Frausein muss oft »back to the roots«. Wann hat die Verletzung stattgefunden, welche Entwicklung wurde dadurch gestört? Wenn es ganz am Anfang der Beziehung geschehen ist, was häufig vorkommt, also am Ende der Verliebtheitsphase, die so abrupt abgebrochen wurde, sollte dort angeknüpft und nachgeholt werden, was versäumt wurde.

Wenn irgendwelche Seiten der weiblichen oder männlichen Identität verletzt wurden, ist es wichtig, diese zu heilen. Wenn es also darum ging, dass der Partner eine andere Frau mehr begehrte als seine, aber mit seiner zusammenbleiben will, muss er dafür sorgen, dass sie sich als Frau sicher und begehrt bei ihm fühlt, sonst wird sie immer amputiert sein und ständig den Phantomschmerz spüren. Er ist als Partner dazu verpflichtet! Und sie im umgekehrten Fall ebenso.

- Ein Partner rollt sich wie ein Fötus zusammen, so wie wir uns um unsere Seele zusammenrollen, wenn sie verletzt ist. Der andere versucht, den Geschlossenen zu öffnen. Wichtig ist, dass der Aktive sich Zeit lässt, seine Unsicherheit akzeptiert, die Grenze des anderen respektiert, sich ganz auf den anderen einlässt. Ebenso wichtig ist, dass der Passive auf seine Gefühle hört, sich nicht eher öffnet, als es sich wirklich stimmig anfühlt.
- Ähnliches kann mit der Faustübung erprobt werden: Ein Partner schließt die Faust, der andere versucht, sie zu öffnen.

Das sind wertvolle Erfahrungen, die beiden Partnern die Augen über eigene Defizite öffnen können. Wenn ich diese

Übungen mit Paaren mache, bin ich immer wieder erstaunt, wie wenig Geduld und Einfallsreichtum derjenige aufwendet, der seinen Partner verletzt hat und nun aktiv dafür sorgen kann, dass dieser sich entspannt und langsam wieder öffnet. Manche sagen einfach: Mach mal die Faust auf! Oder sie versuchen es sogar mit Gewalt. Manche werden zornig, wenn nicht sofort geschieht, was sie wollen. Andere resignieren im Nu: Ich krieg das sowieso nicht hin. Bei diesen Paaren erlebe ich immer wieder, wie »das Opfer« die Verantwortung für den Partner übernimmt. Der verletzte Partner öffnet sich, bevor er dazu bereit ist, weil er es nicht aushält, den andern in seiner Hilflosigkeit zu sehen, zu »anspruchsvoll« zu sein, passiv zu empfangen.

Interessant ist auch immer wieder zu erleben, dass Paare mit dieser Konstellation ein völlig anderes Bild abgeben, wenn die Rollen getauscht werden.

Zur Bemühung um Verzeihen gehört viel nonverbales Tun: Streicheln, Küssen, Massieren. So macht der Verletzte neue heilende Erfahrungen. Unnötig zu sagen, dass es wirklich neue Erfahrungen sein müssen, dass also Geduld, Zeit, Konzentration Voraussetzung sind. Durch Ungeduld, Flüchtigkeit, abrupten Abbruch der Berührung wird in die alte Wunde eine neue geritzt.

Geben und Nehmen

Nirgends zeigt sich deutlicher, ob das Pendel der Waage in eine unheilvolle Richtung ausschlägt als in der Sexualität. Es wird vielleicht nicht immer sofort formuliert, aber wenn sich die körperliche Liebe vor allem an einen wendet und der andere ungeliebt, unbegehrt und unerfüllt bleibt, wird irgendetwas Unheilvolles geschehen. Schlimmstenfalls wird der Ungenährte krank. Das habe ich nicht selten in meiner Praxis erlebt.

Oft aber – und zum Glück – wendet er sich ab und einem anderen zu, der ihn oder sie als Frau oder Mann wieder heilen kann. So sagte eine Klientin in einer Gruppe, wo es um Weiblichkeit und Sexualität ging: »Spätestens wenn du – nachdem du viele Morgen seinen Schwanz gelutscht und sonst was getan hast, um ihn zu erfreuen und zu befriedigen, und du dich beim ›Beischlaf‹ auch wirklich so gefühlt hast, als würde er gleich einschlafen – ihm gesagt hast, dass du auch gerne mal wieder einen Orgasmus bekommen würdest und ob er nicht auch dich einmal verwöhnen könnte, und er mit Picasso kommt, der gesagt hat, er sei froh gewesen, als es endlich vorbei war, weil er sich dann auf etwas anderes konzentrieren konnte, und dir dann, als du sagst, du bist nicht Picasso und wünschst dir körperliche Zuwendung, antwortet, du langweilst ihn mit diesem Thema, spätestens da muss du in aller Schärfe den Gedanken aushalten, dass du dich vielleicht wirklich trennen musst.«

In 50 Prozent der Fälle, wo Partner untreu werden, sich einem anderen zuwenden, hat dies nicht im Geringsten mit oberflächlichem Zugreifen von allem, was einem geboten wird, oder unehrlicher und egoistischer Grundhaltung oder Gleichgültigkeit der seelischen Gesundheit des Partners gegenüber zu tun. Viele Fälle von Untreue, die ich in meiner Praxis erlebe, gehen auf unendlich viel Schmerz und Leid zurück.

Eine meiner Klientinnen hat sich jahrelang fast ausschließlich um den Schwanz ihres extrem auf seinen Phallus konzentrierten Partners gekümmert. Sie ist als Frau neben ihm verkümmert, auch wenn er ihr immer wieder erzählte, wie »toll« sie sei. Aber er gab ihr nichts, war als Liebhaber geizig. Irgendwann war sie »reif«. Der Mann, der sie verführte, konnte sie pflücken wie einen überreifen Pfirsich.

Eine andere meiner Klientinnen bekam von ihrem Mann jahrelang kaum Zuwendung. Sie lebten zwar zusammen, und er war treu und hatte sie auch heiraten wollen, aber er war vor allem mit anderem beschäftigt, Beruf, Hobby, Haus. Sie fühlte sich von ihm weder gesehen noch beantwortet in ihrem Frausein, ihren Bedürfnissen, ihrer Sinnlichkeit. Er schlief oft mit ihr, aber da gehörte er zu den Männern, die zwar Sexualität brauchen, weil das ihr einziger Kanal für Öffnung ist, aber danach war er ebenso ummauert wie zuvor. Irgendwann nach Jahren ging sie auf das Angebot eines Mannes ein, der schon eine Weile um sie geworben hatte. Und es war verblüffend zu erleben, wie aus einem Mauerblümchen eine strahlende Schönheit wurde.

Eine andere Klientin wurde von ihrem Mann in ihren Bedürfnissen ständig abgetan. Er hatte keine Zeit, anderes war stets wichtiger. Ihre Gemeinsamkeit spielte sich vor allem in gemeinsamer künstlerischer Tätigkeit ab, privat nahm er sich wenig Zeit für sie. Sie betrog ihn von Zeit zu Zeit, voll schlechten Gewissens.

Einer meiner Klienten ist ein regelmäßiger »Fremdgeher«. Ich war anfangs abgestoßen davon, bis sich herausstellte, dass seine Frau ihm von Anfang an klargemacht hatte, dass sie eindeutige Prioritäten im Leben hatte: Zuerst kamen ihre eigenen Bedürfnisse, dann die Anforderungen ihres Berufs, dann die Nähe zu ihren Freundinnen und dann erst er. Als er nach drei Jahren Beziehung in ein schlimmes berufliches Desaster geriet, sagte sie: Damit musst du allein klarkommen. Ich kann dir nicht helfen. Nach fünf Jahren Beziehung machte sie ihm auch körperlich deutlich, dass sie ihm bis auf weiteres als Sexualpartnerin nicht mehr zur Verfügung stünde, und er war bereit zu warten. Nach sechs Jahren hatte er seine erste »Affäre«. Und seitdem in großen Abständen immer mal wieder eine. Jetzt erst, nach zehn Jahren Beziehung, hat er den Mut zu sagen: So will ich nicht mehr leben.

In Statistiken steigt in den vergangenen Jahrzehnten kontinuierlich der Anteil der Frauen, die ihre Männer betrügen. Vielleicht liegt es daran, dass Frauen zwar immer noch lange leiden, aber irgendwann auch ausbrechen. Es ist also wichtig, auf Ausgleich zu achten. Menschen, die in ihren Bedürfnissen nicht gehört und geachtet werden, verkümmern. Menschen, die als Mann / Frau in ihrer Einzigartigkeit und Besonderheit nicht gespiegelt werden, verlieren das Gefühl für sich.

- Was begeistert dich in deinem Leben?
- Wie zeigst du das?
- Was begeistert dich an deinem Partner?
- Wie zeigst du es?
- Was hat dich an deinem Partner entzückt und bezaubert, als du ihn kennenlerntest?
- Wie hast du es gezeigt?
- Was entzückt und bezaubert dich an deinem Partner heute?
- Wie zeigst du es?
- Schreib deinem Partner einen Brief: Was mich an dir entzückt und bezaubert! Womit du mich begeisterst! Was du an Schatz und Reichtum in mein Leben bringst!

Von Bedeutung ist auch, die Blockade aufzulösen, die lautet: Ich muss immer zuerst dafür sorgen, dass es dem andern gutgeht. Sexualität hat nämlich ganz viel mit der eigenen Lust zu tun. Damit stelle ich nicht in Abrede, dass jeder von uns die Verantwortung für eine erfüllende Sexualität in unserer Beziehung trägt. Auch nicht, dass jeder von uns dafür verantwortlich ist, unseren Partner als Frau oder als Mann zu sättigen. Denn wir wollen ja nicht, dass es ein anderer tut. Also ist es von Bedeutung, dass wir mit der sexuellen Abhängigkeit unseres Partners sehr bewusst und sensibel umgehen.

Gleichzeitig und nicht als Gegensatz dazu ist es für das Gelingen unserer Beziehung unabdingbar notwendig, dass wir unsere Lust auf unseren Partner richten. Wenn wir sie wie auch immer dem Partner vorenthalten, zerstören wir über kurz oder lang unsere Beziehung. Dafür müssen wir sie aber zeigen, unseren Partner mit unserer Lust, unseren

Gelüsten konfrontieren. Und oft entzünden wir damit seine Lust. Wenn nicht und wenn immer wieder nicht, gibt es ein tieferes Problem.

- Ich bin dran, du bist dran: Wer von beiden anfängt, könnt ihr mit einer Münze entscheiden oder mit Würfeln. Der Aktive bestimmt eine Woche lang, was in eurem Sexleben geschieht. Wann es stattfindet, was im Einzelnen passieren soll und auch wo – im Bett, in der Badewanne, wo auch immer. Bitte deinen Partner um Dinge, die du bisher nicht fragen mochtest, dirigier ihn, bestimm, was dir gefällt!
- Verboten ist eine Diskussion über die Wünsche oder Widerstand. Überflüssig zu betonen, dass der Partner weder gequält noch verletzt oder gedemütigt werden darf. Es handelt sich um ein Liebesspiel!
- In der nächsten Woche ist der andere aktiv.

Diese Erfahrung ermöglicht es, dass erstens wenigstens einer von beiden aktiv wird, auf seine Kosten kommt – und der andere bekommt zumindest ein Geschenk: Sein Partner offenbart ihm nämlich, wie er sexuell »tickt«, was er gerne gibt und was er selbst am liebsten mag. Dieses Spiel ist sehr effektiv bei »eingeschlafenen« Paaren. Es kann immer wieder gespielt werden

Kommunikation

Kommunikation und Sexualität hängen unmittelbar zusammen. In unserer Kultur sind wir infolge jüdisch-christlicher Tradition zu Analphabeten der Erotik geworden. Es fehlt eine Sprache der Liebe, der Sexualität, die wir privat und öffentlich angemessen verwenden können. Stattdessen herrscht Schweigen. Darin mag ein Grund für den hohen Konsum an Mediensex und anderer Pornographie liegen. Es ist eine schweigende und einsame Angelegenheit, im Großen und Ganzen entsetzlich prüde.

Wir können über alles offen reden, aber nicht über Sex, sagen viele Paare. Aber es passiert auch, dass einer das Risiko eingeht, dem andern ein bestimmtes sexuelles Bedürfnis zu offenbaren – und es geschieht nichts. Das bewirkt ein scheußlich ohnmächtiges Gefühl. Wie soll dann etwas besser werden?

Am schlimmsten ist schweigender Widerstand. Dann weiterzufragen, zu versuchen, genaue Antworten zu bekommen, stellt eine enorme Anforderung für den Abgewiesenen dar. Aber es ist wichtig herauszukriegen, was eigentlich das Problem ist. Vielleicht liegt es an früheren schlechten Erfahrungen. Oder der Partner fühlt sich irgendwie unzureichend. In den meisten Fällen gibt es ganz konkrete Gründe. Zum Beispiel, warum ein Partner Cunnilingus ablehnt. Wenn die Gründe bekannt sind, können sie meistens behoben werden. Wenn du deinem Partner wiederholt deine Bedürfnisse mitgeteilt hast und er sie vom Tisch wischt oder schweigend übergeht, wenn du ihm deutlich gemacht hast, dass es dir wirklich wichtig ist, und er dich keiner Antwort wert hält, kann es für dich gesünder sein, dich zu trennen.

Orgasmusprobleme zum Beispiel sind an sich kein Grund zur Krise, aber wenn nicht drüber geredet werden kann, wird es ein Konflikt. Und wenn – was eigentlich nicht häufig vorkommt – ein Partner sich weigert, die sexuellen Praktiken auszuüben, die dem anderen helfen, einen Orgasmus zu bekommen, dann gibt es ein wirkliches Problem, das in seiner Schärfe erkannt und benannt werden muss.

Partner, die auch über sexuelles Erleben miteinander sprechen können, haben viel eher das Gefühl, dass ihre Beziehung eine Perspektive hat. Sie fühlen sich angenommen und haben die Chance, ihr Problem zu lösen. Paare müssen über sexuelle Bedürfnisse miteinander sprechen. Darüber, wo ihre Grenzen liegen und wo sie bereit sind, sie auszudehnen.

In der Sexualität geben wir einander unmittelbares Feedback. Ich berühre dich und du antwortest. Ich schmiege mich an dich und du reagierst.

Die gemeinste Form von Machtmissbrauch in einer Liebesbeziehung ist, dem Partner das Feedback zu verweigern. Ich zeige mich dir, und du tust so, als wär ich gar nicht da. Guckst weg. Schließt die Augen. Ich streichle dich, und du liegst da wie ein Stein. Ich küsse dich, und du bleibst unbewegt. So werden Menschen kaputtgemacht, wirklich zerstört.

Kommunikation in der Sexualität umfasst all die Elemente, die ich bereits genannt habe: Wir sollten aktiv zuhören, nicht nur den Worten, auch dem Körper des andern. Wir sollten ihn verstehen lernen. Wir sollten nachfragen, mit Worten, aber auch mit unserem ganzen Körper: Was gefällt dir? Wo erschauerst du? Wo fühlt sich deine Haut weich an, wo rau und sandig, wie verändert sie sich, wenn ich sie berühre? Wie fühlt sich mein Mund auf deiner Haut an, auf deinem Geschlecht, wie schmeckst du, was erzählst du meiner Nase, wie kann ich nachfragen, dich noch besser verstehen? Wie verändert sich dein Duft, wenn ich dich auf diese oder jene Weise berühre, küsse, lecke?

In der Sexualität kommunizieren unsere Sinne, und mit je mehr Sinnen wir den anderen verstehen wollen, nachfragen und beantworten, umso tiefer, beglückender ist die Begegnung.

Gespräche über unsere Körpergeschichten, über unsere sexuellen Sehnsüchte und Phantasien sind das kostbarste Geschenk, das wir einander machen können. Es ist wie mit küssen, mit hingeben, mit anschauen lassen, wo sonst keiner hinschauen darf, mit zeigen und sehen, mit fragen und antworten, die Intimität, die so entsteht, ist vollkommen einzigartig und unersetzbar. Jede andere Sexualität, die wir mit irgendwelchen Objekten praktizieren, seien es Sextoys, virtuelle Sexpartner, Prostituierte oder über Seitensprungagenturen oder sonstige Internetseiten ausgesuchte Frauen oder Männer, ist austauschbar und letztlich nur auf uns selbst bezogen.

In der sexuellen Liebe nehmen wir einen Partner ganz an, und wir geben uns ganz. Immer, wenn wir dabei etwas zurückhalten, spürt unser Partner das und entzieht Vertrauen. Immer wenn wir irgendetwas von uns nicht mehr geben, errichten wir eine Mauer, und irgendwann besteht die Gefahr, dass unser Partner auf der anderen Seite von uns nicht mehr zu erkennen ist. Wenn er dann geht, sagen wir: Eigentlich war doch alles gut zwischen uns, sogar die Sexualität. Und wir haben das vielleicht wirklich so wahrgenommen, weil unsere Verweigerung, unser Widerstand gegen eine bestimmte Form von Nähe, Berührung, Intimität uns ja geschützt hat vor dem, was uns ängstigt: Nacktheit, rückhaltlose Nähe, den anderen kennenlernen, ungeschminkte Wahrhaftigkeit. Für uns hat es sich so vielleicht sogar »netter« angefühlt, irgendwie weniger anstrengend, weniger bedrohlich, weniger riskant. Aber unser Partner spürt immer, wenn wir einen Sicherheitsabstand halten.

Je bereiter zu Intimität und wirklicher Hingabe ein Partner ist, umso sensibler spürt er, wenn das nicht beantwortet wird. Wenn es kein Feedback gibt. Dann entsteht ein Gefühl von Berührungslosigkeit und Ungenährtheit. Irgendwann brechen solche Partner aus, sofern sie nicht komplett resignieren und sich auf den Sicherheitsabstand einlassen.

- Führ ein Jahr lang ein Tagebuch deiner sexuellen Höhepunkte. Nimm dir die Zeit, sie genau zu beschreiben, in aller Sinnlichkeit.
- Überprüfe monatlich, wie sehr es dich erfreut, was du da lesen kannst.
- Wenn das Ergebnis mager ist, besprich es mit deinem Partner.
- Wenn das Ergebnis reich und bunt ist, lies es ihm vor. Freut euch daran!

An diesem Punkt eurer Arbeit seid ihr da angelangt, wo ihr euch nicht mehr mit Konflikten und Streitigkeiten, Enttäuschungen und Verwundungen beschäftigen müsst, sondern euch auf Hoffnungen und Wünsche, auf Phantasien und Sehnsüchte konzentrieren könnt. Neugestaltung macht gerade in der sexuellen Beziehung viel Spaß – und auch Angst –, braucht Zeit und Raum, aber dann ist auch unmittelbar zu spüren, dass sich etwas verändert. Wenn wir so weit sind, dass wir vertrauensvoll mit unserem Partner über unsere Liebesträume sprechen, dann können Träume wahr werden. Und es ist völlig egal, ob ihr drei oder dreißig Jahre zusammen seid. Körperlich und seelisch einander wirklich nahezukommen und zu lieben, lustvoll und leidenschaftlich, das ist immer wieder voller Zauber und Wunder. Es gibt keinen Menschen, der nicht die Sehnsucht nach inniger Verschmelzung in sich trägt, sei sie auch noch so tief zugeschüttet und vergraben, von Schmerzen verdrängt.

Während ich mir über dieses Kapitel Gedanken mache, bin ich in Pondicherry in Südindien. Gestern habe ich in dem schönen Garten im Ashram-Guesthouse »Garden of Positive Vibrations« Yoga gemacht. Es hat mich beglückt, mich mit der Natur zu verbinden, meinen Körper zu spüren, Zeit zu haben. Nicht mal eben schnell die Übungen »abzureißen«, sondern sie in einer schönen Umgebung mit allen Sinnen zu genießen. Danach habe ich daran gedacht, wie einfach das Glück gelockt werden kann. Alles, was mich glücklich macht, ist kostenlos:

- Sexualität mit ganz viel Zeit zum Ausprobieren genießen, wo mein Körper richtig aufwachen und ich bis ganz tief in mir Glück und Lust fühlen kann.
- Tanzen – berührt werden von einem Mann, von Musik, in eine Bewegung kommen, die die Grenzen auflöst, Ver-

bindung spüren, anschmiegen, gehalten werden, die Begrenztheit des Ich auflösen, verschmelzen.

- Schreiben, Neues schaffen, ausdrücken, was in mir ist, meine Intuition laut werden lassen, alles um mich herum vergessen.
- Spielen, miteinander spielerisch in einem intensiven Kontakt sein, wo gelacht wird, konzentriert, gekämpft und wo Nähe entsteht.
- Gespräche führen, die tief gehen, die nicht aufhören, wenn sie berühren, die weitergehen, von denen ich berührt und bewegt werde, wo Nähe entsteht durch eine Offenheit und Ehrlichkeit, die weiter geht als die Maske.
- Sport treiben, der mich verbindet. Mit der Luft, der Natur, einem Fluss in mir, wo ich in eine Einheit komme.

Ja, eigentlich hat alles, was glücklich macht, mit intensivem Fühlen, mit Nähe und Überschreiten der Ich-Grenzen zu tun. So kommt Flow zustande.

- Was macht dich glücklich?
- Deinen Körper?
- Deine Seele?
- Deinen Geist?
- Was macht dich in deiner Partnerschaft besonders glücklich?
- Gibt es Ersatzbefriedigungen, denen du nachgehst, die sich vielleicht sogar zu einer Sucht entwickelt haben?
- Was kannst du als wirkliche Befriedigung an die Stelle des Ersatzes nehmen? Wie kannst du dafür sorgen?

Immer wieder höre ich: Unser Sex ist eigentlich okay, aber irgendwas fehlt. Bei den meisten Paaren liegt es nicht daran, dass sie etwas verkehrt oder ungenügend machen, sondern dass ihre Gefühle nicht damit in Einklang sind. Es geht nicht um irgendeine neue Variante, sondern um mehr Gefühl! Wenn Paare leidenschaftlich miteinander Sex haben, ist es völlig egal, was getan wird, der Sex wird einfach als wundervoll erlebt. Leidenschaft und Sinnlichkeit, das ist die Grundlage für guten Sex. Wenn ihr eure sensitiven Seiten entdeckt, verflüchtigt sich das Gefühl von Routine.

- Erprobt das Ritual der sieben Nächte: Sieben Abende lang nehmt ihr euch eine Stunde lang Zeit füreinander.
  1. Nacht: Der passive Partner steht da und lässt sich ganz allmählich vom aktiven entkleiden. Der aktive ist vollkommen auf diesen Vorgang konzentriert, entblättert seinen Partner aufmerksam, langsam, Stück für Stück. Nimm dir dafür eine halbe Stunde Zeit. Der Körper des andern wird nur beim Auskleiden berührt, es erfolgt keine sexuelle Stimulierung, nur leichte wahrnehmende Berührungen. Danach wird gewechselt.
  2. Nacht: ihr setzt euch Rücken an Rücken leicht bekleidet oder nackt hin und findet einen gemeinsamen Atemrhythmus. Achtet darauf, dass ihr euch im Rücken Halt gebt, dass ihr bequem sitzt. Macht das fünfzehn Minuten lang. Nun wechselt den Atemrhythmus: Während einer einatmet, atmet der andere aus. Auch das wieder fünfzehn Minuten lang. Und nun gebt euch durch leichte oder stärkere Bewegungen des Rückens und des Beckens eine Rückenmassage. Auch wieder fünfzehn Minuten. Kommt gemeinsam zur Ruhe, indem ihr einfach nur sitzt und die Nähe und den Rücken des anderen spürt.
  3. Nacht: Setzt euch nackt voreinander hin und schaut euch fünfzehn Minuten lang in die Augen. Dann wandert mit den Augen über den Körper des andern, als würdet ihr ihn mit euren Augen streicheln. Verweilt beim Geschlecht, betrachtet es genau.
  4. Nacht: Erkundet den Körper des andern mit den Händen und den Augen. Berührt den Körper eures Partners mit euren Fingern, der ganzen Hand, lasst nichts aus. Beginnt beim Gesicht und geht langsam abwärts. Jeder ist

eine halbe Stunde aktiv und eine halbe Stunde passiv. Das Geschlecht darf ebenso wie alle anderen Körperteile erkundet werden, aber nicht zum Orgasmus gebracht.

5. Nacht: Begegnet euch mit euren Mündern. Erkundet euren Partner mit dem Mund, küsst ihn am ganzen Körper, das Gesicht, die Augen, die Ohren, genießt den Geschmack, erkundet auch den Geschmack des Geschlechts, der Innenseite der Schenkel. Jeder ist wieder eine halbe Stunde aktiv und passiv. Küsst euch danach in allen Variationen, die euch einfallen, knabbert an den Lippen des andern, beißt ihn leicht, erkundet die Zunge, den Speichel, zartes, sanftes, saugendes, verschlingendes Küssen.

6. Nacht: Dies braucht viel Vertrauen und ist nur möglich nach den vorherigen Tagen: Verbindet dem Passiven die Augen und bindet ihn vielleicht auch leicht fest, so dass er sich nicht bewegen kann. Aber oft ist das Festbinden für den Aktiven eine Störung, weil er seinen Partner ja bewegen möchte. Verabredet, dass der Passive wirklich alles mit sich machen lässt. Wenn etwas geschieht, das über seine Grenze geht, verabredet ein Zeichen und haltet inne, nehmt den Passiven in den Arm, kommt zur Ruhe, löst eventuell die Augenbinde. Dann macht weiter. Der Aktive erkundet den Partner mit all seinen Sinnen. Schaut ihn an, betrachtet ihn ausgiebig, berührt, tastet, riecht, schmeckt. Das braucht viel Zeit, nehmt euch jeweils eine halbe bis dreiviertel Stunde. Bleibt danach umarmt eine Weile still liegen. Dann erst wechselt.

7. Nacht: Jetzt erst findet sexuelle Vereinigung und die Erfüllung durch einen oder mehrere Orgasmen statt. Geht die einzelnen Schritte durch, die ihr in dieser Woche erprobt habt. Entkleidet euch, stimmt euch auf gemeinsames Atmen ein, betrachtet einander, berührt euch, küsst euch, verwöhnt euch gegenseitig und vereinigt euch.

Ich habe dieses Ritual hier am Schluss erwähnt, weil es alles andere einschließt. Es ist eine wundervoll heilende und beglückende Erfahrung. Allerdings könnte es auch in jedem anderen Kapitel stehen. Ich verspreche: Wenn ihr euch darauf einlasst, verändert sich hundertprozentig eure Sexualität auf eine aufregende Weise.

Nichts braucht das *Feiern und Würdigen* wie unsere Sexualität. Wir können uns nur in der Tiefe hingeben, wenn wir vertrauen. Wir können nur vertrauen, wenn wir wissen, dass wir für unseren Partner einmalig und unersetzbar sind und er uns nicht fallenlassen wird, wenn wir uns fallenlassen. Das ist ein solches Geschenk, das gewürdigt werden muss. Wenn mein Partner sich mir in seiner körperlichen Nacktheit zeigt, ist es wichtig, dass ich diese feiere. Es ist wichtig, dass ich den Körper meines Partners anschaue, beantworte und Worte finde. Es ist unbedingt wichtig, dem Partner mitzuteilen, wie schön er für uns ist. Und was an ihm einmalig, unersetzbar und kostbar für uns ist. Es ist wichtig, den Zauber zu spüren, den unser Partner auf uns ausübt und ihn zu benennen.

Warum ist es wichtig? Nacktheit macht verletzlich, Öffnung macht verletzlich, die Sicherheit der Maske ablegen macht verletzlich. Diese Verletzlichkeit ist ein großes Geschenk. Wer Geschenke nicht würdigt, nicht beantwortet, keine eigenen Geschenke zurückgibt, lässt den andern unbeschenkt allein.

Wenn wir unseren Partner in seiner Schönheit sehen, spiegeln, beantworten, stärken wir ihn, wie es kein anderer kann. Man sieht das Menschen an, die auf diese Weise geliebt sind, sie haben ein besonderes Strahlen, sie sind vitaler und auch schöner. Weil sie ihre Schönheit spüren.

- Schreib deinem Partner/deiner Partnerin einen Dankesbrief für alles, was er als Mann, was sie als Frau Neues in dein Leben gebracht hat, was du durch ihn/sie entdecken konntest in dir selbst und was er/sie dir von sich selbst offenbart hat. Würdige ihn oder sie. Schreibe alles auf, womit er oder sie dich in seiner/ihrer körperlichen Schönheit, seiner/ihrer Sinnlichkeit, seiner/ihrer Zärtlichkeit und Leidenschaft berührt und beschenkt hat.

Und nun zum Schluss das Sinnenfest:

Der Sinn des Sinnenfestes ist, den Partner in all seinen Sinnen zu stimulieren und zu erfreuen. Du bereitest das Fest gut vor, indem du dir überlegst, was du ihm als oralen Reiz anbieten kannst, zum Beispiel Schokoladenstückchen oder After Eight oder Ananas, ein Gläschen Amaretto, in das du Weintrauben tauchst, deine Lippen, die du mit Whiskey benetzt, deiner Phantasie sind keine Grenzen gesetzt.

Bereite auch die akustische Stimulierung vor: eine Klangschale oder deine Stimme, die Komplimente in sein Ohr raunt, oder leises Trommeln.

Auch seine Nase soll angeregt werden: dein Lieblingsparfüm auf deiner Halsbeuge oder ätherisches Rosenöl oder Rosmarin.

Womit kannst du seine Haut berühren? Stein oder Samt oder eine Feder oder dein Mund oder deine Haare oder deine Hand.

Auch der Tastsinn soll angeregt werden: eure Hände, die einander ertasten, dein Gesicht, deine Brust, ein Stück Fell.

- Stelle alle Hilfsmittel bereit, so dass du sie zur Verfügung hast.
- Dein Partner bekommt die Augen verbunden. So führst du ihn an das Lager, das du für ihn vorbereitet hast. Manche mögen liegen, andere mögen lieber sitzen.
- Du kannst leise Musik anmachen. Dann allerdings lass Stille einkehren. Mit geschlossenen Augen werden unsere Sinne schärfer.
- Beginn mit dem Riechen. Lass dir Zeit, deinem Partner

die unterschiedlichen Gerüche zart vor der Nase herumzuwedeln.

- Pause
- Dann kommt das Ohr. Auch hier gilt wieder: Lass dir Zeit zwischen den einzelnen Klängen.
- Pause
- Nun folgt das Schmecken. Lass deinen Partner die Gegenstände lutschen, kauen, schmecken. Lass ihn an deinen Fingern lecken. Achte wieder auf die Pause zwischen den unterschiedlichen Angeboten.
- Pause
- Nun berühr die Haut deines Partners mit den Gegenständen, streich langsam über Arm und Bein und Gesicht, vielleicht Brust oder Bauch, je nachdem, was frei liegt.
- Pause
- Taste mit deinen Händen seine Hände, lass dir Zeit. Gib ihm Unterschiedliches zum Fühlen in die Hand: dein Haar, deinen Mund, einen Stein, deine Wange, ein Stück Samt.
- Pause
- Und nun setz dich vor deinen Partner, richte auch ihn auf und löse seine Augenbinde. Schaut euch an. Lass ihn im Raum umherschauen, in dem Kerzen stehen oder Blumen oder Sonstiges, was die Augen erfreut.
- Umarmt euch. Tanzt miteinander. Liebt euch. Was auch immer.

Das ganze Ritual dauert mindestens eine Stunde, oft mehr. Es ist deshalb nicht sinnvoll, es am gleichen Tag zu wechseln. Aber es muss unbedingt gewechselt werden, denkt an den Ausgleich von Geben und Nehmen! Also am nächsten Wochenende!

Ende gut, alles gut

Vom Abspalten zum Integrieren, von der Lust auf Neugestaltung, vom Spaß am Feiern

Am Abend, bevor ich mich an dieses Kapitel setzte, sah ich einen Film, der mir viele Impulse lieferte: »High Fidelity«. Es ging, wie sollte es auch anders sein, um eine Liebeskrise. Männer, die in ihren Phantasien leben und deshalb die Realität immer wieder scheitern lassen. Eine virtuelle Welt aus Songs und Filmen und Glamour und der Suche nach dem Kick. Aber es bleibt letztlich öde, und sie haben immer mehr Mühe, ihre Leere mit elitärem selbstgerechtem Gehabe zu übertünchen. Ihre Wohnungen haben sie angefüllt mit irgendwelchen exklusiven Besonderheiten. Sie sitzen gemeinsam auf dem Sofa vor dem Fernseher. Sie sind einsam.

Es wird für uns immer schwerer, durch die Phantasien hindurchzufinden, die eine virtuelle Welt der unbegrenzten Möglichkeiten uns vorgaukelt. Wenn ich ins Internet gehe, scheinen am oberen Rand Bilder von sehr attraktiven Menschen auf: der Golfer, die Journalistin, der Professor, die Ärztin. ElitePartner.de. Rechts blinken vielversprechend lächelnde Personen oder küssende Paare: neueliebe.de. Die Welt erscheint wie ein Supermarkt an Liebesmöglichkeiten.

Im Film merkt der Protagonist erst, wie einmalig und unersetzbar seine Partnerin ist, nachdem sie ihn verlassen hat. Erst da spürt er, dass ihm etwas sehr Wichtiges verlorengegangen ist. Vorher hat er sie betrogen. Vorher hat er sich nicht bemüht. Vorher hat er sich in seiner eigenen Welt der Phantasien aufgehalten. Ihr Geruch fehlt mir, sagt er, ihre Art zu lachen, zuzuhören, zu sprechen, ihre Art zu gehen, sich zu bewegen, Liebe zu machen. Zur Tröstung hat er Sex mit einer sehr glamourösen Sängerin. Der Sex ist toll. Aber der Kick verfliegt, ebenso oberflächlich wie alles andere. Am Ende sagt er, dass er es satt habe, immer in Phantasien zu leben: eine neue Chance. Eine neue Eroberung. Eine neue Erhöhung. Ein neuer Kick. Er fragt seine Freundin, ob sie ihn heiraten wolle. Du bist nicht so wie die in den Filmen, sagt er zu ihr. Du trägst nicht diese aufregenden Dessous. Ich hab auch solche Dessous, antwortet sie empört, und er entgegnet: Ja, aber du hast auch diese anderen Dinger, die schon x-mal gewaschen sind, und wir streiten, und alles ist so normal.

Am Tag zuvor war ein Klient bei mir, der als größten Wunsch formulierte, alles solle bleiben, wie es ist. Als ich ihn fragte, wofür er das brauche, sagte er, er habe Angst vor Veränderung. Er ist vierzig Jahre alt, seine Kinder sind acht und vierzehn, er ist beruflich erfolgreich, und er hat eine sehr attraktive, emotionale und erotische Partnerin, die seit mindestens zehn Jahren mehr von ihm will als er von ihr.

Alles soll bleiben, wie es ist. Er hat Angst vorm Altern, vor Kraftverlust, Angst davor, dass die Kinder sich entfernen und er nicht mehr wichtig für sie ist, Angst vor dem Unbekannten. Zu Hause ist ihm vor allem wichtig, dass er sich ausruhen kann, genug Schlaf bekommt, seine Frau ihn nicht »nervt« mit emotionalen Ausbrüchen, nicht zu viel von ihm will, er genügend Ruhe hat.

Vielleicht denkst du jetzt: Was für ein langweiliges Leben! Oder du denkst: Wieso hat sie vorher von diesem Film erzählt, in dem es um die Normalität in einer Partnerschaft geht, und jetzt schreibt sie von der Gefahr, in der Normalität zu versacken?

Dieser Klient, nennen wir ihn Hans, hat einige Hobbys: Er spielt Schlagzeug, und er lernt Gleitschirmfliegen. Gegen beides ist selbstverständlich nichts einzuwenden, aber seine Frau ist immer wieder kurz vor dem Absprung aus der Beziehung, weil er bei ihr vor allem müde ist. Er hat sein

Leben fein säuberlich in Schächtelchen eingeteilt. Im Beruf: Konzentration, Präsenz, Führung. Zu Hause: Ruhe, Auftanken. Im Hobby: Abenteuer, Neues erleben. Zu Hause soll es möglichst stabil sein. Harmonisch nennt er das. Das Abenteuer lebt er anderswo. Seine Frau fühlt sich ständig von ihm in ihrer Intensität gebremst, in ihrer Sehnsucht nach mehr Lebendigkeit und Kontakt, danach, Neues in der Sexualität, im Miteinander zu wagen. Sie fühlt sich, als würde er ihre Flügel beschneiden. Ich soll anders sein, sagt sie, ruhiger, weniger bewegt, weniger emotional.

Dieses Beziehungsmodell wird leider von vielen gelebt. Vom Beamten mit geregeltem Pensionsanspruch, der alles andere versichert hat, aber bei Prostituierten Sex ohne Kondom verlangt. Dem zuverlässigen Partner mit langweiligem Sexleben in der Ehe, der in geheimer Internetadresse mit Sexpartnerinnen Kontakt pflegt. Der Frau, die zu Hause immer müde ist, aber übers Internet Blinddates für wilde One-Night-Stands organisiert. Dem Buchhalter, der Bungeejumping macht. Und so weiter.

Mein Partner und ich sprachen kürzlich darüber, dass Menschen Herausforderungen bräuchten, um sich weiterzuentwickeln, um zu wachsen. Ich fragte ihn, warum bloß so viele Männer massiven Widerstand gegen die Herausforderung leisten, die ihre Partnerinnen für sie darstellen, und er sagte: Man will sich seine Herausforderungen selbst aussuchen, die will man nicht gestellt bekommen. Aber ist es dann noch eine Herausforderung?

Nimmst du die Herausforderung an, die dir dein Partner, deine Beziehung, deine jetzige Lebensphase bieten oder leistest du Widerstand?

Der Widerstand hat viele Gesichter. Du fliehst in absurde Nischen. Du wischst die Bedürfnisse, Gefühle, Gedanken deines Partners auf die eine oder andere Weise vom Tisch. Du bist immer viel zu müde, um dich mit deinem Partner zu beschäftigen. Anderes ist immer wichtiger.

Neugestaltung der Beziehung geschieht nach dem Widerstand. Es geschieht, wenn du bereit bist, dich dem Abenteuer der Veränderung zu stellen. Wenn du bereit bist, Neues zu wagen. Dabei wirst du immer wieder mit der Angst vor Veränderung, Angst vor dem Unbekannten konfrontiert werden. Das ist in Ordnung.

Der Weg in eine glückliche gelingende Beziehung ist der Weg in die Integration. Nicht nur in die Integration von Abenteuer und Sicherheit. Aber auch. So wie ein glücklicher Mensch einer ist, der seine Stärken und Schwächen, seine inneren Widersprüche und all das Ungelebte integriert hat, der sich selbst annimmt als ein Ganzes und nichts von sich selbst ausgrenzen muss als igitt und pfui und schambehaftet und furchterregend, so ist eine glückliche Beziehung eine, in der alles leben kann.

Was heißt das? Nehmen wir die drastischen Beispiele: Der Beamte, der bei der Prostituierten unsafen Sex verlangt. Er ist natürlich in sich selbst völlig uneins: Er verdrängt seine Sehnsucht nach Abenteuer und Risiko aus seinem Leben und steckt es in eine Nische. Dort geschieht dann genau das, was seine Angst vor Abenteuer und Risiko bestätigt: Er wird zum Lügner, zum Betrüger, er bringt seine Frau – und sich selbst – in Lebensgefahr, er schämt sich und spaltet diesen Teil immer stärker ab.

Welche Angst müsste dieser Mann aushalten, wenn er seine Bedürfnisse nach Abenteuer und Risiko an seine Frau herantragen würde? Was würde geschehen? Keiner weiß es. Aber es wäre völlig neu, unbekannt. Vielleicht langweilt seine Frau sich schon lange zu Tode mit ihm. Vielleicht würde er die Überraschung erleben, dass sie in Wirklichkeit eine ganz andere ist. Vielleicht könnte er aber auch das andere aus ihr herauskitzeln. Die Hure in seiner Frau wecken. Welch Abenteuer!

Wenn er den Weg in die Integration nicht geht, muss er

immer mehr abstumpfen, um die eigene Zerrissenheit nicht zu spüren. Und wahrscheinlich stumpft er so sehr ab, dass er auch seine Frau nicht mehr spüren kann. Er wird alles Mögliche tun müssen, um ihr Leid neben sich nicht mitzukriegen. Denn, vorausgesetzt sie liebt ihn, wird sie leiden, weil sie spürt, dass er nur zum Teil mit ihr lebt. Er wird ihre Gefühle, ihre Tränen, ihre Sehnsüchte vom Tisch wischen müssen. Er wird wütend den Raum verlassen, mit den Türen schlagen und ihr sagen, dass sie hysterisch sei. Er wird schweigen oder sagen, dass er gar nicht wisse, wovon sie spricht. Er wird Ausflüchte benutzen oder so tun, als ob er sie verstehe, und in Wirklichkeit versuchen, sich so schnell wie möglich in Sicherheit zu bringen. Und in Sicherheit bedeutet da, wo er nicht spüren muss, was er eigentlich tut.

Oder nehmen wir das Paar, wo der Mann mit Prostituierten oder in Klubs sadomasochistische Praktiken betreibt. Seine Freundin weiß davon nichts. Sie ist für ihn die Süße, die Liebe, die Unbefleckte. Er will sie heiraten und mit ihr Kinder haben. Aber er hat eine Frau kennengelernt, die er zu Sadomaso-Sex bewegen konnte. Nach der ist er jetzt süchtig, obwohl sie das Ganze nur tat, um ihm zu gefallen, und sofort danach den Kontakt zu ihm abgebrochen hat. Wenn er mit seiner süßen Julia in der Südsee Ferien macht, schreibt er der »verruchten« Lotte wilde SMS. Er kann Julia heiraten, Kinder zeugen und immer lieb und nett und zuverlässig sein – eine glückliche Partnerschaft werden Julia und er nie haben, außer er zeigt sich ihr ganz. Mit all dem, weswegen er sich schämt, was er in sich selbst abspaltet, weswegen er sich vor sich selbst ekelt. Erst dann wird seine Partnerschaft eine Chance haben. Julia wird entsetzt sein. Sie wird weinen, schreien, toben, ihn verlassen wollen. Aber sie wird auch bei ihm bleiben können auf einer neuen Basis. Vielleicht werden sie sich trennen müssen, aber dann hat jeder von beiden eine Chance auf eine gelingende Liebesbeziehung. Und er hat die Chance, nicht mehr abstumpfen zu müssen, um nicht zu spüren, was für ein unfaires Arschloch er ist.

Was geschieht in den Beispielen, die ich genannt habe? Diese Menschen spalten Teile von sich ab und kommen so in Teufels Küche. Kürzlich las ich einen Artikel von der gerichtspsychologischen Gutachterin, die für jenen Mann zuständig war, der wochenlang in der Presse war. Er hatte seine Tochter im Keller eingekerkert, vergewaltigt und Kinder mit ihr bekommen. Alle wissen es, ich muss es keinem mehr erzählen. Aber was wir nicht wissen, ist, dass dieser Mann die Spitze des Eisbergs ist von einer riesigen Masse von Menschen, die nicht durch die Presse gehen, nicht ins Gefängnis kommen, sich nicht einmal im Dunkeln ins kriminelle Abseits bringen. Sie werden nie zu Vergewaltigern. Nie zu Mördern. Aber jeden Tag erwürgen sie ihre eigene Lebendigkeit und ihre Liebe ein bißchen mehr.

Die Psychologin sagte, er habe vollkommen abgespalten. Wenn die Kellertür zu war, trat er in ein anderes Leben und verschloss diese Tür auch in sich selbst. Wie hätte ich mit meiner Frau und den Kindern oben grillen können, wenn ich an den Keller unten gedacht hätte?, sagte er zu ihr.

Wie häufig geschieht das in deinem Leben? Wie häufig steckst du etwas in den Keller deiner Seele? Und tust so, als wäre es gar nicht da? Vor deinem Partner und sogar vor dir selbst?

Immer wieder hören oder lesen wir, dass irgendein »unbescholtener« Mann – in der letzten Zeit wurde ein Politiker bekannt – in einer unauffälligen Beziehung, mit allem, was zum »Unauffälligsein« dazu gehört, leider ein heimlicher Kinderpornograph ist. Wenn diese Menschen auffliegen, sind sie oft nicht einmal erschrocken über sich selbst, nicht berührt von ihrem verlogenen Leben, das sie neben ihrer Frau führen, sondern sie sagen: Wieso? Ich hab doch keinem etwas zuleide getan. Ich hab doch nur Bilder geguckt und mir dabei einen runtergeholt. Ich hab doch nichts getan. Wenn sie das überhaupt sagen und nicht behaupten, der ganze Kram wäre irrtümlich in ihren Computer gelangt.

Genau das ist es, was ich mit Abspaltung meine. Diese Menschen spalten einen Teil von sich selbst aus ihrem sonstigen Leben ab. Kinderpornographie. Sadomaso-Praktiken. Prostituierte. Heimliche Sex-Dates, ob real oder virtuell, und so weiter.

Die meisten dieser Geschichten müssten nicht so scheußlich werden, wenn die Pole integriert, erst mal überhaupt akzeptiert würden. Die Psychologin des Tochterquälers beschrieb sehr anschaulich, dass in diesem Mann alle möglichen Triebe, Bedürfnisse, Gefühle brodelten, langsam in die eine oder andere Richtung die Fühler ausstreckten, anfangs noch in »harmlosen« Tätigkeiten ein Ventil fanden, wie den Keller ausbauen, eine besondere Tür einhängen, ein Bett hinstellen. Es geschah *unbewusst* und *abgespalten*.

In dem Augenblick, in dem wir unsere Bedürfnisse akzeptieren und uns bewusst machen, können wir uns damit auseinandersetzen. Dann haben wir die Wahl und können uns entscheiden. Im Zweifelsfall auch dafür, uns Hilfe zu holen, um andere Menschen, aber auch uns selbst zu schützen. Eine meiner Klientinnen bekam erotische Gefühle, wenn sie ein nacktes Kindergeschlecht sah. Sie quälte sich deshalb ganz furchtbar, weil es all ihren Werten widersprach. Allein es mir erzählt zu haben war ein Integrationsakt. Es war ein Teil von ihr. Ich verurteilte sie nicht. Wir beide wussten, dass sie keinem Kind etwas zuleide tun würde. Aber wir schauten uns an, was ihre An*trieb*skraft war.

Manche Frauen phantasieren Vergewaltigungsszenen, wenn sie mit einem geliebten Mann Liebe machen. Viele kommen sich dabei pervers vor und schämen sich. Manche Männer phantasieren, eine Frau zu vergewaltigen, ja, zu demütigen, zu quälen, vollkommen in ihre Macht zu nehmen. Sie schauen sich entsprechende Pornofilme an, masturbieren und schämen sich. Manche sehnen sich nach einer Domina oder bezahlen Geld dafür, unterworfen zu werden.

All das sind letztlich keine »Krankheiten«. Es sind Störungen. Sie gefährden die sorgfältig aufgebaute Fassade. Aber sie halten sie auch aufrecht. Sie verbannen Wahrhaftigkeit aus dem Leben. Sie stören eine gesunde, harmonische Partnerschaft.

Aber schauen wir doch ehrlich und genau hin: Die weiblichen Phantasien, vergewaltigt zu werden, haben oft Frauen, die aktiv, bestimmend, auch sexuell aktiv sind. In ihrer Beziehung können sie nicht passiv sein, werden nicht »genommen«. Sie haben eine große unbefriedigte Sehnsucht, sich einfach nur hinzugeben, nicht verantwortlich zu sein. Sehnsucht und Angst. Denn hätten sie diese Angst nicht, wüsste ihr Partner von ihrem Wunsch nach Passivität.

Sado-Phantasien oder auch -praktiken findet man häufig bei Männern, die sich irgendwie hilflos, klein, von Frauen dominiert oder manipuliert fühlen. Das kann auf die Mutter zurückgehen. Das kann auf bestimmte Erfahrungen zurückgehen oder einfach auf Männlichkeitsphantasien, die nie ausgelebt wurden.

Hingegen zieht es mächtige »Macher« oft zur Maso-Seite, zur Domina. Nirgends leben sie ihre Sehnsucht nach Passivität, nach Anpassung, nach Hingabe. Immer müssen sie die Kontrolle haben, bis sie komplett überspannt sind.

Zur Kinderpornographie (ich weiß, welch furchtbares Thema das ist, aber dennoch) fühlen sich meist Männer hingezogen, die in ihrem normalen Leben Teile ihrer Persönlichkeit von sich abspalten. Oft sind es Weichheit, Verletzlichkeit, Offenheit, Kindlichkeit. Sie sind nicht wirklich stark, sie sind keine gereiften Männer geworden, die ihre Schwäche in ihre Stärke integriert haben, sondern sie haben eine Fassade von Stärke entwickelt, hinter der eine emotionale Unreife steht. Reifen, starken Frauen fühlen sie sich als Mann nicht gewachsen, entwickeln Unlust, um sich vor der sexuellen Herausforderung zu schützen. Erst bei ganz Schwachen und Gedemütigten können sie Lust und Erregung zulassen.

Jetzt sagst du vielleicht: Das hat alles nichts mit mir zu tun. Und das stimmt ja auch. All diese Extrembeispiele betreffen dich wahrscheinlich nicht. Aber sie verdeutlichen etwas: Wenn wir einen Teil von uns abspalten, desintegrieren, machen wir wirkliche Nähe letztlich unmöglich. Denn wir sind uns selbst nicht nah. Wir funktionieren in der Beziehung in allen möglichen Rollen, aber wir sind nicht *ganz* da.

Der Weg zur Neugestaltung ist immer der Weg zur Integration. Wir sind polare Wesen. Und erst wenn wir uns mit den Polen in uns auseinandersetzen, können wir gesund werden. So geschieht Heilung.

Es gibt die klassischen Pole:
weiblich – männlich
Nähe – Distanz
Sicherheit – Abenteuer
Alltag – Feiern
Tod – Neubeginn
Körper – Seele
Körper – Geist
Verstand – Gefühle
Verschmelzung – Trennung
Reifung – Regression
Spiritualität – Materialismus
Beruf – Freizeit
Anspannung – Entspannung
Druck – Loslassen
Stärke – Schwäche
Kraft – Weichheit
Grenzerweiterung – Grenzziehung

Dir fallen jetzt bestimmt noch andere polare Paare ein, die dein Leben bestimmen. Gesundung bedeutet, die Pole zu integrieren. Daraus folgt nicht, auf beiden Polen gleich intensiv leben zu müssen. Es gibt Frauen, die sehr weiblich sind und den männlichen Pol wenig besetzen. Die sollten sich mit dem Thema Durchsetzung, Kraft, Stärke, Grenze auseinandersetzen, ansonsten wird etwas schief in ihrem Leben und sie werden – ja, das ist ein psychisches Gesetz! – diese Themen auf verquere unheilvolle Art ausagieren, sei es durch ständige Nörgelei an ihrem Partner, durch zwanghafte Pedanterie oder durch ihre Weigerung, sich sexuell ihrem Partner hinzugeben.

Ich will und kann nicht alle Möglichkeiten nennen, was in unserem Leben geschieht, wenn wir uns nicht mit den polaren Seiten unserer Persönlichkeit auseinandersetzen. Du aber kannst es jetzt tun.

- Male einen Kreis wie eine Torte und unterteile diese in Stücke, in die du auf der rechten Seite all die Themen schreibst, die dein Leben bestimmen. Du darfst die rechte Seite der Torte in so viele Stücke unterteilen, wie du magst.
- Und nun führe die Linien auf der linken Seite fort und suche nach dem Gegenpol für das, was auf der rechten Seite steht.
- Wie lebst du das?

Vielleicht lebst du weiblich 90 Prozent, und was ist mit männlich? Okay, du bist nicht im Geringsten ein Mannweib. Aber wie läuft es mit Durchsetzung, Dominanz, Klarheit, Ehrgeiz?

Vielleicht lebst du Freizeit wirklich lustvoll, aber wie steht es mit beruflichen Zielen? Mit Disziplin, Vertrauen in deine Fähigkeiten, beruflichem Erfolg?

Vielleicht bist du sehr spirituell, aber wie ist es mit Abwasch, Einkauf, Essenzubereiten, Aufräumen? Ich begegne in tanztherapeutischen Gruppen oft spirituellen Frauen, die leider den Blick für die simple Realität verloren haben.

Zu denen sage ich stets: Wenn du zu einer indianischen Schamanin in die Lehre gehst, musst du zuerst den Boden wischen und Holz hacken. Und dann musst du für die Gesundheit deines Körpers sorgen. Und dann musst du etwas über die Gesetze des Lebens lernen. Erst dann beginnen die simplen Anfangsübungen zum Zaubern.

Oder nehmen wir die Kunst. Füllst du ein dickes Tortenstück mit Kunst? Aber wie steht es um die Facetten des Trivialen im Leben? Den Kindern Ostereier kaufen und verstecken? Der Frau eine Suppe kochen, wenn sie krank ist? Und wirklich sehr unkünstlerische Dinge tun wie zum Beispiel die Gasrechnung bezahlen?

Bitte beschäftige dich jetzt mit den abgespaltenen Teilen deiner Persönlichkeit. Das ist schwer, ich weiß. Aber es ist wirklich nötig, wenn du deine Beziehung heil machen willst. Heil heißt nämlich gesund. Heil heißt, dass alles drin und dran ist. Heil heißt, alles ist durchblutet, strömt, fließt, ist lebendig.

Ich gehe einfach davon aus, dass du ein psychisch gesunder Mensch bist, dem es nur etwas schwer fällt, sich mit seinen abgespaltenen Anteilen zu beschäftigen. Der sich vielleicht wegen irgendetwas schämt. Der mit irgendeinem Anteil von sich selbst Probleme hat. Der aber gleichzeitig diese Sehnsucht nach dem anderen in sich spürt. Der »Aha« sagt, wenn er das hier liest. Der denkt: Ach, das ist nicht nur bei mir so? Das ist ja beruhigend. Ich kann es ändern. Ich kann es integrieren. Ich weiß noch nicht wie, aber es gibt einen Weg. Prima.

In diesem Fall gibt es eine wundervolle Prognose.

Ich zum Beispiel habe in meinem Leben immer viel dafür getan, selbständig, unabhängig, souverän zu sein. Vor Abhängigkeit hatte ich eine Heidenangst. Das war mir nicht besonders bewusst. Ich habe nur mein Leben entsprechend organisiert. Ich arbeite selbständig, ich war noch nie finanziell von einem Mann abhängig, ich sorge aktiv für das Glück in meinem Leben, ich übernehme die Verantwortung für mich. Das ist ja auch für Psychologen gut zu rechtfertigen, es gibt jede Menge schlüssiger Argumente. Aber wenn ich abhängig werde, und das wird jeder, wenn er liebt, bekomme ich Angst. Kürzlich las ich in dem Buch von Sabine Asgodom »Liebe wild und unersättlich«, dass ihr neuer Partner gesagt habe, in der Liebe unterschrieben wir eine »Abhängigkeitserklärung«, und das berührte mich tief. Ich spürte, wie ich jahrelang meine Sehnsucht nach Abhängigkeit, nach Anvertrauen, nach wirklichem Hingeben in mir abgespalten habe. Diese Erkenntnis setzte einiges in mir und in meinem Leben in Gang. Denn diese Sehnsucht hat ja durchaus gelebt, sie hat jedoch keinen direkten Ausdruck gefunden.

- Schau also noch einmal zu deiner Torte und lass die Teile von dir, die du nicht lebst, die du unterdrückst, verdrängst, abspaltest, einen Brief an deinen Partner schreiben. Wenn das noch zu schwer ist, lass sie erstmal einen Brief an dich selbst schreiben. Lass es einfach geschehen.

Wenn da zum Beispiel eine große Lücke bei »Seele« und eine Fülle bei »Körper« ist, lass deine Seele in einem Brief schreiben, wie es ihr geht, was sie sich wünscht. Wenn da eine Lücke bei »Entspannung« ist, lass die Entspannung einen Brief schreiben an deinen Partner, an dich selbst oder an den dominant gelebten Part, die »Anspannung«. Experimentiere damit. Wichtig ist, dass du dich immer auf die Sehnsucht und die Angst besinnst, denn diese beiden sind in den meisten Fällen bei unterdrückten, verdrängten, abgespaltenen Anteilen die nährenden Gefühle.

Es schafft einen riesigen Gewinn an Kraft und Energie, wenn du deine abgespaltenen Anteile zu dir nimmst. Leider sind sie oft nicht bewusst, und es braucht wirklich Aufmerksamkeit, Zeit, Arbeit. Aber du hast dich ja schon dieses ganze Buch lang Schritt für Schritt dir selbst und deinem Partner angenähert. Und das Ganze ist ein Prozess, der über dieses Buch hinausgeht.

Das, was in deiner Beziehung im Argen liegt, hat oft mit einer polaren Ausgrenzung zu tun. Nehmen wir den klassischen Fall: der Choleriker, der seine Beziehung mit Wutanfällen ruiniert. »Wut« nimmt also einen dicken Teil der Torte ein. Was steht auf der anderen Seite ebenso dick und ungelebt? Wahrscheinlich »Trauer« und »Tränen«. Wie viel Trauer hat dieser Mensch schon verdrängt, nicht spüren wollen, und nun sitzt sie da im Keller der Seele und schreit, bis sie heiser ist: Ich will raus! Natürlich wird die Wut immer heftiger, die Eisentür muss immer dicker werden. Wovor hat der Wüter Angst? Davor, in der Trauer so schwach zu werden, dass er zu verletzlich wird? Davor, dass der Mensch, dem er sich mit seinen Tränen, seiner Trauer anvertraut, Macht über ihn bekommt und ihn klein machen, vernichten wird? Wahrscheinlich also werden die Gefühle »Misstrauen«, »Vorsicht« und in der Folge »Isolation« und »Entfremdung« auch ein großes Tortenstück ausmachen. Auf der anderen Seite, ungelebt, stehen dann »Anvertrauen«, »Öffnen«, »Gefühle zeigen«. Und dann wiederum können wir davon ausgehen, dass der Pol »Distanz« groß sein wird, während der Pol »Nähe« eher unlebendig ist. Und jetzt sind wir bei dem Punkt, wo dieser Mensch sich fragen sollte, wie seine Sehnsucht und seine Angst bei dem Thema Nähe gegeneinanderstoßen. Wahrscheinlich wird der Wüter ebenso eruptiv, wie er die Wut ausbrechen lässt, auch seinem Partner zeitweilig heftig und intensiv nahekommen, die Sehnsucht nach Nähe in kurzen Momenten von sich selbst Besitz ergreifen lassen und ihr nachgehen. Vielleicht sind das sogar Momente, in denen die Sehnsucht nach Nähe so groß wird, dass er ihr einfach folgen muss. Anschließend muss er sich schnell wieder zurücknehmen, sonst wird die Nähe zu bedrohlich und könnte ihn verschlingen. Also hat er alle möglichen Taktiken entwickelt, um die Nähe wieder zu zerstören. Oder er hat sowieso schon eine Lebensstrategie entwickelt, dass diese vulkanartig ausbrechende Sehnsucht nach Nähe nur in völlig »ungefährlichen« Situationen gelebt wird, also beim Sex mit ungeliebten Menschen oder indem er durch heftigen Streit jede längere Nähe unmöglich macht. Oder indem er einen ganzen Teil von sich selbst aus einer langfristigen Beziehung abspaltet.

Wenn du ein Abspalter bist, der zwei Teile seiner Persönlichkeit sorgfältig und ohne Schuldgefühl voneinander trennt, kann jetzt nur deine Partnerin aufmerken. Denn wahrscheinlich ist deine Angst vor Integration so groß, dass du dich mit Händen und Füßen sträubst, bestimmte Themen überhaupt anzuschauen, geschweige denn dich vom Elend deines Partners berühren zu lassen. In diesem Fall liegt eine Störung vor, die in fachkundige Hände gehört.

Ansonsten beschäftige dich jetzt bitte mit dem Integrieren. Denn das gehört zum Neugestalten der Beziehung. In Integration steckt das Wort integer. Die Glücksforschung hat herausgefunden, dass integre Menschen die glücklichsten sind. Was heißt denn integer? Es bedeutet, dass du deinen eigenen Werten entsprechend lebst. Dass du tust, was du sagst. Dass du dich zeigst, wie du bist. Dass du dich selbst im Spiegel anschauen und ja zu dir sagen kannst.

Genauso sind die glücklichsten Beziehungen diejenigen, die auf der Basis von Vertrauen und Offenheit leben. Das heißt, dass sie immer wieder an der Integrität der Beziehung arbeiten. Dass sie immer wieder mit der Integration ihrer gesamten Persönlichkeitsanteile in die Beziehung beschäftigt sind.

Es gibt einen tollen einprägsamen Satz: Lass aus deinem Leben gehen, was Zweifel in dir weckt, für das, was keine Zweifel in dir weckt. Wenn ich diesen Satz lese, zieht es sehnsüchtig in meiner Brust. O ja, das möchte ich. Aber wie schwer!

- Schreib auf, was in dir Zweifel weckt.
- Wo bist du vollkommen klar, was weckt gar keinen Zweifel in dir?
- Was hindert dich, diesem Weg zu folgen?
- Was ist die Anziehung an dem, was Zweifel in dir weckt?
- Wie kannst du das in das andere integrieren?

Vielleicht klingt das abstrakt. Nehmen wir den Sadomaso-Typen mit der süßen Julia. Was würde geschehen, wenn der seine Neigungen nicht mehr in einer Nische lebt, abgespalten von dem, was er der Welt von sich als Persönlichkeit zeigt? Erst mal müsste er sich selbst eingestehen, dass etwas in seinem Leben nicht stimmt, dass da etwas nicht zusammenpasst. Das allein ist entsetzlich schwer!

Dann müsste er seine Scham angucken. Ich schäme mich, weil ich Sachen mache, die ich selbst abscheulich finde. (Denn wenn er sie nicht abscheulich fände, könnte er mit einer Frau zusammenleben, die er im Sadomaso-Umfeld kennengelernt hat. Tut er aber nicht. Er lebt mit der süßen Julia zusammen.)

Dann müsste er sich fragen, welche Sehnsucht eigentlich hinter seinem Trieb nach den »abscheulichen« Sachen steht. Ich möchte Frauen quälen. Es erregt mich, wenn eine Frau stöhnt, weil ich ihr wehtue. Ich fühle mich sonst wie ein Würstchen, aber wenn ich eine Frau richtig in meiner Macht habe, fühle ich mich unglaublich groß und stark. Das ist das Größte!

Und warum hat er die süße Julia erwählt? Was steht hinter seiner Sehnsucht nach ihrer Unschuld? Ich schäme mich, weil ich sexuelle Triebe habe? Eigentlich finde ich Sex schmutzig und schäme mich, weil ich geil bin? Weil ich sexy Frauen geil finde? Weil ich sexy sein will? (Der Mann, an den ich denke, ist alles andere als sexy, er ist ein bisschen dick, schwammig, er sieht eher aus wie ein gemütlicher dicker Junge mit Brille, er zieht Frauen nicht wirklich an.) Eigentlich mag ich meinen Körper nicht? Eigentlich habe ich furchtbare Angst, von der Frau abgelehnt, ausgelacht, vernichtet zu werden, die ich wirklich begehre?

Jetzt kommt natürlich die Frage nach der Lebensgeschichte. Wie bist du darauf gekommen? Welcher Irrweg hat dich zu so üblen Überzeugungen von dir selbst geführt?

Ich nenne gerade ein krasses Beispiel, aber die meisten von uns haben irgendetwas im Laufe des Lebens abgespalten, und das mussten wir wohl auch tun, um einigermaßen erfolgreich weitergehen zu können.

Jetzt aber ist der Zeitpunkt der Reifung gekommen.

◉ Was hast du bis heute abgespalten und willst es jetzt integrieren?

Oft sind es kleine Sachen, die erst groß werden, wenn wir es nicht tun:

- Ich will mehr Stärke integrieren und meine Bedürfnisse klarer äußern.
- Ich will mehr Schwäche integrieren und mich weicher und berührbarer zeigen.
- Ich will mehr Nähe wagen und von meinen Gefühlen erzählen und meinem Partner körperlich nahekommen, wenn ich den geringsten Impuls spüre.
- Ich will mehr Distanz wagen und mich auf meine eigenen Bedürfnisse konzentrieren.

Schau noch einmal an, was du geschrieben hast, als du dich damit beschäftigtest, wohin du willst. Was für ein Paar wollt ihr sein? Was für ein Partner willst du sein?

Welche Ziele habt ihr euch gesteckt? Welchen Pakt habt ihr geschlossen?

Schaut jetzt einmal, ob ihr etwas daran verändern wollt. Und was ihr schon umgesetzt habt.

Eine Partnerschaft hat viele Ebenen des Kontakts, der Begegnung, der Berührung und der Erfüllung. Wenn wir sagen, der Mensch ist eine Körper-Geist-Seele-Einheit, dann umfasst das viel. Jeder dieser Bereiche braucht in einer starken Liebesbeziehung Pflege, Aufmerksamkeit und Ausgleich.

Wenn du festgestellt hast, dass du ein Partner bist, der sich eher verwöhnen lässt, eher bequem ist, eher nimmt, dann ist jetzt spätestens der Zeitpunkt, wo du für dich ein Alternativprogramm entwerfen solltest.

- Schreib einmal auf, was dein Partner dir alles gibt, körperlich, seelisch, geistig, materiell. Sei ganz genau!
- Und dann entwickle für jeden Bereich Alternativen. Schreib auf, was du für deinen Partner tun kannst.
- Und tu es!

Ebenso wie wir beruflich keine Veränderungen herbeiführen, wenn wir nicht aktiv etwas tun, ist es auch in einer Beziehung. Sicherlich kann man nicht alles gleich gewichten, da ist es schon gut, die Bedürfnisse des Partners zu berücksichtigen. Mittlerweile kennst du sie ja. Frage dich also, was du deinem Partner in der nächsten Zeit geben kannst. Frag dich, wie dringlich es ist. Kannst du es wirklich noch weiter aufschieben? Oder werden die Folgen, wenn du es weiter aufschiebst, sehr gravierend sein?

Mach die ersten Schritte zuerst. Es geht darum, den Erfolg möglichst schnell sichtbar zu machen. Dann bist du motivierter und dein Partner auch. Und jetzt schau dir an, was das Wichtigste und vielleicht auch Schwierigste für dich ist. Das solltest du in Angriff nehmen. Es ist das Erste, was getan werden muss, weil es die Grundvoraussetzung für alle anderen Gebiete bildet.

Ja, und jetzt solltest du dich vielleicht noch einmal fragen: Wie wichtig ist dir deine Beziehung eigentlich? Natürlich gehe ich davon aus, dass sie dir sehr wichtig ist, sonst hättest du dieses Buch nicht gekauft und nicht bis hier durchgearbeitet. Und die meisten Menschen sagen, dass ihnen ihre Beziehung sehr wichtig sei. Aber wenn sie dann wirklich etwas tun sollen, wirklich die Herausforderung des Gelingens annehmen, dann kneifen sie.

Bereit für eine Veränderung? Oft wünschen sich Menschen in Beziehungen mehrere Veränderungen auf einmal. Es ist gut, sich anzuschauen, in welchen Bereichen welche Veränderungen erwünscht und nötig sind.

- Erstell eine Übersicht: Was will ich ändern, damit meine Partnerschaft glücklicher wird? Denk ruhig in Superlativen, setz dir große Ziele! Aber werde auch konkret, mach klare Aussagen, konzentriere dich auf das Wesentliche.
- Welche Hindernisse gibt es?
- Welche einzelnen Schritte willst du gehen? Untergliedere den Weg in Zwischenetappen!

Auch hier kannst du dich daran erinnern, dass du Schritt für Schritt gehst, das schiebt Zweifel und Sorgen weg. Es gibt einige Regeln, die ein positives Ergebnis bewirken: Wenn du vom Erfolg ausgehst, fühlt er sich viel realistischer an, als wenn du die Zweifel in den Vordergrund stellst. Wenn du die Verantwortung für den Weg und für das Ergebnis übernimmst, fühlst du dich viel kompetenter und als Gestalter deines Lebens, als wenn du deinem Partner die Verantwortung überträgst. Wenn du deine Ziele regelmäßig überprüfst, Zwischenresümees ziehst und auch unbequeme Schritte gehst, wirst du ein immer sichereres Gefühl für dich als den Partner bekommen, der du sein willst.

Das Zirkelschema des Lernens gilt auch für die Liebe. Die Überprüfung hat fünf Phasen: Du setzt deinen Plan in die Tat um – es geschieht etwas Unerwartetes – du überprüfst dein Ziel – du ziehst Schlüsse – du überarbeitest deinen Plan.

Die Frage ist, ob du deiner Angst folgst oder die Initiative ergreifst, mit der Angst im Gepäck. Letztlich zeigt sich hier, ob wirklich eine Neugestaltung stattfindet.

Du hast in diesem Buch viele Paare kennengelernt, und oft wirst du dich gefragt haben, was wohl aus ihnen geworden ist. Bei manchen weißt du es inzwischen schon. Bei manchen nicht. Ich kann dir sagen, dass all die Paare, bei denen Mann und Frau Schritt für Schritt weitergegangen sind, nicht nur zusammengeblieben, sondern glücklich geworden sind. Aber sie haben wirklich angepackt. Sie haben sich konfrontiert mit ihren destruktiven Mustern, sie haben sich konfrontiert damit, was sie ihrem Partner an Schmerz zugefügt haben, sie haben sich damit auseinandergesetzt, es wiedergutzumachen. Sie haben manchmal einfach nur ausgehalten.

Jeder, der mit Paaren arbeitet, kennt diesen Moment, wo der Schmerz des einen durch all die Schichten von Selbstverleugnung, Kompensation, Verdrängung durchbricht und kaum auszuhalten ist. Und dann den Moment, da die Schuld des andern den ganzen Raum ausfüllt. Das sind Augenblicke, wo mir der Atem wegbleibt, wo mir die Tränen kommen, wo mein Herz sich zusammenkrampft und wo ich meine Ohnmacht spüre, dem Schuldigen die Verantwortung abzunehmen. Er muss sie aushalten. Meistens hat sie eben leider einen ganzen Rattenschwanz an weiterer Schuld nach sich gezogen.

Nehmen wir Maria und Ralf. Ihr erinnert euch: die Meerjungfrau und Hans im Glück. Er betrog sie in diesem sensiblen Zeitraum von einem Jahr nach dem Kennenlernen. Wo es noch keinen Boden gibt. Wo die Phase der Verliebtheit für sie noch nicht abgeschlossen war. Und wo sie aus der Verliebtheit heraus bereit war zu verzeihen. Wo sie noch glaubte, er werde jetzt alles daran setzen, dass sie ihm wieder vertrauen kann. Wo sie bereit war, all die Verletzungen, die in dem Zusammenhang geschehen waren, die ihr weibliches

Selbstwertgefühl betrafen, ihre Attraktivität, ihr Frausein, wegzustecken, zu vergessen, nur um bei ihm bleiben zu können.

Wo er sich aber nach einer kurzen Werbephase, die schön war wie am Anfang, von ihr vollkommen zurückzog. Sie nicht tröstete, wenn sie weinte. Nicht mit ihr schlief. Sie nicht streichelte, nicht küsste, nicht berührte. Sie mied, als hätte sie eine ansteckende Krankheit. Und wo sie immer noch blieb. Immer noch hoffte. Immer noch versuchte, ihn zu verstehen. Sein Schuldgefühl. Seine Scham. Die ihn hinderten, so meinte sie, für sie da zu sein. Wo er begann, Wutanfälle zu zeigen, wenn sie ihn mit ihren Sehnsüchten nach Nähe, nach Begehrtwerden, nach Heilung konfrontierte. Wenn sie ihm ihren Schmerz zeigte. Wo sie immer trockener wurde, immer ungenährter, immer trauriger. Sie machte eine fatale Veränderung durch. Sie verlor sich selbst als Frau. Gleichzeitig wurde ihre Beziehung immer enger.

Als Ralf dem ins Auge blicken musste, was er Maria angetan hatte, wollte er zuerst wieder genauso flüchten, wie er es seit Jahren tat: aufstehen, fortgehen, laut werden, Türen schlagen, abwehren, sie abweisen, sie für ihren Schmerz schuldig machen. Dann hielt er stand. Das war der Augenblick, als seine Schuld den Raum so füllte, dass mir die Luft weg blieb.

Er fragte: Was kann ich tun? Aber er konnte zuerst nichts weiter tun, als sich selbst im Spiegel zu betrachten. Als jemand, der seine Partnerin als Frau fast vernichtet hatte, so sehr hatte er sie hungern lassen.

Er beschäftigte sich mit seiner eigenen Angst vor Vernichtung durch eine geliebte Frau. Er beschäftigte sich mit seiner Weigerung, vom Jungen, dem Hans im Glück, der leichtfertig eins hergibt für ein anderes, das ihn gerade reizt, zu einem Mann zu werden, der gewichten, würdigen und schützen kann. Er beschäftigte sich mit all den Mechanismen, wie er sich in seinem bisherigen Leben davor geschützt hatte, sich wirklich einer Frau ganz und gar in Liebe zu verbinden. Er beschäftigte sich damit, wie schwer es ihm fiel, zu geben, zu verwöhnen, Geschenke zu machen, seiner Partnerin seine Liebe zu zeigen. Wie wichtig es für ihn war, sich nicht ganz zu geben.

Er setzte sich damit auseinander, dass er sein Begehren, seine Zärtlichkeit, seine Gefühle für sie auch in sich selbst nicht genährt hatte. Dass er die Strategie entwickelt hatte, Aufmerksamkeit von ihr als Frau abzuziehen und sie auf anderes zu lenken, auch auf andere Frauen. Dann fühlte er sich sicherer.

Er verpflichtete sich, dafür zu sorgen, dass sie als Frau wieder aufblühen konnte. Er sagte: Ich sehe mich jetzt als Gärtner, der eine wertvolle Blume durch mangelnde Pflege, durch Drauftrampeln und durch das übermäßige Pflegen anderer Pflanzen fast schon verloren hat. Jetzt werde ich diese Blume aufpäppeln.

Er setzte eine schriftliche Verpflichtung auf, Maria zu trösten und ihren Schmerz auszuhalten, wenn sie weinen musste. Er bat sie um eine Liste ihrer Bedürfnisse und verpflichtete sich, ihnen in seinem Leben Priorität einzuräumen. Er stand in meinem Praxisraum mit dem Rücken zur Wand, Tränen in den Augen, und sagte: Ich habe Angst, sie zu verlieren. Alles andere ist nicht so wichtig in meinem Leben. Nur das. Die beiden setzten einen Vertrag auf, was zu tun war, damit sie als Frau wieder gesunden konnte und damit er auf diese Weise seine Schuld abtragen konnte.

In dem Buch »Anleitung zum Männlichsein« berichten die Autoren Lebert von einem schönen Beispiel: Der Mann betrügt seine Frau, und sie zieht sofort aus, nachdem die andere ihn hat auffliegen lassen. Daraufhin steht er viele Wochen lang jeden Morgen in Dunkelheit und Kälte morgens um halb sechs vor ihrer neuen Wohnung und wartet auf sie, weil er weiß, dass sie um die Zeit zur Arbeit geht. Die Autoren schreiben, er habe das irgendwie auch als »Abtragen seiner Schuld« empfunden. Irgendwann ist sie zurückgekommen. Die Erfahrung mache ich in der Praxis ständig: Wenn sich ein Partner damit auseinandersetzt, wie er den anderen ungenährt, ungepflegt, unbeschenkt alleingelassen hat, und sich mit einer Veränderung beschäftigt, wird »alles gut«. Das betrifft Männer wie Frauen.

Einer meiner Klienten wollte sich trennen, weil er seine Partnerin »nicht mehr liebe«. Sie setzte sich daraufhin mit ihrem Anteil daran auseinander, dass er seine Liebe verlieren musste. Sie hatte viele Bereiche ihrer Persönlichkeit einfach unentwickelt gelassen und die Folgen ihm zugeschoben. In diesem Fall betraf es die materielle Organisation ihres Lebens: Freiberuflich tätig, schrieb sie keine Rechnungen, sie kümmerte sich nicht um ihre Finanzen, sie arbeitete zu viel, setzte anderen Menschen keine Grenzen, entwickelte einen Fettschutzpanzer und benutzte ihren Partner als Bollwerk gegen die beängstigende Welt.

Nun übernahm sie die Verantwortung, die sie ihm zugeschoben hatte. Sie wurde immer noch kein Finanzgenie, aber sie entwickelte Disziplin. Sie arbeitete weniger und beschäftigte sich mit ihrem Selbstwertgefühl, das so gut wie nicht vorhanden war. Sie trieb Sport und veränderte ihr Essverhalten. Er fand schon sehr schnell seine Liebe wieder und sagte irgendwann: Eigentlich habe *ich* mich nicht mehr geliebt gefühlt, und da habe ich auch aufgehört zu lieben. Sonst hätte das zu sehr wehgetan.

Er entwickelte seine Männlichkeit: Lernte, ihr Grenzen zu setzen, wenn sie ihn funktionalisierte. Er schützte seine Zeit, die er für seine künstlerischen Projekte benötigte. Er erlaubte sich überhaupt, seine Bedürfnisse zu empfinden und sie ernst zu nehmen. Er wurde als Mann sexuell fordernder. Die beiden haben eine wundervolle lebendige Beziehung entwickelt, um die viele andere sie beneiden.

So ging es vielen Paaren, die in diesem Buch vorkamen. Ich bin immer wieder sehr berührt, was aus den Menschen geworden ist, die erschöpft, verletzt, resigniert, verzweifelt zu mir kamen.

Wenn wir gemeinsam die Therapie beenden, hat sich wahnsinnig viel verändert, und die beiden sehen auch anders aus. Der Ton zwischen ihnen hat die Gereiztheit verloren, sie tragen Streitigkeiten offen aus, aber sie bringen sie auch zu Ende, lassen nichts weiterschwelen.

Daniel, dessen Partnerin Andrea ihrer Beziehung anfangs nur noch drei Monate gab, sagt: Wir sind ein völlig anderes Paar geworden. Wenn sie heute zickig ist, halte ich inne und überlege, was schiefgelaufen ist. Oder ich frage sie. Und dann klären wir das. Früher habe ich zurückgezickt, und dann waren wir beide beleidigt, sind uns eine Weile aus dem Weg gegangen, und irgendwann haben wir wieder miteinander gesprochen. Aber es war nichts geklärt. Jetzt ist alles viel entspannter. Und wenn ich Lust auf sie habe, packe ich direkt zu. Ich verschiebe nichts mehr auf später.

Liebe macht uns unendlich verletzlich, aber sie macht uns auch sehr stark. Immer wieder erlebe ich, wie die Paare, die miteinander umeinanderringen, eine ganz neue Solidarität entwickeln. Sie haben sich nackt erlebt und gezeigt. Beide wissen, wie kostbar das ist und wie verletzlich es macht. Sie gehen viel achtsamer miteinander um, und sie pflegen und schützen ihre Beziehung als das, was sie ist: ein unersetzlicher Schatz.

Wohin Maria und Ralf gehen, weiß ich noch nicht. Sie sind auf dem Weg. Sie muss lernen, ihre Bedürfnisse zu respektieren. Sie muss lernen, sich selbst wertvoll zu sein und ihre Kraft nicht zu verschleudern. Sie muss die Verantwortung an ihn zurückgeben, die sie übernommen hat: Es ist seine Aufgabe, dafür zu sorgen, dass sie ihm wieder vertrauen kann. Es ist seine Aufgabe, ihr das Gefühl zu vermitteln, dass sie die einzige Frau ist, die er will. Es ist seine Aufgabe, ihr das Gefühl zu vermitteln, von ihm begehrt zu werden. Das alles kann sie nicht allein tun. Da ist sie abhängig von ihm.

Ihre Aufgabe ist es, ihn vor die klare Alternative zu stellen: Entweder du änderst etwas, oder ich kann – bei aller Liebe – nicht bei dir bleiben. Denn *eine* Verantwortung hat sie: Sie muss für ihre seelische und körperliche Gesundheit und Integrität sorgen, und wenn die dauerhaft geschädigt werden und es nicht wiedergutgemacht wird, muss sie gehen.

Wenn ihr erfolgreich die Schritte zu einer gelingenden Partnerschaft bewältigt habt, solltet ihr das auch erkennen. Dafür ist es wichtig, einige »Erfolgskriterien« festzulegen. Sie dienen als Zeichen für den Erfolg eures Projektes »gelingende Partnerschaft« und das Erreichen eures Ziels.

- Stell dir vor, du seist am Ziel angelangt. Erschaff dir im Geist klare Bilder davon.
- Wie fühlt es sich an – bist du aufgeregt, beflügelt, glücklich?
- Wie sieht es aus – welche Bilder entstehen vor deinem geistigen Auge?
- Welche Geräusche verbindest du damit – was hörst du?
- Was fühlst du mit deinen Händen, auf deiner Haut?
- Welche entscheidenden Kriterien sagen dir, dass du erfolgreich warst?
- Teile es deinem Partner mit!

Und jetzt gehe ich einfach davon aus, dass ihr riesige Schritte gegangen seid, eure Krise hinter euch gelassen habt oder wenigstens Teilschritte auf dem Weg erfolgreich bewältigt habt.

Nun ist es Zeit zum *Würdigen und zum Feiern!*

Ich habe längere Zeit in Frankreich und neun Jahre in Spanien gelebt. Auch diese beiden Länder unterscheiden sich voneinander, was das Feiern angeht, beide sind aber für einen Deutschen eine Überraschung. Die Spanier feiern, was das Zeug hält. Jede Gelegenheit wird genutzt. Patronatstage der Städte, der Gemeinden, der Provinzen. Alle katholischen Feiertage schon mal sowieso. Alle möglichen Schutzheiligen von irgendwas und irgendwem. Und der Sonntag natürlich. Und im Privaten wird viel gefeiert, weil die Familie so groß ist und zur Hochzeit jeder Schwipcousine die ganze Bagage eingeladen wird, und Namenstag und Hochzeitstag und besondere Hoch-Tage wie Zeugnisverleihung, Ferienbeginn, Abitur, Schulende, nicht zu vergessen die Beerdigungen.

Ich habe an einer Beerdigung in Spanien teilgenommen, wo es um drei junge Menschen ging, die sich im Straßenverkehr totgefahren hatten. Die Beerdigung fand in der freien Natur statt. Jeder Teilnehmer hatte einen Baum mitgebracht. Eine kahle Stelle wurde aufgeforstet. Der Platz in den Familien war kahlgeschlagen worden, wo die jungen Menschen hingehörten. Es ging um Symbole. Bei Festen geht es immer um Symbole. Um Würdigung, um Wert-Schätzung. Und um Geschenke.

Wieso nimmt gen Norden das Feiern ab? Der Norden ist geprägt durch den kargen, unsinnlichen Protestantismus. Kein Schmuck, keine bunten Farben, kein Firlefanz und Brimborium. Ora et labora. Bete und arbeite.

Um dem Irrglauben entgegenzutreten, vieles Feiern hänge immer mit der katholischen Kirche zusammen, sei an die Feiern anderer Kulturen erinnert. Mancherorts wird das Einsetzen der Mensis bei den Mädchen gefeiert (meine Töchter fanden die Idee so entsetzlich, dass sie aus lauter Angst, ich könnte eine Feier ansetzen, mir den Beginn ihrer Mensis verschwiegen). Die Initiationsrituale der Jungs sind in sämtlichen Stammesgesellschaften von lebensprägender Bedeutung gewesen – und sind es heute noch.

In Spanien gibt es ein Städtchen, wo junge Männer an einem bestimmten Tag im Jahr einen Baumstamm fällen, es muss ein bestimmter Baum sein, der sehr hoch ist und einen glatten Stamm hat. Den tragen sie durch den Ort, während sie aus allen Fenstern mit Wasser begossen werden (das Fest findet im Sommer statt). Dann errichten sie diesen Baumstamm auf dem Kirchplatz, und einer nach dem andern klettert hinauf. Es ist sehr schwer, an dem aalglatten Stamm hochzuklettern. Wer am höchsten kommt, hat gewonnen.

Mich hat gegruselt, als ich dabei war. Ich hatte Angst um die jungen Männer. Sie waren klitschnass, sie waren betrunken, und der Stamm war sehr, sehr hoch. Aber das ist wohl grade der Sinn der Sache: Wir sollten Angst um die jungen Männer haben. Wir sollten ihren Wert fühlen. Es ging nicht so sehr ums Klettern, es ging um ihre Kraft, ihre Schönheit, ihre Jugend, ihren Mut, ihre Frechheit. Es ging darum, dass alle sich auf sie konzentrierten.

Das ist der Sinn vom Feiern. Ich konzentriere mich auf ein Thema im Leben, auf einen Menschen, auf eine Familie, und rücke das vollkommen in den Mittelpunkt. Ich schenke Aufmerksamkeit, Achtung, Energie, Gefühle. Geschenke sind in diesem Zusammenhang genau das Gleiche: Ich schenke meine Aufmerksamkeit diesem Menschen, diesem Ereignis, dieser Besonderheit.

In vielen Fällen blicke ich von einer höheren Warte auf einen bestimmten Zeitraum, einen bestimmten Menschen, eine Beziehung. Ich sehe den Menschen in seiner Gesamtheit und in seinem Wert für mich, für andere, für die Menschheit. Ich würdige eine Beziehung in ihrer gesamten Qualität, relativiere Streits, Schwächen und erkenne auch daran aus einer höheren Warte das Positive, Vorwärtstreibende, Wachstumsfördernde. Ich würdige das Gute und das Schlechte.

Besonders runde Geburtstage werden gefeiert, weil dann der gesamte Abschnitt des Lebens noch einmal betrachtet wird – und der Wert geschätzt. Viele Menschen laden zu diesen runden Geburtstagen Menschen ein, die schon lange nicht mehr zu ihrem Leben gehören, die aber zu der ganzen runden Zeit gehören. Und manchmal gehören sie auch anschließend wieder dazu.

Ich selbst habe große Probleme damit, meine Geburtstage zu feiern, und besonders die runden. Es ist mir peinlich, in großer Runde gewürdigt zu werden. So viel Aufmerksamkeit halte ich nicht gut aus. Wenn allerdings die wenigen Menschen, mit denen ich feiere, dass ich geboren bin, sich damit wenig Mühe geben, wenig Aufmerksamkeit auf mich richten, fühle ich mich sehr verlassen. Zum Glück ist mir das erst zweimal im Leben passiert. Das allerdings werde ich nie vergessen.

Paare, die zusammenleben, versinken oft im Alltag. Arbeit, Kinder, Wohnen, Freunde, Garten, Auto, was da nicht alles ist. Die Aufmerksamkeit kommt zu kurz. Beschenken, Verwöhnen, Würdigen kommt zu kurz. Es ist außerordentlich wichtig, Highlights in das dahindümpelnde Leben zu organisieren. Morgens zur Arbeit, abends zurück. Kochen, essen, waschen, bügeln, aufräumen, putzen, die Kinder zum Kindergarten und ins Bett bringen, all das sind durchaus wichtige Tätigkeiten, die auf befriedigende Weise erledigt werden können, aber es reicht nicht aus für eine glückliche Partnerschaft.

Kleine Feste: ins Kino gehen, ins Theater, ins Museum. Freunde einladen und ein Fest machen, ohne Anlass. Im Verlauf des Tages Ausschau halten nach einem kleinen Geschenk für den Liebsten oder die Liebste. Ohne Grund, einfach nur, um eine Freude zu machen. Um aus dem immergleichen Ablauf heraus zu signalisieren: Hey, du bist mir wichtig. Ich denke an dich. Ich will dir eine Freude machen. Ich will dir zeigen, dass du mir etwas wert bist.

Ich habe meinem Partner Weihnachten 2005 einen Kalender geschenkt, in dem für jeden Monat ein besonderes Fest für ihn gutgeschrieben war. So wurde er allmonatlich mit einem besonderen Ritual gefeiert. Seit Ende 2006 vermisse ich diese intensiven Zweisamkeitsbegegnungen. Und ich bedaure, dass dafür ein Weihnachtskalender notwendig war.

Es gibt Paare, die feiern nur ihren Hochzeitstag, und den auch noch auf eine stereotype Weise: Er besorgt einen großen Rosenstrauß als Geschenk und sie ihm eine Krawatte. Dann gehen sie bestenfalls essen und unterhalten sich über die Arbeit.

Entschuldigung. Es gibt Paare, die machen genau das Gleiche, und es ist wundervoll: Er schenkt ihr einen großen Rosenstrauß, weil er ihr damals schon einen geschenkt hat, die gleiche Farbe, die gleiche Zahl Blumen. Sie überreicht ihm eine Krawatte, in Blau, das war die Farbe seiner Hochzeitskrawatte, vielleicht hat er davon schon zwanzig im Schrank hängen, sie kauft sie immer im gleichen Geschäft (und vielleicht haben sie auch ein Abkommen mit dem Geschäft geschlossen, dass er sie am nächsten Tag zurückbringen und umtauschen darf – in eine sexy Unterhose?), sie gehen in das Restaurant, wo er ihr damals einen Antrag gemacht hat. Und dann: Sie sprechen über alles Mögliche, auch über die Arbeit, wenn sie ihnen grade auf der Seele liegt, aber sie sprechen auch über sich. Über ihr letztes Jahr. Über den Wert, den der andere für sie hat. Darüber, wie wundervoll es ist, dass sie geheiratet haben. Vielleicht sprechen sie auch über das nächste Jahr und was jeder geändert haben möchte. Über die Wünsche, die jeder an den andern hat.

Was ist der Unterschied? Der Unterschied ist, dass sie einander feiern. Dass sie Aufmerksamkeit darauf richten. Dass sie sich etwas denken. Dass es für sie einen Sinn hat. Dass sie es nicht einfach so machen, ohne besondere Wertschätzung, ohne Achtung, ohne die eigenen Gefühle und die eigene Energie zu schenken.

Es gibt unendlich viele Möglichkeiten, einander zu feiern und zu würdigen. Den Wert, den der andere und die Beziehung für mich hat, zu schätzen und ein Geschenk auf die andere Seite der Waagschale zu legen. Als Gegengewicht. Als Fürgewicht.

- Feiert ihr den Tag, an dem ihr euch kennengelernt habt?
- Zum ersten Mal geküsst habt?
- Zum ersten Mal Sex miteinander hattet?
- Feiert ihr euch als Paar am Tag der Geburt eurer Kinder?
- Feiert ihr den Tag und den Ort, wo ihr beschlossen habt zu heiraten?
- Feiert ihr den Tag, an dem ihr zusammengezogen seid?
- Feiert ihr einander an den jeweiligen Geburtstagen? Feiert ihr, dass es den anderen gibt, dass er geboren ist?
- Feiert ihr die Überwindung einer Krise?
- Feiert ihr, wenn etwas wieder gut ist, wenn eine Verletzung heil gemacht wurde, wenn es abgeschlossen ist?
- Feiert ihr auf Reisen Bergfest auf der Hälfte der Zeit, schaut zurück und nach vorn, würdigt und wünscht?
- Feiert ihr die Reise am letzten Tag, würdigt sie, wertschätzt die gemeinsame Zeit mit eurem Partner, macht ihm vielleicht ein Geschenk zur Erinnerung, schreibt einen Dankesbrief?
- Wie feiert ihr als Paar den letzten Tag eines Jahres? Blickt ihr zurück und nach vorn? Würdigt ihr und sprecht Wünsche aus? Gebt ihr eurem Partner das Gefühl, dass er etwas wirklich Wichtiges in euer vergangenes Jahr gebracht hat?

Wenn man Tag für Tag zusammenlebt, hält man die Beziehung leicht für selbstverständlich. Um nicht in diese Falle zu tappen, sind Feiern wie das Messen des Pulses einer Beziehung. Sprecht darüber, wie ihr euer Zusammenleben empfindet, was euch glücklich gemacht hat und was ihr euch für die Zukunft an Veränderung wünscht.

Wie alle lebenden Organismen durchläuft eine Beziehung im Laufe ihrer Entwicklung zahlreiche Wachstums- und Ruhezyklen. Wenn die Beziehung auf Dauer interessant und nützlich für die Partner bleiben soll, braucht sie immer wieder Erneuerung.

Es gibt Paare, die ihr Eheversprechen regelmäßig auffrischen. Jedes Jahr oder alle paar Jahre begehen sie eine symbolische Wiederverheiratungsfeier – ein Ritual, bei dem ihre Beziehung bestätigt und die Bedeutung ihrer Partnerschaft bekräftigt wird.

Wenn ihr eure Bindung feierlich erneuert, solltet ihr euch Zeit nehmen und ausführlich darüber reden, welche Hoffnungen und Träume ihr für euch selbst und für die Beziehung habt. Sprecht sowohl über Enttäuschungen als auch über jene Aspekte eures Lebens, die euch glücklich machen, damit ihr gezielt an der Realisierung eurer Liebeswünsche arbeiten könnt.

Eine Beziehung ist wie eine lange Reise in ein unbekanntes Land. Alle derartigen Reisen brauchen Orte, an denen man auftanken und neue Kraft schöpfen kann. Eine Beziehung ohne Hoffnungen und Träume ist wie eine Reise an immer den gleichen Ort, den man seit der Kindheit schon kennt. Keine Überraschungen, keine Abenteuer.

Im Vorwort schrieb ich: Es kommt darauf an, wie gut eure Beziehung sein soll, nicht, wie schlecht sie gerade ist. Entwickelt gemeinsam Visionen, auch wenn diese im Augenblick vielleicht sogar unerfüllbar erscheinen. Und dann werdet aktiv, handelt, liebt aus freiem Herzen und gebt, was in euch ist. The love you take is equal to the love you make, der Satz aus einem Beatles-Song drückt eine unumstößliche Wahrheit aus.

Ein Leben zu zweit, die Reise zu Nähe und Intimität, bringt uns Heilung, gibt uns Kraft, bietet die tiefste Form menschlicher Verbundenheit und verhilft uns zu einem unvergleichlich reichen und erfüllten Dasein. Wer aufmerksam und fürsorglich mit seiner Beziehung umgeht und das Wagnis der Nähe eingeht, kann die Liebe und das Glück ein Leben lang am Laufen halten.

Symbolische Termine sind gute Gelegenheiten, um seine Zuneigung zu zeigen. Der Valentinstag ist ein Beispiel dafür, dass der Kommerz sich dessen bewusst ist und es für seine Zwecke nutzt. Aber wir beenden ja auch nicht das Liebemachen, weil Sexualität kommerzialisiert wurde. All das sollte nur ein stärkerer Anreiz sein, kreative Wege und Möglichkeiten zu finden.

Geschenke sind ein wichtiger Ausdruck der Zuneigung, aber die Kunst des Schenkens will gelernt sein. Wenn du dich mit dieser Kunst nicht beschäftigst, gibst du deinem Partner vielleicht das Gefühl, nicht geliebt und anerkannt zu sein – das Gegenteil dessen, was du erreichen wolltest.

Es gibt zwei häufige Fehler beim Schenken. Sie haben mit der richtigen Auswahl der Geschenke zu tun. Wenn wir etwas auswählen, das wir selbst gern hätten, weil wir es für schön oder nützlich halten, greifen wir wahrscheinlich nach dem Falschen. Wer etwas schenken will, sollte vielmehr versuchen, seinen eigenen Geschmack eine Weile auszuschalten und sich in die Welt dessen einzufühlen, für den das Geschenk bestimmt ist: in seine Gefühle, Werte, Vorlieben, in seinen Geschmack.

Ein zweiter verbreiteter Fehler besteht darin, ein Geschenk auszuwählen, mit dem man bestimmte Hintergedanken verbindet. Die Sache soll den Partner auf irgendeine spezielle Weise »erziehen«. Die Sache bringt zum Ausdruck, was der Partner mögen sollte. Ein weißes Hemd für den Träger schwarzer T-Shirts, ein Buch für den Fernsehgucker, ein Theaterabo für denjenigen, der seine Freizeit im Fitnesscenter verbringt. Der heimliche Zweck bleibt dem Empfänger natürlich nicht verborgen, er fühlt sich kritisiert statt geliebt und anerkannt. Schenken hat also etwas mit Einfühlung und Aufmerksamkeit und Zeit und Investition zu tun. Deshalb ist es so wichtig, denn ich zeige all das, indem ich schenke.

- Was schenkst du im Allgemeinen?
- Was zeigt sich an deiner Lust zu schenken oder an deiner Unlust – was hat das mit deiner Art zu lieben zu tun?

- Wie viel Aufmerksamkeit, Verwöhnung, Würdigung, Wertschätzung drückst du unabhängig von Geschenken aus?
- Wenn all das zu kurz kommt, was drückst du damit über dich als Person aus?
- Wenn dein Partner unzufrieden oder unglücklich ist, weil du zu wenig gibst – Erinnerungsgeschenke auf Reisen, kleine Geschenke zwischendurch, Geschenke zum Geburtstag, zur Feier der Beziehung –, wie reagierst du dann?
- Was drückt deine Reaktion über dich aus?

Jetzt also feiert das Ende eurer Arbeit mit diesem Buch! Feiert den Weg, den ihr gegangen seid! Feiert das Ende eurer Krise!

- Schreibt eurem Partner einen Liebesbrief: Du hast mich wiedergefunden, ich habe dich wiedergefunden, hurra!

Verabschiedet euch von der Krise – wie von einer Krankheit, die überstanden ist: Würdigt sie. Was hat sie euch gebracht, welche Lektion hat sie euch aufgegeben? Worauf hat sie euch aufmerksam gemacht? Was hast du gelernt?

Dankt der Krise und lasst sie los! Sie darf jetzt gehen, sie hat ihren Sinn erfüllt.

Ihr könnt mit Freunden ein Fest machen, mit dem ihr eure Liebe feiert. Ihr könnt eine Liebesreise machen. Ihr könnt ein Liebeswochenende machen, wo ihr euch gegenseitig feiert, anschaut, würdigt, huldigt und euer Versprechen erneuert, eurer Liebe verpflichtet zu sein. Und ihr könnt einfach miteinander ins Bett gehen und feiern, indem ihr Liebe macht! Und ihr könnt auch alles der Reihe nach und immer wieder tun oder euch etwas ganz anderes ausdenken!

Ich wünsche euch alles Gute!

Viel Glück!

Literaturverzeichnis

Isabel Allende: Paula, Frankfurt/M. 1995
Sabine Asgodom: Liebe wild und unersättlich, München 2008
Julia Cameron: Der Weg des Künstlers, München 2000
Michael Cöllen: Das Paar, Menschenbild und Therapie der Paarsynthese, München 1989
Nancy Friday: Befreiung zur Lust: Frauen und ihre sexuellen Phantasien, München 1993
Erich Fromm: Die Kunst des Liebens, Berlin 1980
Eva Illouz: Der Konsum der Romantik, Liebe und die kulturellen Widersprüche des Kapitalismus, Frankfurt/M. 2007
Hans Jellouschek: Wie Partnerschaft gelingt, Spielregeln der Liebe, Freiburg 2009
Mira Kirshenbaum: Soll ich bleiben, soll ich gehen?, Bern 1992
Mira Kirshenbaum: Ich will bleiben. Aber wie? Neuanfang für Paare, Bern 1999
Andreas Lebert / Stephan Lebert: Anleitung zum Männlichsein, Frankfurt/M. 2008
Annett Louisan: Unausgesprochen, CD 2005
William Masters / Virginia Johnson: Die sexuelle Reaktion, Reinbek 1970
William Masters / Virginia Johnson: Impotenz und Anorgasmie, Frankfurt/M. 1973
Rollo May: Der verdrängte Eros, Hamburg 1970

Julia Onken: Geliehenes Glück, Ein Bericht aus dem Beziehungsalltag, München 2000
Peter Orban: Pluto. Über den Dämon im Innern der Seele, Darmstadt 2004
Richard David Precht: Wer bin ich – und wenn ja, wie viele?, München 2007
Tom Schmitt / Michael Esser: Status Spiele, Frankfurt/M. 2009
Jürg Willi: Die Zweierbeziehung: Spannungsursachen / Störungsmuster / Klärungsprozesse / Lösungsmodelle, Reinbek 1975
Eva-Maria Zurhorst: Liebe dich selbst und es ist egal, wen du heiratest, München 2004

Dank

Als Erstes und vor allem danke ich meinen Klienten, auch denen, die in diesem Buch nicht erwähnt sind. Ich danke ihnen allen für ihr Vertrauen und dafür, dass ich in jeder einzelnen Therapie viel lernen durfte. Denn ich bin nicht diejenige, die alles besser weiß, sondern diejenige, die das Paar auf seinem oft anstrengenden, schmerzhaften, manchmal auch verblüffend leichten und lustvollen Weg zu einer erfüllten und befriedigenden Partnerschaft begleitet, die Fragen stellt, die gestellt werden müssen, die Impulse gibt, die gegeben werden müssen.

Jedes Mal, wenn ein Paar zu seiner letzten Sitzung zu mir kommt, ist es ein Abschied von Menschen, die mir ans Herz gewachsen sind und über deren Entwicklung und Reifung und neues Glück ich stolz bin wie eine Mutter, deren Kind Abitur gemacht hat. Es ist möglich, eine glückliche Partnerschaft zu führen, denke ich in diesen Momenten. Und das macht mir immer wieder Mut, für meine Arbeit, aber auch für meine eigene Partnerschaft.

Ebenfalls danke ich den vielen Lehrern, Trainern, Therapeuten, die mich ausgebildet und oft viele Jahre lang auf meinem Weg begleitet haben: Trudi Schoop, der Großmutter der Tanztherapie, die heute tot ist. Meinen anderen tanztherapeutischen Trainerinnen, allen voran Elke Willke und Sabine von der Tann. Ich danke meinen Lehrtherapeuten in Paartherapie: Michael Cöllen, Ulla Holm, Evelyn

Horsch. Nirgends habe ich so viel über Beziehung gelernt wie in dieser Ausbildung in »Paarsynthese«, nicht nur über die Beziehung zwischen Paaren, auch über die Beziehung zwischen Therapeut und Klient. Danke auch meiner Tantra-Lehrerin Margo Anand, von ihr habe ich Neues und Aufregendes über Sinnlichkeit, Erotik und Sexualität gelernt. Und ich danke meinen Hypno-Trainern aus dem Milton-Erickson-Institut, allen voran Ortwin Meiss, die mir gezeigt haben, wie es möglich ist, Menschen in ihrer Reifung und ihrem Wachstum zu unterstützen und ihnen gleichzeitig auf gleicher Augenhöhe zu begegnen. Das war eine wundervolle Erfahrung.

Ich danke Dr. Eckhart Winderl, der mich jahrelang begleitet und mich gelehrt hat, aus einer anderen Perspektive auf etwas hinzuschauen, das bis dahin dramatisch wirkte, aber auch als sinnvoll verstanden werden oder gar zum Lachen anregen kann.

Ich danke den Männern, die mich geliebt haben, die mich Liebe und Leidenschaft lehrten und auch die Verzweiflung an der Liebe erfahren ließen. Ich danke meinem geschiedenen Mann Rüdiger für die vielen Jahre, in denen wir die Kinder gemeinsam begleitet, an der Paartherapieausbildung teilgenommen und immer wieder um unsere Liebe gerungen haben.

Ich danke Thomas, der den Mut aufgebracht hat, mich zu heiraten, obwohl, wie er sagt, es nicht immer einfach ist, mit einer Paartherapeutin zusammenzuleben. Ich danke ihm dafür, dass ich ihm dieses Buch mindestens dreimal vorlesen durfte und er erst beim dritten Mal leichte Ermüdungserscheinungen zeigte. Ich danke ihm dafür, dass ich so ehrlich über ihn schreiben durfte, wenn es auch nicht immer seine Sonnenseite zeigte.

Ich danke meinen Kindern Anja, Mareike und Robin. Anja, die Schauspielerin, ist mir eine wertvolle und kritische Gesprächspartnerin über Kunst, Stil und Ehrlichkeit. Mareike als junge Psychologin ist eine anregende, warmherzige und überaus qualifizierte Kollegin, deren Rat ich sehr schätze. Robin wagt sich zwar nur zögerlich an die Lektüre meiner Bücher, aber er unterstützt mich stets solidarisch und ohne jedes Zögern mit Wort und Tat.

Ich danke auch Thomas' Kindern Katharina und Elena, die jetzt meine »Stieftöchter« sind, für ihr liebevolles Interesse an meinem Schreiben. Ganz besonders danke ich Katharina, eine Leserin meiner Bücher, wie sie sich jeder Autor wünscht: Sie ist nicht nur begeistert, sondern sie äußert diese Begeisterung auch in der Öffentlichkeit.

Nicht zu vergessen danke ich meiner Mutter und meinem Bruder, deren Wärme, Zuverlässigkeit und Unterstützung mir immer wieder einen Boden fürs Leben und Schreiben geben, wenn ich ihn zu verlieren drohe.

Und ich danke meiner Lektorin Karin Herber-Schlapp. Es hat großen Spaß gemacht, mit ihr zusammenzuarbeiten. Ihr Humor, ihre Wärme und ihr Engagement haben mir gutgetan und mich motiviert, wenn ich den Glauben daran verlor, dass ich Menschen, Paaren überhaupt etwas zu sagen habe.

Selbstverständlich danke ich meinen Freundinnen und Freunden, die mir zur Seite stehen, mich stützen und stärken und an mich glauben, wenn ich selbst komplett unwichtig und belanglos finde, was ich da eigentlich tue.

Allen danke ich von Herzen!